中央民族大学少数民族事业发展协同创新中心丛书

U0962065

精准扶贫进程中
内蒙古贫困牧户可持续生计研究

阿拉坦格日乐 著

中国经济出版社
CHINA ECONOMIC PUBLISHING HOUSE

北京

图书在版编目（CIP）数据

精准扶贫进程中内蒙古贫困牧户可持续生计研究／阿拉坦格日乐著.
—北京：中国经济出版社，2019.3
ISBN 978-7-5136-5531-6
Ⅰ.①精… Ⅱ.①阿… Ⅲ.①扶贫—工作—研究—内蒙古 Ⅳ.①F127.26
中国版本图书馆 CIP 数据核字（2019）第 013325 号

责任编辑　耿　园　余静宜
责任印制　巢新强
封面设计　华子图文

出版发行　中国经济出版社
印 刷 者　北京九州迅驰传媒文化有限公司
经 销 者　各地新华书店
开　　本　710mm×1000mm　1/16
印　　张　14.25
字　　数　204 千字
版　　次　2019 年 3 月第 1 版
印　　次　2019 年 3 月第 1 次
定　　价　58.00 元
广告经营许可证　京西工商广字第 8179 号

中国经济出版社 **网址** www.economyph.com **社址** 北京市西城区百万庄北街 3 号 **邮编** 100037
本版图书如存在印装质量问题，请与本社发行中心联系调换（联系电话：010-68330607）

出版说明

本书是教育部人文社会科学重点研究基地重大项目“多维贫困视角下少数民族反贫困与基本公共服务均等化研究”（17JJD850006）、国家民委创新团队支持计划“民族地区贫困与发展研究创新团队”（2018-1-01）、国家民委领军人才培养计划项目（2018-2-05）、国家民委中青年英才培养计划项目（2018-3-06）、中央民族大学科研创新学术团队引领计划“中国少数民族地区精准扶贫研究创新团队”、中央民族大学少数民族事业发展协同创新中心“民族地区贫困问题研究团队”和呼和浩特民族学院校级课题“北方民族地区精准扶贫与农牧民可持续生计关系研究”（HMZD1708）的阶段性成果。

前 言

民族地区扶贫问题是我国反贫困战略的重要内容之一。消除贫困是社会主义制度的本质要求，精准脱贫也是各级人民政府在全面建成小康社会进程中要完成的硬任务，民族地区反贫困问题一直是民族经济学的经典选题。目前，贫困和深度贫困人口多分布于边远山区和农村牧区。作为中国牧区的重要组成部分，内蒙古牧区的反贫困问题成为要重点解决的长期战略问题。因此，内蒙古牧区如何借助精准扶贫消除贫困并决胜全面建成小康社会，不仅关系到本区域的整体发展状况，也关系到各民族共同繁荣目标的实现和各民族大团结的深化，关系到民族区域自治制度的健康运行。

本研究的主题是内蒙古牧区贫困牧户的可持续生计（Sustainable Livelihoods）问题。实际上，对于贫困牧户来讲，精准脱贫也是重要的生计策略，可以把精准扶贫看作牧区牧民获得可持续生计资本的一个有效途径。因而，本书在现实研究内容设计上，以政府主导的精准扶贫精准脱贫政策为实践依据和切入点，结合其他反贫困理论和方法，观察和研究了内蒙古贫困牧户可持续生计相关问题。其中包括深入分析内蒙古牧区经济社会发展中存在的贫困问题及致贫原因，以及现行的精准扶贫工作状况、精准脱贫途径等。进而探讨和验证了内蒙古贫困牧户生计可持续的路径和策略。具体来看：

首先，本书对内蒙古牧区的贫困现状、扶贫历程以及精准扶贫精准脱贫现状进行了分析。牧区的贫困具有区域性贫困和牧户贫困叠加的特征，牧区贫困牧户和贫困人口虽然绝对数或总量不大，但是所占比重大，牧业旗县中贫困旗县比重也较大。内蒙古的贫困牧业旗县一般具有以下经济特征：①牧民收入增长相对缓慢；②人均生产总值地区差距大；③产业结构渐趋优化；④三次产业就业人员结构不理想。贫困牧业旗县分布地域范围跨度广，分散在内蒙古各盟市，大多直接受困于生态恶化和经济发展水平低等问题。由于涉及生态恶化或退化和牧户生计方式转型，牧区脱贫问题变得更加复杂和困难。因此，中华人民共和国成立以来，各级政府在牧区的反贫困行动一直在持续，也取得了重要成绩，但目前仍然有部分牧区和牧户受到贫困的困扰。

其次，本书主要使用英国国际发展部（DFID）提出的可持续生计分析框架，研究了贫困牧户生计资本构成，探索了贫困牧户生计资本与生计策略的依存关系及其对脱贫的影响，深入观察和分析了作为中国北方生态屏障的内蒙古自治区，如何在精准扶贫中避免陷入"贫困—破坏自然环境—再贫困"的恶性循环，使贫困牧户在精准扶贫中获得可持续生计的保障，从而达到稳定脱贫的目标。

再次，在研究过程中，本书不仅注重借鉴理论方法，也特别注重实地调研。作者先后到呼伦贝尔市鄂温克族自治旗、新巴尔虎左旗、新巴尔虎右旗，锡林郭勒盟苏尼特右旗、镶黄旗、正镶白旗等牧业旗县进行了调研，采取了问卷调查和访谈等方式对建档立卡贫困牧户的生计状况进行了有针对性的调查，用获得的基础信息对牧户生计资本进行了量化测量，构建出评价内蒙古贫困牧户可持续生计的指标体系。运用 STATA 10.0 和二元 Logistic 回归分析对一般牧户进行的分析显示，家庭人口受教育程度越高、住房面积越大、越容易获取信贷、现金收入越多、越容易获得无偿现金援助、参加社区组织的牧户倾向于选择多样型生计策略；家庭人口劳动能力越强、家里拥有成年男性劳动力、草场面积越大、草场质量越好、牲畜数量越多、越能够获取信贷、属于低保户的牧户则倾向于选择纯牧业型生计策略。

最后，借助典型调查的数据分析，本书探讨了贫困牧户可持续生计获得的条件，以及内蒙古牧区当前精准扶贫中存在的具体问题。研究表明，在制约贫困牧户可持续生计获得的诸多因素中，以下几项具有更重要的影响力：①自然生态环境约束；②市场化程度；③草原畜牧业投入力度缺乏、政策执行不到位、教育和医疗成本相对较高等。

总之，精准扶贫背景下贫困牧户可持续生计的获得，与精准脱贫和稳定脱贫密切相关。为保证生计的可持续性，可有效利用五大生计资本提升生计水平，全面优化五大生计资本数量、质量、结构，保障帮扶实现外部驱动和内生动力的有机结合。因此，要进一步推进贫困牧户可持续生计的获得和发展，还需要紧紧抓住牧区精准扶贫这一抓手，在精准扶贫、精准脱贫各个工作环节发力，逐步解决相关问题，取得广泛和持续的社会效益。第一，贫困牧户应该尽可能平衡5种生计资本，以应对外部环境的变化和冲击。第二，贫困牧户人力资本存量明显较低，人力资本短缺，提高人力资本存量是今后改善贫困牧户生计水平的重点方向。第三，提高自然资本利用效率。对内蒙古牧区来说，自然资本就是草场，利用天然草场获取生计资本是草原畜牧业的最大特点。第四，贫困户可持续生计策略是脱贫的关键，贫困牧户选择多样型生计策略有利于脱贫，可持续脱贫的可能性更大。第五，精准扶贫是贫困牧户获得可持续生计的重要手段。在脱贫攻坚进程中，必须瞄准当地贫困牧户的真正需求，坚持因户（因人）制宜分类指导，创新扶贫开发体制机制，提高扶贫开发精准度和精准率。第六，当前对草场畜牧业的管理不利于贫困牧户生计的可持续发展。特别是建档立卡的贫困牧户、无牲畜户的草场不合理流转使用的问题日益突出，租赁草牧场的不规范行为加剧了草原牧场的退化，制约了区域性整体规划的实施和经济效益的合理分配。同时，牧区的分户经营、草牧场割据，导致了生产力水平低下、生产资料浪费以及草场和牲畜结构失衡等。第七，贫困牧户自我发展是可持续生计的根本，精准脱贫是贫困牧户可持续生计的结果。只有通过教育扶贫，提高牧户素质，培养自我发展能力，才能真正使牧民获得并发展可持续生计。

目　录

第一章　导　论

第一节　研究背景

消除贫困是社会主义制度的本质要求，精准脱贫也是各级人民政府的硬任务，民族地区脱贫问题是民族经济学的经典选题。内蒙古牧区如何保障牧户生计的可持续性及其对脱贫和精准脱贫的影响具有重要的理论、实践和学术意义。本研究正是基于国家脱贫攻坚和精准脱贫战略目标、可持续生计理论以及内蒙古牧区实际需求而展开的。

一、精准脱贫是脱贫攻坚国家目标

改革开放以后，中国政府进行了有组织、有计划的大规模扶贫开发，使贫困人口大幅减少。2011 年出台的《中国农村扶贫开发纲要（2011—2020 年）》，加大了农村扶贫开发力度，扶贫事业不断取得新成绩。“十三五”时期是全面建成小康社会的决胜阶段，也是打赢脱贫攻坚战的决胜阶段。为进一步推进扶贫工作取得实效，2014 年，中共中央办公厅、国务院办公厅印发的《关于创新机制扎实推进农村扶贫开发工作的意见》中指出：“消除贫困，改善民生，实现共同富裕，是社会主义的本质要求。改革开放以来，我国扶贫开发工作取得举世瞩目的成就，走出了一条中国特色扶贫开发道路。但是，贫困地区发展滞后问题没有根本改变，贫困人口生产生活仍然十分困难。全面建成小康社会，最艰巨最繁重的任务在农村特别是在贫困地区。”① 同时，

---

① 《关于创新机制扎实推进农村扶贫开发工作的意见》印发［EB/OL］. 中央政府门户网站，［2014-01-25］. http：//www. gov. cn/zhengce/2014-01/25/content_ 2640104. htm.

提出了扶贫开发的“六大机制”，涉及贫困县考核、精准扶贫、驻村帮扶、扶贫资金管理、金融服务和社会参与等方面。2015 年 6 月，习近平总书记在贵州调研时将精准扶贫思想概括为扶贫对象精准、资金使用精准、因村派人精准、项目安排精准、措施到户精准、脱贫成效精准“六个精准”。同年 10 月，习近平总书记在“减贫与发展高层论坛”上进一步提出，“中国在扶贫攻坚工作中采取的重要举措，就是实施精准扶贫方略”。2016 年 11 月，国务院印发的《“十三五”脱贫攻坚规划》，进一步提出脱贫攻坚五项原则，其中精准扶贫、精准脱贫为首要原则。该规划要求，坚持以“六个精准”统领贫困地区脱贫攻坚工作，精确瞄准、因地制宜、分类施策，大力实施精准扶贫脱贫工程，变“大水漫灌”为“精准滴灌”，做到真扶贫、扶真贫、真脱贫。①

二、精准脱贫是内蒙古实现国家目标的现实需求

内蒙古是传统的畜牧业地区，也是当今中国草原最重要的分布地区，其所拥有的大草原（8800 万公顷）、大森林（2488 万公顷）、大沙漠和沙地（2330 万公顷）、大湿地（1197 万公顷）成为中国北方重要的生态安全屏障。② 内蒙古 4000 多千米的漫长边境线多分布在牧区。牧区也是内蒙古经济发展相对滞后的区域，在全区 18 个国家及自治区级贫困县中，55%为牧区旗县。③ 在内蒙古全面建成小康社会进程中，牧区的发展和脱贫目标的实现对全区实现全面建成小康社会有着根本性影响，与边疆的稳定和繁荣也密切相关。因此，可以说，内蒙古牧区的扶贫问题是事关国家边境安全，北方生态屏障保护以及牧区可持续发展、民族经济振兴的重要问题。

内蒙古牧区的发展受到生计方式相对粗放和系统效能发挥不足的深刻影响。由于地理位置、地质条件等因素，牧区也是生态脆弱区。生态环境脆弱，传统生计方式劳动生产率低、资源消耗高以及产出有限，难以保障牧民基本

---

① 国务院关于印发“十三五”脱贫攻坚规划的通知［EB/OL］. 国务院扶贫开发领导小组办公室，［2016-12-03］. http：//www. cpad. gov. cn/art/2016/12/3/art_ 46_ 56101. html.

② 毕力格 . 生态红线下的内蒙古牧区发展［J］. 北方经济，2015（6）.

③ 毕力格 . 生态红线下的内蒙古牧区发展［J］. 北方经济，2015（6）.

生活水平的稳定提升。在市场不稳定和牧业生产自我发展能力不强的双重影响下，牧民收支失衡，无法从根本上解决牧民增收和实际性脱贫问题。相反，畜牧业经营成本和牧区生活成本日益上升，牧民陷入收入提高和支出提高并存的尴尬局面，可持续生计遇到前所未有的博弈困境。实际上，牧民用高支出（如购买大量饲草料）来维持高收入（如牲畜数量的增加），所形成的是恶性循环，生态保护与传统牧业生计方式之间形成了难解的张力，牧户经营无法实现利润最大化和均衡发展，一些牧户甚至沦为贫困户。牧业生计可持续问题成为解决“脱贫、返贫、再脱贫、再返贫”死结的一个关键。

内蒙古牧区由33个纯牧业旗县构成，占全区80个县域经济单元的41.3%，其行政区域土地面积占80个旗县单元总面积的69%。内蒙古牧区地域广阔、人口相对稀少、自然资源比较丰富，人均可利用草原面积9.11公顷，区域内已探明矿产资源点、矿床等2000多处。① 牧区人口的贫困存在相对贫困和绝对贫困两种形态，相对贫困人口分布较为广泛、数量较多，呈区域性连片等特点。随着草原生态治理措施，特别是草地流转、禁牧、草畜平衡、生态移民等一系列措施的实施，粗放的传统生计方式使扩大再生产受到严重束缚，相应的生态补贴虽然部分补偿了牧户的生产损失，却大大增加了国家财政负担，也在很大程度上影响了传统生计方式的代际传承。草原生态的可持续和牧业生计的可持续成为影响牧户脱贫的一个重要因素。

“十三五”期间，内蒙古自治区确立了2017年基本消除绝对贫困现象、26个自治区重点贫困旗县全部摘帽，2020年农村牧区贫困人口全部稳定脱贫、31个国家重点贫困旗县全部摘帽的目标。② 区域摘掉“贫困帽”靠支柱产业发展可短期达到目标，但不真正解决牧业生计方式的可持续性便难以使脱贫效果长期持续，牧区的现代化和繁荣也难以实现。

---

① 王关区，等．内蒙古牧区经济发展的成就、问题及其对策［J］．北方经济，2016（11）．

② 打赢扶贫攻坚战，绘就脱贫新蓝图——内蒙古自治区扶贫开发工作综述［J］．实践（党的教育版），2016（4）．

第二节　问题的提出、研究目的和研究意义

一、问题的提出

内蒙古牧区牧户的精准扶贫问题是内蒙古全区精准扶贫的重要组成部分。尽管相关研究表明，按 2011 年新调整的贫困人口标准，内蒙古贫困人口中牧区贫困人口总数仅为 28.81 万人，贫困发生率为 19.33%，低于农村 20.34% 的水平，① 牧区贫困人口总数仅占全区贫困人口总数的 10.81%，但是，牧区人口稀少、分布广泛，产业结构单一，绝大多数人口依托于传统粗放的牧业生计方式生存，基础设施和公共服务水平较低，实现稳定脱贫十分困难。特别是在生态优先的前提下，生计方式可持续成为牧区脱贫的一个关键。因此，本研究试图借助英国国际发展部（DFID）提出的可持续生计分析理论框架，以内蒙古呼伦贝尔市、锡林郭勒盟牧区贫困旗县为典型案例，通过深入分析，探究内蒙古牧户精准扶贫如何突破生态保护与生计方式可持续张力的约束，为内蒙古牧户精准扶贫与可持续生计的实现提供一定的借鉴和参考。

二、研究目的

贫困牧户生计可持续问题面对着的是经济发展与生态保护的紧张关系，只有突破或协调两者的紧张关系才可能实现贫困牧户精准脱贫和获得良好的生态与社会效果。因此，本研究深入内蒙古牧区，观察和研究牧户的可持续生计策略选择，研究其与精准扶贫、精准脱贫间的关系，揭示出内蒙古牧户精准扶贫如何有效应对牧户生计可持续要求，使得区域脱贫摘帽行动与精准扶贫策略真正有效实施，达到贫困牧户生计可持续和长期脱贫的效果，为牧区在全面建成小康社会进程中跟上时代步伐提供一定的参考。

---

① 涂裕春．内蒙古集中连片特困地区区域发展与扶贫攻坚报告［M］//郑长德，等．中国少数民族地区经济发展报告（2014）．北京：中国经济出版社，2014：33.

三、研究意义

长期以来，内蒙古的经济发展受到国内外的关注和国家的大力扶持。内蒙古的经济社会长期发展不仅具有特定的经济意义，还与民族区域自治制度健康运行密切相关。精准扶贫、精准脱贫作为全面建成小康社会关键阶段的重要机制创新，是打赢脱贫攻坚战和实现共同富裕的主要抓手，也是内蒙古实现各民族共同繁荣发展的重要任务。牧区作为一个具有特定生态意义的经济社会区域，在国家可持续发展战略的北方生态屏障建设中占有重要地位。贫困牧户的有效减少不仅关系到牧户本身的生存和发展，还将对边疆稳定、牧区生态可持续和民族文化发展等产生持续影响。因此，针对内蒙古贫困牧户的生计可持续问题与精准扶贫、精准脱贫效果的研究不仅具有理论意义，也有其特定的实践意义。

（一）理论意义

本研究以内蒙古贫困牧户为研究对象，梳理了不同时期国家扶贫开发政策在内蒙古牧区实施的成效，探索分析了政府在牧区精准脱贫行动中的角色及其行动，总结了内蒙古牧区扶贫开发的成果与问题，从而深入观察和研究了内蒙古贫困牧户生计可持续与精准扶贫的实践活动，以及各项具体措施，深入调研了牧区贫困牧户的致贫和返贫因素。运用可持续生计理论框架，从人力资本、自然资本、物质资本、金融资本、社会资本 5 个方面研究了牧户的精准扶贫和精准脱贫问题，分析了可持续生计对长期扶贫、预防和防止贫困、降低贫困风险等方面的影响；从稳定脱贫的角度分析了在牧区如何实现牧户生计可持续以及需要哪些支撑因素；对内蒙古贫困牧户生计可持续中精准扶贫应扮演的角色予以相应的理论总结，丰富了民族地区发展理论。

（二）现实意义

牧区大多有着与农业区相异的传统生计方式，这一生计方式大多与草原生态关系密切，牧户的贫困往往与生态恶化或生态承载力下降限制了传统畜牧业生计方式的扩大再生产相关联。因此，内蒙古贫困牧户传统生计方式转型、可持续生计方式的获得以及贫困发生的机理，将影响稳定脱贫力量的形成，这不仅与牧户生活改善相关，事实上也与牧区现代化密切相关。深入研究内蒙古贫困牧户生计可持续与精准扶贫、精准脱贫过程，探索改进政府扶贫开发的体制、机制、制度与政策，探求牧户可持续生计对稳定脱贫的作用及过往的经验教训，不仅有利于推动内蒙古牧区解决贫困问题，也可以为其他民族地区牧区的扶贫减贫工作提供经验借鉴。

第三节　研究内容与基本思路

一、研究内容

贫困牧户的生计可持续和牧区精准脱贫目标的实现与牧区经济社会发展密切相关。本研究的基本思路是以政府主导的扶贫工作为切入点，从各角度观察和研究内蒙古牧区精准扶贫行动，对内蒙古牧区经济发展中存在的贫困问题及致贫原因、精准扶贫工作状况、精准脱贫途径进行分析，探讨内蒙古贫困牧户实现生计可持续的方法措施。本研究主要内容包括以下几个部分。

第二章和第三章主要介绍本研究的基本概念（可持续生计、牧区、牧户、精准扶贫），梳理国内外的相关文献，并作出相应的学术综述。与此同时，介绍本研究的基础理论——可持续生计理论、精准扶贫理论、包容性发展理论、贫困恶性循环理论等，简要介绍内蒙古贫困牧户精准扶贫实施过程以及牧区贫困产生的原因，分析内蒙古牧区贫困现状。

第四章为内蒙古贫困牧户可持续生计指标体系构建。借助于问卷调查和访谈进行典型案例调查，观察和思考内蒙古贫困牧户生计状况，依据可持续生计理论和内蒙古牧户的生活特点，将牧户生计资本分成人力资本、自然资本、物质资本、金融资本和社会资本 5 种资本类型。论述构建内蒙古牧户可持续生计指标体系的思路与原则，选定衡量牧户可持续生计状况的具体指标并对它们进行赋值，同时对这一指标体系进行客观评价。

第五章为对内蒙古贫困牧户可持续生计状况的评价。首先，分析内蒙古贫困牧户生计状况。不同生计策略类型的牧户的生活水平及现状不同，生活水平提高的途径当然也不同。其次，对牧民生计策略进行分析。发现持纯牧型生计策略牧户和持多样型生计策略的牧户，其改变生计的意愿不同，相对而言，持多样型生计策略的牧户调整生计的意愿更为灵活。

第六章和第七章借助典型调查的数据分析结果，探讨贫困牧户可持续生计影响因素及获得的条件。自然生态环境约束、市场化程度低、草原畜牧业投入力度缺乏、政策执行不到位、教育和医疗成本相对较高等社会因素影响着贫困牧户生计的可持续。第六章专门对贫困牧户精准脱贫典型案例进行分析，强调精准扶贫、精准脱贫是实现贫困牧户生计可持续的有效手段。同时，探讨完善精准扶贫环境建设的具体措施，表明贫困牧户的主动性和能力建设是牧户精准脱贫并获得可持续生计的主要途径。

第八章为结论与对策建议。精准扶贫背景下的贫困牧户可持续生计的获得与脱贫和稳定脱贫密切相关。有效利用牧户生计资本提高生计水平，全面优化 5 种生计资本的数量、质量、结构，可以保障帮扶实现外部驱动和内生动力的有机结合。因此，要进一步推进贫困牧户可持续生计的获得和发展，还需要紧紧抓住牧区精准扶贫这一抓手，在精准扶贫、精准脱贫各个工作环节发力，逐步解决相关问题。人力资本是贫困户摆脱贫困的重要基础，贫困牧户应配合外部条件建设的利好，提升自身的人力资本质量、学习技能和知识，从而形成自我脱贫的能力、自信和进步思想。同时应提高自然资本利用效率。对于内蒙古牧区来说，自然资本就是草场，利用天然草场获取生计资本是草原畜牧业的最大特点。要加强牧区社会资本培育。牧区的交通、通信基础设施建设也是积累社会资本的重要途径。金融资本是牧户可持续生计策略的基础，因此，应改善牧区金融服务质量。另外，也不能忽略牧区社会保障体系的完善。社会保障是通过救灾、救济手段实现社会公平的政策措施，可以通过国民收入的再分配来实现牧业地区牧户的转移和自然与社会风险的规避，为其基本生产生活提供物质保障。

二、研究技术路线图

本书按提出问题—实地调研—理论分析—指标体系建构与分析评价—典

型案例分析—结论与对策建议的顺序完成撰写任务，具体思路见图 1-1。

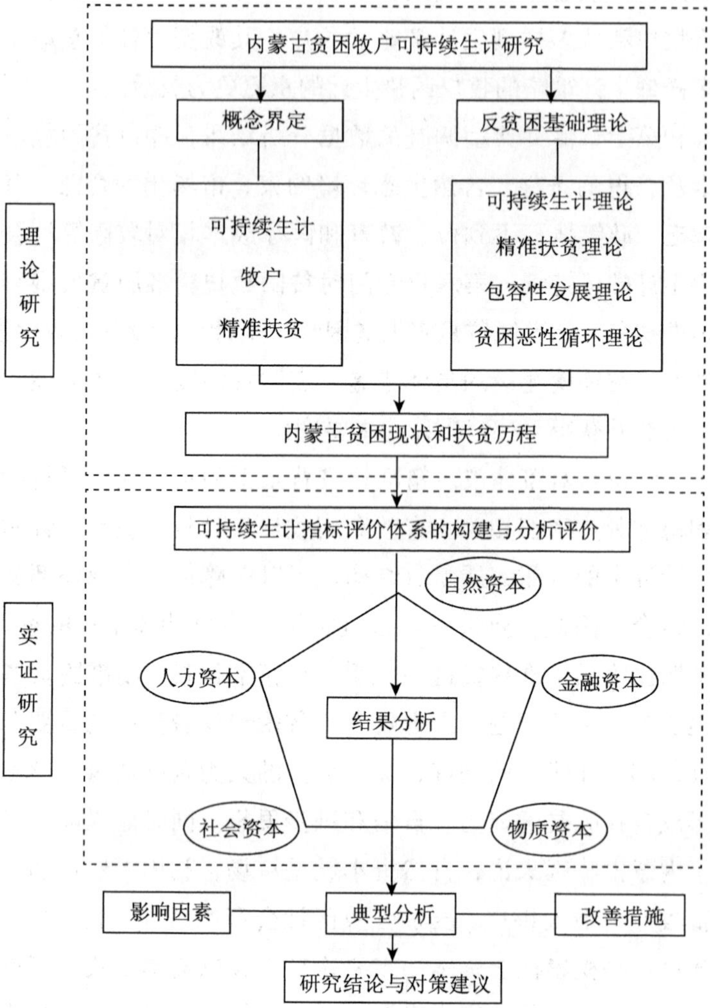

图 1-1 研究技术路线图

第四节 研究方法及创新与不足

一、研究方法

（一）理论分析和实践分析相结合

运用可持续生计理论、精准扶贫理论、包容性增长理论、贫困恶性循环理论等理论对研究对象——贫困牧户的可持续生计进行分析，有助于获得对研究对象及相关问题更为清晰的理论认识。同时，通过对呼伦贝尔市与锡林郭勒盟进行实地调研，对内蒙古牧区贫困状况以及精准扶贫的政府行动进行实践分析，从而形成相应的理论对话，获得相应的理论判断。

（二）定性分析和定量分析相结合

定性分析和定量分析具有辩证统一的关系。定性分析为定量分析提供分析框架或思路，而定量分析为定性分析提供数量支撑。本研究在针对增加贫困牧户收入、保障牧户可持续生计、精准扶贫工程影响因素、精准脱贫方法途径等的分析研究中，既运用了定量分析方法，又运用了定性分析方法。本研究通过发放并回收问卷，获取第一手数据，在此基础上，运用 STATA 等经济学分析软件对贫困牧户可持续生计水平与影响因素进行定量分析。根据定量结果进行定性分析，并运用定量分析验证定性分析，充分运用了定量分析与定性分析相结合的研究方法。

（三）静态分析和动态分析相结合

在分析研究中，为阐述某一现象的由来和发展变化的规律，需要采取动态分析；为说明决定某一问题的影响因素，需要采取静态分析。本研究在探析内蒙古牧区扶贫工作历程以及精准扶贫、精准脱贫方法途径时运用动态分析方法，在剖析内蒙古牧区贫困问题成因及其影响因素、牧户生计可持续策略时运用静态分析方法。

（四）局部分析与整体分析相结合

牧户是中国农村牧区的特殊组成部分，并具有其自身的特征。在评价内蒙古牧区的贫困状况、精准扶贫与精准脱贫效果等内容时，需要运用局部分析方法。但牧区经济发展并不能脱离国民经济的发展和其他产业的影响，贫困牧户增收、生计可持续与精准脱贫问题也不能脱离农户的增收以及精准脱贫这一大前提，此时就需要整体分析。

二、研究的创新之处

（一）研究视角上的创新

民族地区贫困问题是民族经济研究的经典选题。但是，本研究立足脱贫攻坚这一时代背景，从贫困牧户的可持续生计视角，观察和解释牧区精准扶贫工作的进展和精准脱贫的复杂性，并且以贫困牧户可持续生计资本的获得途径、可持续生计策略的确定为媒介，为精准扶贫提质增效打开了新的思路，具有一定的新意。

（二）研究内容上的创新

本研究在内蒙古典型牧区牧户贫困原因的研究中引入了可持续生计框架理论，实证分析和评价了牧区牧户的贫困状况和贫困原因，并进一步探讨了影响牧区牧户获得五大生计资本的因素，并提出消除制约牧民获得可持续生计资本的各种影响和因素的建议，具有一定的创新性。同时，本研究在对内蒙古牧区牧户的贫困问题进行合理解释和正确认识方面，具有一定的填补作用。

（三）研究思维上的创新

本研究依据选题本身的特点，在综合运用可持续生计理论和减贫理念等理论基础的同时，以各级政府扶贫工作实践为扎实的实践基础，特别强调研究成果的社会效益，注重对策建议的针对性和可操作性。因此，本研究不仅仅具有学术上的创新，而且大胆渗入了社会服务意识。

（四）研究范围上的创新

此前，扶贫研究集聚于收入贫困，而本研究的设计内容比较全面，包含生态、收入、教育、健康等多个领域，比较合理地阐述了牧区贫困牧户的认知、对致贫原因的探索、脱贫方法的确定、对自我发展的探讨等。此外，本研究对贫困的定义、根源、分类、治理和内蒙古牧区贫困人口的分布、扶贫情况、扶贫制度作了系统的梳理，这对于进一步认识牧区牧户贫困问题具有一定的参考价值和借鉴意义。

三、存在的不足

（一）理论研究需要进一步拓展与深化

贫困问题涉及多科学、多视角、多理论，对内蒙古牧区的民族特殊性进行系统分析研究尤有一定的难度。学者们对牧区精准扶贫、精准脱贫所作的专门研究较少，相关研究的理论和方法还不成熟。本书力图在现有研究成果的基础上作出一些创新，但由于作者的知识结构和研究能力的局限，对内蒙古牧区反贫困理论研究还不够深入、研究视角还不够开阔，在今后的研究过程中还需进一步深化和拓展。

（二）实证分析中的指标选取有待进一步完善

影响贫困牧户生计水平的因素较多且较复杂，研究调研问卷中设计的指标可能没有完全覆盖影响可持续生计的因素，所以，在调研指标的选取和处理上还存在不足。

（三）研究结论尚待时间与实践检验

内蒙古是我国五大牧区之一。本研究仅以内蒙古呼伦贝尔市和锡林郭勒盟为主要研究对象，对牧区贫困牧户的生计状况进行分析并得出结论。研究结论是否具有普遍性、研究结果是否能够解释可持续生计视角下全国其他牧区贫困牧户生计状况尚待检验。因此，未来需要通过研究其他牧区在可持续生计视角下精准扶贫、精准脱贫情况及贫困牧户的生计状况，来检验本研究结论的普遍性、适用性和解释力。

第二章　理论基础与文献综述

第一节　主要概念

一、可持续生计

“生计”是可持续生计概念的核心。1992 年，钱伯斯（R. Chambers）和康韦（G. Conway）均提出“生计是谋生的方式，该谋生方式建立在能力、资产（包括储备物、资源、要求权和享有权）和活动基础之上”之说，从而为人们揭示了生计实际上是指维持生活的手段或方式，这些手段或方式在当今时期不仅包括资本（自然、物质、人力、金融和社会资本）、行动，还包括获得资本、行动的权利。① 因此，总的来看，生计就是对人们生存逻辑和方式的多维度、整体性描述，所描述的内容包括能力、资产、行动和权利。

脆弱性是与可持续生计研究相关的另一个重要概念。从性状上来说，脆弱性是指某一系统自身的不稳定性，这种不稳定性自然会表现出对外界环境的敏感反应，其适应性也较差，同时表现出抵抗风险能力较低和易受损害性。② 世界银行对于脆弱性的内容有明确的定义，即指个人、家庭或社区面临某些风险的可能性，以及由于遭遇风险而导致财富损失或生活质量下降，从而使个人、家庭或社区生活于某一社会公认的水平之下的可能。在贫困研究领域引入脆弱性概念，便于研究者分析贫困人口可能遇到的各类风险以及障碍。

---

① 顾永红，等．可持续生计视角下连片特困地区妇女贫困研究［J］．江汉论坛，2014（6）．

② 顾永红，等．可持续生计视角下连片特困地区妇女贫困研究［J］．江汉论坛，2014（6）．

总之，可持续生计涉及的研究对象是个人或家庭，涉及的内容则是改善长远的生活状况，以及这些个人或家庭所拥有和获得的谋生能力、资产和有收入的活动。① 人们普遍接受斯库恩斯（I. Scoones）提出的可持续生计概念，他指出："某一个生计由生活所需要的能力、有形和无形资产以及活动组成。如果能应付压力和冲击进而恢复，并且在不过度消耗其自然资源基础的同时维持或改善其能力和资产，那么该生计具有可持续性。"② 可持续生计研究方法是以人为中心，在研究中寻求理解贫困的多种成因，并提出解决贫困方案的工具集成分析框架，可以帮助人们认清导致贫困的多种因素以及涉及生计的脆弱性、复杂性，最终形成有效的反贫困战略。③

二、牧区与牧户

牧区是对以畜牧业生产方式为主的区域的专称，也是从业态描述区域特征的词汇，这一区域有其特殊的自然、经济和文化特征。在草原牧区，经营畜牧业的群体是牧民。20 世纪 80 年代中期以来，牧民的生产组织多以家庭为主，因此，牧户成为研究牧区问题的重要单元。牧户主要是指牧区中以畜牧为业的家庭。牧户是牧区生产与消费等经济行为的微观主体，是畜牧业以及牧区经济发展中最基本的决策单元。④ 牧户的贫困、增收及发展构成了"三牧"问题的核心内容。2018 年中央一号文件指出："乡村振兴，生活富裕是根本。"拓宽农牧户增收渠道，提高农村牧区民生保障水平，是我国乡村振兴战略中的重要发力点。

（一）牧区

传统的牧区多以草原畜牧业为基础产业。草原畜牧业属于自然经济范畴，

---

① Martha G R，杨国安．可持续发展研究方法国际进展——脆弱性分析方法与可持续生计方法比较［J］．地理科学进展，2003（1）．

② Scoones L. Sustainable Rural Livelihoods：A Framework for Analysis［Z］．IDS Working Paper，1998：72

③ 顾永红，等．可持续生计视角下连片特困地区妇女贫困研究［J］．江汉论坛，2014（6）．

④ 尹燕亭，等．荒漠草原不同经济水平牧户草场植被和土壤养分特征比较［J］．中国农学通报，2013（8）．

草食牲畜及其产出成为牧户主要的生存资源，这是一个将牧草资源转化为畜产品的生产过程。① 以草原畜牧业为基础的传统牧区具有其独特性，其中最突出的表现在于：第一，草原牧业生产空间辽阔，草原和草场面积足够大；第二，牧户的经济收入主要来自草原养畜活动，牧户的主要生计方式和经济活动高度依赖草原畜牧业经营。

有些学者从牧区形成的历史过程对牧区的含义进行了更加深层的研究。他们认为，以往对牧区的定义并没有揭示牧区概念的本质特征，更忽略了牧区形成的历史过程。“牧区”是在20世纪上半期与“半牧半农区”“农区”同时形成的。② 但是，不论从何种意义上定义牧区，以饲养草食牲畜为主业均是其核心内容。历史、文化、社会经济和自然物质构成系统的决定性因素。牧区的生计方式具有自然经济特性，是人类各类社会形态的重要组成部分。牧区社会的性质由传统生产力发展水平决定，是当代社会延展的结果，是同整个社会制度相联系的。本研究在认可牧区形成的历史过程中被隐藏的本质特征的同时，接受以往对牧区概念的定义。本质特征分析与现象概括虽有区别，但没有理论上的冲突。

牧区在漫长的历史过程中得以形成和发展。从经济结构来看，牧区大致经历了3个历史阶段：第一，原始的以牧为主、牧农兼业阶段；第二，传统的游牧为主、牧农分离阶段；第三，现代的以牧为主、牧农林结合、牧农工贸一体化阶段。草原牧业主要分布在中国的北部、西部和西北部，大致为从大兴安岭西部往南，沿阴山、贺兰山西北一带，以及祁连山东麓和青藏高原一带。这些区域年平均降雨量少于400毫米。如果从分布省份来看，中国五大牧场分布于内蒙古、新疆、西藏、青海、甘肃等省区内，全国70%的草原面积分布于这一区域。其中内蒙古、西藏、青海三省区牧区面积分别占本省区行政区域面积的66%、81%、96%。改革开放促成了草原牧区生产组织方式的再次变革，同时，草原畜牧业生产结构不断优化，畜产业区域特色和优势区域基本形成，草原畜牧业具有比较优势的畜产品正在转化为竞争优势，如

① 斯琴毕力格．内蒙古牧民增收研究［D］．中共中央党校，2005.

② 包玉山，额尔敦扎布．内蒙古牧区发展研究［M］．呼和浩特：内蒙古大学出版社，2011.

羊肉、山羊绒、牛奶等，[1] 在全国畜牧业经济和各自区域经济中占有重要地位。从国际畜产品贸易来看，草原畜牧业在经济结构中占重要地位的国家，如澳大利亚、新西兰等，是世界畜产品（羊毛、羊肉、片肉、奶制品等）贸易大国，具有明显的比较优势和国际竞争力。中国同样是草原大国，草原面积占世界草原总面积的 10%以上，人均草原面积高于大多数欧美国家，[2] 从这个角度上来说，中国具有发展草原畜牧业的资源优势。

人是草原畜牧业的行动主体，从民族分布来看，牧区主要是少数民族聚居之地。其中蒙古族、达斡尔族和鄂温克族是内蒙古草原牧区的主要生产者；藏族、蒙古族和回族是青海草原牧区的主要生产者；哈萨克族、维吾尔族、蒙古族、回族、柯尔克孜族、塔吉尔族、锡伯族是新疆草原牧区的主要生产者；藏族、门巴族、珞巴族、彝族、回族、裕固族、东乡族等则是西藏和甘肃牧区的主要生产者。这些民族传统上以草原畜牧业为主要生产方式，目前仍有相当比例的人口以畜牧业为主，一些牧户因各种原因极易陷于贫困，因而，牧区经济的健康持续发展和贫困人口的精准脱贫不仅关系到牧区的稳定发展，也关系到边疆的稳定和各民族共同繁荣目标的实现。

（二）内蒙古牧区与牧户

提到内蒙古，人们首先想到的是大草原。内蒙古草原是我国五大牧场之一，内蒙古行政区从东到西分布着著名的呼伦贝尔草原、科尔沁草原、锡林郭勒草原、乌兰察布草原、鄂尔多斯草原和阿拉善草原。内蒙古自治区有 33 个牧业旗（牧区旗），占全国 266 个牧业旗县单位的 12.41%。清末民国初期，内蒙古草原经济发展长期停滞，牧户生活贫困，草原上人口数量不断下降，畜牧业生产日益衰退，广大牧区民不聊生。1947 年 5 月 1 日，内蒙古自治区成立，随着民族关系的改善与社会的稳定，内蒙古草原发生了前所未有的变化。随着工业、农业和交通等的繁荣发展，畜牧业不再是区域经济的核心产业。特别是改革开放以来，牧区生产组织方式改革，促成了曾经的集体草原

---

① 斯琴毕力格．内蒙古牧民增收研究［D］．中共中央党校，2005.

② 斯琴毕力格．内蒙古牧民增收研究［D］．中共中央党校，2005.

承包到户，而牲畜也作价归户私有私养，畜牧业进入以牧户经营为主的时期，这些变革深刻影响到了牧区的生产、生活。目前，内蒙古牧区由33个纯牧业旗县构成，占全区80个县域经济单元的41.3%，其行政区域土地面积占80个旗县单元总面积的69%。内蒙古牧区从空间上来说可谓十分广阔，从人口上来看则相对稀少，全区人均可利用草原面积9.11公顷。大多数牧区都有自然资源丰富的特点，牧区探明矿产资源、矿床等2000多处。① 在全面建成小康社会进程中，内蒙古牧区的贫困问题成为难以克服的区域发展问题之一，主要表现为整体发展滞后状态与生态脆弱之间的交织。

从牧区发展和民族繁荣的角度来说，内蒙古牧区所面临的问题并非是独有的问题，也常常是其他牧区不可回避的问题。或者说，内蒙古牧区在减贫中面临的问题具有相当的典型性。深入剖析内蒙古牧户贫困机理，观察其生活水平、收入水平及牧业发展状况，有效分析反贫路径，具有重要的现实意义，对其他牧区取得反贫成效也有一定的借鉴意义。

牧户是牧区经济活动的主体，是以畜牧为主的从业家庭。据《内蒙古统计年鉴（2017）》统计数据，全区牧业从业人口为97.66万人，占全部乡村农业从业人口的23.13%。内蒙古牧区牧业从业人口的民族构成多元，主要有蒙古族、鄂温克族、达斡尔族，还有汉族、鄂伦春族、回族、满族、朝鲜族等。畜牧业也是蒙古族最为传统的经济业态。随着各业在牧区的竞争，传统草原畜牧业正面临草原生态、工矿业开发、技术进步等多方面问题。整体而言，牧户生存环境恶化、收入提高缓慢，牧业生产发展滞后，贫困牧户脱贫难。因此，牧区精准扶贫面临着更为严峻的挑战。由于牧户生产组织方式有其特殊性，因此，与农户、城镇居民相比，牧户在增收的同时，还要保障其可持续发展。可持续生计研究为深入认识牧户贫困产生机理提供了有效的理论框架和研究视角。深入观察牧户生计方式转变并寻求适于牧区特征和牧户特点的可持续的经济发展决策才是顺利完成精准扶贫、精准脱贫的良好选择。②

---

① 王关区，等．内蒙古牧区经济发展的成就、问题及其对策［J］．北方经济，2016（11）．

② 斯琴毕力格．内蒙古牧民增收研究［D］．中共中央党校，2005.

本研究以呼伦贝尔大草原和锡林郭勒草原为调研地和研究点，重点研究以畜牧业生产为主的蒙古族、鄂温克族等少数民族聚居的牧业旗县。这两个研究点无论是从牧区状况、畜牧业对人们生活的影响，还是草原状况等来说，都适于本研究主题；对贫困牧户的可持续生计研究而言，这两大牧区也颇有典型性。

三、从扶贫到精准扶贫

（一）贫困、反贫困及扶贫

贫困是人类社会漫长发展进程中需要面对和解决的重要社会问题，人们对贫困的认知也在不断深入。缺乏基本生存的物质保障被视为贫困的表象，欧洲共同体委员会（1993）和世界银行（2001）从“社会排斥”的角度分析贫困的发生，指出贫困是贫困者资源有限，导致他们身处所在国家可接受的最低限度的生活方式之外。诺贝尔经济学奖获得者阿马蒂亚·森（2001）提出：“贫困的真正含义是能力和机会的贫困，即人们创造收入能力和机会的缺乏。这意味着贫困人口没有能力获取和享有正常生活。”① 在中国，从学界角度来看，“贫困一般是指物质生活困难，即一个人或一个家庭的生活水平达不到一种社会可接受的最低标准。他们缺乏某些必要的生活资料和服务，生活处于困难境地”。② 可见，无论从何种角度来看，贫困的核心都是指个人或家庭处于一种无法满足最低生存需求的状态。从贫困的状态来看，可将贫困分为绝对贫困和相对贫困两种状况来认识。绝对贫困一般指个体或家庭收入难以维持最低限度生活水准的状况；相对贫困则一般指个人或家庭的收入较社会平均水平低的动态状况。总之，贫困是指主观与客观原因引起的家庭收入低、生活条件差的状态。从国家治理的角度，贫困属于社会问题，关系到公民的基本权利，因此，贫困也是现代国家治理的重要社会事项。面对贫困的发生和持续及其对人们生活产生的负面影响，反贫困便成为必需的社会选择。

---

① 阿马蒂亚·森．贫困与饥荒［M］．北京：商务印书馆，2001.

② 此为国家统计局“中国城镇居民贫困问题研究”课题组和“中国农村贫困标准”课题组对贫困的界定。

所谓反贫困，其实就是人类试图减少、减缓或消除贫困的行动。在中国，这一行动多被称为“扶贫”。

中国社会的反贫困之路同样漫长，当代人对贫困生活的深刻体验并不遥远。中国是国际社会人口大国，也拥有最多的贫困人口。改革开放以来，中国的减贫行动取得了突出的成绩。各级政府通过一系列政策实施、项目投入等，扶持贫困人口，帮助贫困人口解决生产和生活上的困难，培养其自我脱贫和发展的能力，这就是中国社会的反贫困行动，也是人们常说的扶贫行动。可见，扶贫是指以减少贫困为短期目标、以消除贫困为长期目标的政府主导的行为过程。改革开放以来，“我国成功解决了几亿农村贫困人口的温饱问题，成为世界上减贫人口最多的国家，……2011 年至 2015 年，现行标准下农村贫困人口减少 1 亿多人，贫困发生率降低 11. 5 个百分点，贫困地区农民收入大幅提升，贫困人口生产生活条件明显改善，上学难、就医难、行路难、饮水不安全等问题逐步缓解，基本公共服务水平与全国平均水平差距趋于缩小，为打赢脱贫攻坚战创造了有利条件”。① 尽管如此，我国面临的“脱贫攻坚形势复杂严峻”。②“从贫困现状看，截至 2015 年底，全国还有 5630 万农村建档立卡贫困人口，主要分布在 832 个国家扶贫开发工作重点县、集中连片特困地区县（以下统称贫困县）和 12. 8 万个建档立卡贫困村，多数西部省份的贫困发生率在 10%以上，民族 8 省区贫困发生率达 12. 1%。现有贫困人口贫困程度更深、减贫成本更高、脱贫难度更大，依靠常规举措难以摆脱贫困状况。”③ 因此，贫困问题仍然是我国经济社会发展的“短板”。

（二）精准扶贫

1986 年，扶持贫困被列入“七五”计划，自此，中国的扶贫工作被纳入国民经济与社会发展五年计划。1994 年国务院发布的《国家八七扶贫攻坚计

---

① 国务院关于印发“十三五”脱贫攻坚规划的通知［EB/OL］. 国务院扶贫开发领导小组办公室，［2016-12-03］. http：//www. cpad. gov. cn/art/2016/12/3/art_ 46_ 56101. html.

② 国务院关于印发“十三五”脱贫攻坚规划的通知［EB/OL］. 国务院扶贫开发领导小组办公室，［2016-12-03］. http：//www. cpad. gov. cn/art/2016/12/3/art_ 46_ 56101. html.

③ 国务院关于印发“十三五”脱贫攻坚规划的通知［EB/OL］. 国务院扶贫开发领导小组办公室，［2016-12-03］. http：//www. cpad. gov. cn/art/2016/12/3/art_ 46_ 56101. html.

划（1994—2000 年）》，成为中国历史上第一个关于反贫困的国家行动纲领。2001 年由国务院制定颁布的《中国农村扶贫开发纲要（2001—2010 年）》是指导全国农村牧区反贫困的纲领性文件。2011 年由中共中央、国务院印发的《中国农村扶贫开发纲要（2011—2020 年）》，提出坚持开发式的扶贫方针，贫困人群脱贫致富的主要途径由扶贫开发工作引导，转向扶贫对象自身努力、发展。开发式扶贫与传统救济式扶贫相比具有多方面优势。贫困地区的广大干部群众可以积极发挥主观能动性，充分动员、鼓励、引导他们将自身的努力和国家的帮扶紧密结合起来，可以有效利用地区的自然资源和人文资源等优势资源，积极发展商品生产、改善生产条件，在发展中增强自我积累和自我发展的能力。① 因此，开发式扶贫本质上是通过扶持扶贫对象的政策，使扶持对象发挥主动性，在发展中实现脱贫致富。

随着国家反贫困行动的深入，中央政府研判目前所面对的贫困人口特征和扶贫难度，提出精准扶贫的工作目标。精准扶贫即扶持贫困的政策和措施要针对真正的贫困家庭和人口，通过准确识别真正陷于贫困的人口，并采取有针对性的帮助和扶持措施，从根本上消除导致贫困的各种因素和障碍，实现真扶贫、扶真贫、真脱贫的目标。② 精准扶贫是针对现有贫困人口贫困程度更深、减贫成本更高、脱贫难度更大，依靠常规举措难以摆脱贫困状况而采取的更具针对性的措施。相较于以往的区域性扶贫措施较为粗放的状况，精准扶贫针对不同地区、不同类型贫困人口状况，运用科学方法和有效程序，对扶贫对象进行精确识别、精确帮扶，并做到精确管理。简而言之，精准扶贫的扶持目标更清晰、扶持措施更具体、扶持强度更大，追求更有效的扶持。

与“精准扶贫”概念密切相关的还有“扶贫项目”和“贫困退出”两个概念。扶贫项目是指以项目为载体，为反贫和减贫而进行的不同来源的投资行动，该项投资利用贫困对象的人力资源和物力（财力）资源，以创造机会使贫困人口在相应的经济和社会活动中减少或消除贫困。本研究中所说的“扶贫项目”主要是指以政府为主导、以农村牧区贫困村和贫困人口为扶持对

① 张振敏．内蒙古牧区生态减贫研究［D］．中国农业科学院，2013.

② 汪三贵，郭子豪．论中国的精准扶贫［J］．贵州社会科学，2015（5）．

象的扶贫开发项目，一般分为专项扶贫项目和综合扶贫开发项目。专项扶贫项目主要是指目前国家财政安排专项资金支持、由地方各级政府和相关部门组织实施、在贫困村采用单一的扶贫干预措施的活动。目前，我国农村牧区专项扶贫项目主要有易地扶贫搬迁、产业扶贫、金融扶贫、组织劳务扶贫、教育扶贫、健康扶贫、生态扶贫、基础设施建设扶贫等。综合扶贫开发项目是指由政府主导，企业、个人等多部门、多行业协同，采用多种干预措施，在解决贫困村和贫困人口的吃、穿、住、行等各方面问题的基础上发展科技、文化教育、基础设施、产业发展、社会保障、劳动就业等方面，对所带动的贫困村与贫困人口总体发展起到局部稳定脱贫的扶贫活动。

贫困人口退出机制是国家为如期实现脱贫攻坚而制定的2020年以前三类贫困扶持对象有序退出的扶贫工作机制，包括贫困人口、贫困村、贫困县。这三类主体退出扶贫工作机制有不同的标准和程序。第一，在贫困人口退出层面，贫困人口退出是以户为单位，具体衡量标准是该户年人均纯收入稳定超过国家扶贫标准，并且吃穿不愁，基本医疗、义务教育、住房安全有保障。贫困户退出，具体由村“两委”组织民主评议选出，并且经村“两委”和驻村工作队核实、拟退出贫困户认可、村内公示无异议，最后由乡镇审核把关，公告后退出，同时在建档立卡贫困人口中销号。第二，在贫困村退出层面，内蒙古牧区依据国务院相关规划，规定了贫困嘎查村退出相关程序。退出多以贫困发生率为主要衡量标准，并统筹考虑村内基础设施、产业发展、基本公共服务、集体经济收入等综合因素。贫困嘎查村贫困发生率降至3%以下也是一个原则标准。退出决定需要在苏木乡镇内公示无异议，而后才由旗县扶贫开发领导小组组织相关部门验收，盟市扶贫开发领导小组审核把关，公告退出。第三，在贫困县退出层面，依据相关规定，内蒙古贫困旗县退出的主要衡量标准也为贫困发生率，原则上为3%以下。贫困退出在是贫困区域扶贫瞄准的基础上，精准识别、精准帮扶、实施各种扶贫项目、精准管理、精准考核后的结果。为提高精准性，区域性扶贫瞄准成为重要前提。从扶贫过程来看，一次完整的扶贫瞄准是多个要素相互作用的结果，包括扶贫瞄准主体、瞄准对象、瞄准资金和资源以及瞄准环境等。

第二节　文献综述

可持续生计为人们分析贫困问题提供了一个更切中主体的观察和研究角度，引导研究者直接关注人们在追求提高生存所需要的收入水平过程中所拥有的资源和他们的选择之间的联系。因此，从这一视角切入牧户扶贫研究并综合精准扶贫等反贫困理论，对于深入认识牧区精准扶贫面临的问题有很大的推动作用。尽管从可持续生计的视角切入内蒙古贫困牧户精准扶贫研究的系统成果尚未见到，但是相关领域的研究成果为本研究提供了重要的研究基础。

一、国外研究动态

（一）关于可持续生计的研究

中国社科院政策研究中心对失地农民相关问题进行研究时，将可持续生计界定为："其作为学术概念主要是指以个体或者家庭为单元，改善生活状况而所拥有和获得的长远谋生能力，或者获得资本和有收入的活动。它是一种以缓解贫困为目标、以人为中心的内涵。"

生计的可持续性概念最早是由钱伯斯和康威（Chambers 和 Conway，1992）在《可持续性农村生计发展：二十一世纪的实践概念》中提出的。他们在阿马蒂亚·森（Sen，1981）等的治理贫困方法研究的基础上提出，生计包含人们为谋生所具备的能力和资产，由物质资本和社会的资源，以及所从事的活动构成。[①] 可持续性则是指一种生计应对生存需要，并且在各种压力与打击下能够得到恢复，在当前和未来均能保持并加强其能力与资本，同时又以不损坏自然资源为基础。[②] Ellis（1999）认为，生计状况是生计策略的输出

① 翟彬．基于可持续生计的甘肃农村扶贫资金投向及效益研究［D］．兰州大学，2011.

② Chambers R，Conway G. Sustainable Rural Livelihoods：Practical Concepts for the 21st Century［Z］．IDS Discussion Paper 296，1992.

结果，农牧户对不同生计策略的运用及能力取决于所拥有的资本状况。[①] DFID（2000）在其出版的《可持续生计指南》一书中详细介绍了“可持续生计分析框架”，并指出该框架是以帮助贫困人口获得持久的生计改进为目的，无论是针对他们自己确定的贫困指标还是从底层出发定义的贫困指标，都能获得持久的提高。[②] Gilman（2000）认为，从发展及可持续的角度来看，生计的可持续对研究农村牧区的发展问题更有现实意义，生计资本的量化方法对农牧户的生计脆弱性、生计策略研究具有重要意义。[③] Gilling（2001）通过探讨可持续生计方法（SLA）、全部门方法（SWAps）与农村减贫的关系，认为可持续生计方法提供的是一种使全部门方法更有效地将重点放在减贫上的手段。而全部门方法则会提供一个切入点，通过这个切入点，可以为支持穷人的生计提供来自政府或其他捐助者的帮助。[④] Moss 等（2001）认为，脆弱性是指系统对系统内外扰动的敏感性以及缺乏应对能力而使系统的功能和结构容易发生变化的一种属性。[⑤]

Anderson（2003）认为，可持续生计分析框架是以人为中心的，而不是以一种线性的方式来分析或者提供一个现实的模型。[⑥] Brocklesby（2003）研究了不同组织对可持续生计方式的采取方法，同时还考虑到这些做法是否参与了社区发展；最后发现，可持续生计思维中基本上不存在社区发展，并且认为社区发展实践的本地特征会使外部驱动的可持续生计干预措施难以系统

---

① Ellis F. Rural Livelihood Diversity in Developing Countries: Evidence and Policy Implications [J]. ODI Natural Resource Perspectives, 1999 (40): 121-132.

② DFID. Sustainable Livelihoods Guidance Sheets [M]. London: Department for International Development, 2000: 68-25.

③ Gilman J. Sustainable Livelihoods [J]. International Science Journal, 2000 (4).

④ Gilling J, Jones S, Dunca A. Sector Approaches, Sustainable Livelihoods and Rural Poverty Reduction [J]. Development Policy Review, 2001, 19 (3): 303-319.

⑤ Moss R H, Brenkert A L, Maloneel. Vulnerability to Climate Change: A Quantitative Approach [J]. Pacific Northwest National Laboratory, 2001 (3): 120-126.

⑥ Anderson S. Animal Genetic Resources and Sustainable Livelihoods [J]. Ecological Economics, 2003, 45 (3): 331-339.

地纳入社区层面。① Bouahom 等（2004）通过调查老挝的三个区九个村，发现大多数家庭都依靠农业来满足他们的需求，并阐明了家庭如何管理从生存到市场的过渡。然而，随着市场延伸到以前偏远的农村地区，国家也正在经历一个重要的转型。非农业活动的作用越来越大，在老挝建立可持续生计机制需要从家庭层面考虑其升级条件。② Knustsson（2006）认为，可持续生计方法是真正跨学科的，因为这种方法研究的是政策和实践之间的边界生产、传播和应用；同时发现人类生态学有能力对这种方法进行更好的理解和批评性评估，但目前缺乏制定标准的工具。因此，Knustsson 概述了可持续发展问题综合方法标准的评估框架，此评估框架适用于可持续生计方法。从此评估框架中发现，如果要实现诸如“可持续生计方法”等所暗示的整体性和一体化目标，制定标准就是有必要的。③ Allisona 等（2006）认为，可持续生计方法在沿海和渔业发展的研究中已经被广泛应用，但是它的操作经验在很大程度上仍然无法实证。在涉及 25 个西非国家渔业的可持续生计计划中，可持续生计方法将渔业政策与更广泛的减贫措施相结合，并证实可持续生计方法不仅有助于减少贫困，也不会直接增加充分或过度开发鱼类资源的压力。④

Glavovica 等（2007）面对沿海地区的居民贫困，通过可持续生计方法，补充了当时的沿海管理思想和实践，重点关注穷人利用治理机构和社会关系整合沿海资源的策略，以追求期望的生计结果。南非正积极地采用这种做法去了解沿海地区居民所面临的可持续生计问题，并提前做好应对举措。⑤ Murambadoro（2009）在南非宪法既要保证生态可持续，又要保持社会经济发展

① Brocklesby M A, Fisher E. Community Development in Sustainable Livelihoods Approaches: An Introduction [J] . Community Development Journal, 2003, 38 (3): 185-198.

② Bouahom B, Douangsavanh L, Rigg J. Building Sustainable Livelihoods in Laos: Untangling Farm from Non-Farm, Progress from Distress [J] . Geoforum, 2004, 35 (5): 607-619.

③ Knustsson P. The Sustainable Livelihoods Approach: A Framework for Knowledge Integration Assessment [J] . Human Ecology Review, 2006, 13 (1): 90-99.

④ Allisona E H, Horemans B. Putting the Principles of the Sustainable Livelihoods Approach into Fisheries Development Policy and Practice [J] . Marine Policy, 2006, 30 (6): 757-766.

⑤ Glavovica B C, Boonzaier S. Confronting Coastal Poverty: Building Sustainable Coastal Livelihoods in South Africa [J] . Ocean & Coastal Management, 2007, 50 (1-2): 1-23.

的背景下，调查了在规划新的开发活动（如生物燃料）和评估现有活动对维持农民可持续生计的贡献时如何运用可持续生计分析框架。[①] Nel（2015）研究了可持续生计（SL）和基于资产的社区发展（ABCD）方法的综合框架及实践模式，将对南非农村住户进行的调查作为分析基础，说明综合方法的应用。其结果显示，造成社区贫困的原因主要有人的脆弱性和一系列相互影响的多方面因素；并且，尽管有限制和缺点，人们的资产、能力以及活动也会使他们应付和生存；同时指出整合的 SL/ABCD 框架是了解脆弱社区的优势，是规划和实施可持续社区发展战略的有用框架。

（二）关于贫困的研究

在关于贫困和贫困治理的研究中，国外的研究比国内起步要早，并取得了非常丰富的成果。而这些成果中对贫困和贫困治理的定义和相关理论对本研究起到了很大的启发作用。因此，本书从贫困的定义、贫困的划分、贫困的根源以及贫困的治理 4 个方面对国外相关研究成果进行了梳理。

1. 贫困的定义

关于贫困的定义，不同时期的学者提出了不同的观点。贫困最早基本是指物质贫困。早在 20 世纪初，英国管理学家朗特里与统计学家布思共同开创了贫困问题理论与实证相结合的研究领域，[②] 他们于 1901 年提出了至今仍有一定代表性的对贫困的定义。此外，世界银行在以“贫困问题”为主题的 1981 年和 1990 年的《世界发展报告》中也对贫困作出了定义。之后，20 世纪 90 年代，在能力、自由、权利和福利发展理论基础上，以阿马蒂亚·森为代表的发展经济学家们构建出了以“可行能力”为基础的新贫困观，他们提出了人文贫困和能力贫困的概念。到 21 世纪，世界银行对贫困的概念进行了扩展，随后，联合国开发计划部也对 21 世纪的贫困作出定义，以提高人的知识资产和发展能力为核心提出了 21 世纪反贫困战略核心（见表 2-1）。

---

① Murambadoro M. How the Sustainable Livelihoods Framework Can Contribute Towards Sustainable Social Development [J] . Science, 2009, 150 (3702): 1475-1476.

② 高晓博 . 内蒙古农村牧区贫困问题及治理 [D] . 重庆大学，2013.

表 2-1　国外关于贫困定义的研究

贫困分类	代表人物	提出年份	资料来源	定义
物质贫困	朗特里	1901	《贫穷：对城市生活的研究》	贫困表现于家庭总收入，就是收入不足以支付仅仅维持家庭成员维护身体正常功能所需的最低量必需品开支
	世界银行	1981	《世界发展报告（1981）》	某些个人、某些家庭或群体没有足够的资源获取社会公认、一般都能享受到的饮食生活条件、舒适和参与某些活动的机会时便处于贫困状态
	世界银行	1990	《世界发展报告（1990）》	贫困就是缺乏达到最低生活水平的能力。衡量生活水平要考虑家庭的收入、人均支出，同时要考虑享有社会福利情况，包括医疗保健、识字能力、预期寿命以及公共物品和公共财产资源的获得情况等内容
人文贫困	联合国开发署	1997	《人类发展报告（1997）》	在健康、寿命、居住、参与、知识、个人安全和环境等基本条件方面人们没有得到满足，因此限制了选择。这不仅涉及人均国民总收入的影响，还有平均预期寿命、教育、卫生和生活条件等因素，一些重要现象可用于衡量一个国家或地区贫困的程度，如 40 岁前可能死亡的人口比重、获得基本医疗卫生服务、文盲率、可饮用水和适当的食物情况等
能力贫困	阿马蒂亚·森	1999	《以自由看待发展》《贫困与饥荒》	贫困不仅仅是相对的比别人穷，而是基本可行能力的绝对剥夺

续表

贫困分类	代表人物	提出年份	资料来源	定义
21 世纪的贫困	世界银行	2000	《世界发展报告（2000）》《世界发展报告（2001）》	贫困不仅指物质匮乏、教育落后、健康水平较低，还包括面对和抵御风险的脆弱性。贫困人口没有基本的行动和选择的自由，这种自由是改善贫困所必须具备的条件。贫困人口缺乏必要的食品、教育及医疗服务、住房。他们在面对疾病、经济混乱和自然灾害时表现出非常脆弱的一面。他们还经常遭受国家和社会的不公正对待，在涉及他们生活的重大问题上没有发言权
	联合国开发计划部			贫困远不止通常认为的“收入不足”，其实质是被排斥，主要表现在人类发展必需的机会和选择权方面，恰恰是这些要素能够把人们引向长期、健康和创造性的生活
隐蔽贫困	西方学者			指一般贫困统计指标所不能反映的贫困状态，或隐藏在一般人均指标下面的贫困，常常涉及妇女、儿童、少数民族和少数种族等群体

资料来源：根据国外相关文献及资料整理而得。

2. 贫困的划分

贫困是一种复杂的社会现象，国（境）外研究中对贫困的分类有“两分法”和“三分法”等不同的方法。国（境）外学者们先从贫困的范围和贫困的程度两种不同维度，用“两分法”对贫困进行划分。如果从贫困的范围来看，可以把贫困分为广义贫困和狭义贫困；如果从贫困的程度来看，可以把贫困分为绝对贫困和相对贫困。① 但由于“两分法”划分不够细致，渐渐不能满足现实需求，因此，英国的汤森（Townsend）、中国香港的莫泰基、美国的杰弗里·萨克斯（Jeffery Sachs）等学者先后研究出“三分法”。“三分法”把一部分上下浮沉、处于不稳定状况的贫困者分离出来，他们介于绝对贫困和相对贫困之间。这一划分方法能更详细地解剖贫困的实际状况，在实际扶

① 高晓博．内蒙古农村牧区贫困问题及治理［D］．重庆大学，2013.

贫工作中具有一定的可操作性和可行性（见表 2-2）。①

表 2-2　国（境）外关于贫困划分的研究

划分法	划分维度	具体分类	定义
两分法	贫困范围	狭义贫困	从满足人的生存需求意义上划分，指在一定的社会生产方式条件下，满足最基本的生存需要以维持最低生活标准的缺乏
		广义贫困	包括社会、精神文化、环境方面因素的不足，如教育、医疗、人口预期寿命等
	贫困程度	绝对贫困	由朗特里（1901）最先提出
		相对贫困	阿尔柯克（1993）提出从贫困线视角认识贫困，后来学者的研究角度转换，使其内涵或外延都有所不同
三分法	汤森		在《贫困的国际分析》中，运用"遗缺指标法"，将贫困划分为三个层次：基本需求、维持生存、相对遗缺
	莫泰基		在《香港贫穷和社会保障》（1993）中，将贫困划分为三个层次：绝对性贫困、基本性贫困、相对性贫困
	杰弗里·萨克斯		2007 年，按照贫困的程度，将贫困划分为：极端（绝对）贫困、中等贫困、相对贫困

资料来源：根据国（境）外相关文献及相关资料整理而得。

3. 贫困的根源

关于贫困的根源，国外不同学者从不同的角度和领域进行了不同的研究。最早，英国资产阶级庸俗政治经济学鼻祖马尔萨斯对贫困问题进行了探讨，把民众贫困的根源归咎于贫困者自身的生育行为。此外，马克思从制度层次上揭示了贫困的根源。纳克斯、纳尔逊、哈维·莱宾斯坦、冈纳·缪尔达尔等学者从贫困恶性循环理论和低水平均衡陷阱理论出发，分析了发展中国家和地区贫困落后的原因（见表 2-3）。

① 高晓博．内蒙古农村牧区贫困问题及治理［D］．重庆大学，2013.

表 2-3　国外关于贫困根源的研究

代表人物	观点
马尔萨斯	生活资料永远不能满足人口需求，以几何级数增长的人口必然超过以算数级数增长的生活资料。人们的贫困归咎于贫困者自身的生育行为
马克思	贫困产生于生产资料所有制基础上，工人丧失生产资料、出卖劳动力遭受资本家的残酷剥削，由此陷入极端贫困，这是制度造成的贫困。资本积累增长给无产阶级带来的是贫困积累，无产阶级摆脱贫困的唯一出路是推翻资产阶级统治、建立无产阶级统治
纳克斯	系统地梳理发展中国家贫困状态，提出了“贫困的恶性循环”理论，发展中国家的贫困由经济中存在若干互相联系、互相作用的“恶性循环系列”所导致。其认为认识贫困找到新思路，同时，过分强调了资本积累和储蓄
纳尔逊	《不发达国家的一种低水平均衡陷阱》（1956）提出“低水平均衡陷阱”理论，他综合研究人均资本的增长与资本形成问题，指出发展中国家和地区贫穷落后，最根本的原因是人均收入过低、投资量小和资本形成不足
冈纳·缪尔达尔	发展中国家的贫困原因不仅仅纯粹源于经济，而且是政治、经济与文化等因素综合作用造成，因此，认为引入激进的制度改革才能提高穷苦群众的生活水平
奥斯卡·刘易斯	“亚文化圈”论，即贫困者之间形成与外界相隔离的“亚文化圈”，他们相互交往、相互影响，生活圈较封闭，进一步导致贫困加剧，贫困文化一旦形成便会代际传递
舒尔茨	提出对人力资本投资缺乏重视导致贫穷国家经济落后

资料来源：根据国外相关文献及相关资料整理而得。

4. 贫困的治理

关于贫困治理，保罗·N. 罗森斯坦-罗、罗斯托、威廉·阿瑟·刘易斯、赫希曼、佩鲁、缪尔达尔等学者先后提出了不同的理论和观点。但是，20 世纪 60 年代末 70 年代初，以彼得·鲍尔、卡尔·布鲁纳、狄帕克·拉尔、朱利安·西蒙为代表的新生发展经济学家们，对传统主流发展经济学的观点提出了批判，认为确定各个国家或地区的贫困削减战略需要依照其自身的文化传统进行，贫困治理战略并不存在通用的范式（见表 2-4）。

表 2-4　国外关于贫困治理的研究

代表人物	观点
保罗·N. 罗森斯坦-罗丹	在《东欧和东南欧国家工业化的若干问题》（1943）中提出大推动理论，即实现工业化是发展中国家摆脱贫困的唯一出路
罗斯托	在《经济成长的阶段》（1960）中提出经济起飞理论，生产性投资率积累占国民收入的 10%以上、建立和发展一种或多种重要的制造业部门即主导部门、进行制度上的变革 3 个条件是实现经济起飞必须具备的条件
威廉·阿瑟·刘易斯	传统部门与现代部门间转移态势形成，并提出现代部门利润转化可为资本不断扩大再生产，由此吸收大量农村剩余劳动力
赫希曼	在《经济发展战略》（1958）中提出不发达国家经济增长的不平衡战略选择，即优先投资于所选择的若干战略部门，实现有效地利用有限的经济资源以加速经济增长的目标
佩鲁	发展极理论进一步丰富了不平衡增长理论模式的内涵

资料来源：根据国外相关文献及相关资料整理而得。

二、国内研究动态

（一）关于可持续生计的研究

自从可持续生计途径被运用于反贫困领域以来，国内也有越来越多的学者探索将可持续生计分析框架运用于农牧户生计资本、生计策略、生计脆弱性等多方面研究。

1. 生计资本

生计资本是可持续生计分析框架的核心概念，是农牧户抵御生计风险、采取生计策略、进行资产组合的基础。① 研究者围绕农牧户生计资本的特征开展了多视角研究。李小云等（2007）利用农户生计资本量化方法评价农户整体的生活状态，并根据分析的结果为贫困农户保障金的公平支付提供了理论依据。蔡志海（2010）利用可持续生计分析框架对汶川地震灾区贫困村农户的生计资本进行了测量和分析，指出灾区贫困村农户各种生计资本极不平衡。伍艳（2013）认为农牧户能否获得微型金融的贷款，显著影响农牧户的人力

① 徐汉龙．浙西南农村相对贫困家庭可持续生计研究［D］．浙江农林大学，2016.

资本、物质资本以及金融资本能否提高，在贫困地区农牧户的五种生计资本中，突出表现为人力资本和金融资本水平相对较低。道日娜（2014）通过研究分析，提出农牧户社会交往的职业种类与生计多样化正相关，农牧户牲畜数量、户主教育程度与生计多样化选择负相关，农牧户生计资本与生计策略有依存关系。徐定德等（2015）在对农牧户的生计资本进行分析时，把社会资本具体细化为农牧户获得社会网络支持的情况和农牧户参与社区组织活动的情况两大类指标。韩自强等（2016）利用英国国际发展部的可持续生计分析框架研究农村家庭的生计资本状况与灾后恢复，认为可持续生计分析框架是一个较为复杂的分析框架，对现实具有很强的解释力。

2. 生计策略及选择

为实现积极的生计目标，农牧户对所拥有的生计资本进行协调、组合和使用的方法称为生计策略。① 李琳一等（2007）认为，不同的资本状况使生计活动呈现出多样性的特点，互相结合以实现特定的生计策略。李小云等（2007）认为，农户生计脆弱的主要原因是贫困地区农牧户家庭生计资本种类相对单一、资本积累水平较低、教育水平落后及社会资本薄弱。李聪等（2010）通过比较西部贫困山区迁移户与非迁移户的生计资本，发现成员迁移明显影响家庭生计资本的水平，不同的迁移特征对不同类型的生计资本的影响不尽相同，是否迁移对不同类型的生计资本的影响同样各有不同，因此揭示出生计资本对生计策略有显著的影响，生计策略对生计资本也有反向作用。王娟等（2014）从非生计资本的视角切入，通过实证分析，观察生计策略选择的影响因素，发现家庭规模、户主年龄、离市场距离、所处海拔高度、是否经历培训等因素具有显著影响。史俊宏（2015）认为，牧户面临的干旱风险等脆弱性环境、结构与过程和生计资本构成等是生计策略的决定性因素。

3. 生计脆弱性

现有对生计脆弱性的研究主要围绕脆弱性的成因及评价体系两方面展开。李小云等（2007）指出，在不同群体之间其脆弱性也各不相同，农牧户生计

---

① 徐汉龙．浙西南农村相对贫困家庭可持续生计研究［D］．浙江农林大学，2016.

脆弱性较高的直接原因是生计资本缺乏多元性，脆弱性表示其抗风险的能力弱。李鹤等（2008）提出，有很多评价生计脆弱性的方法，主要包括综合指数法和图层叠置法等。常用的为综合指数法，这一方法通过考察脆弱性的原因、特征等方面来建立评价指标体系，并利用统计方法综合成脆弱性指数。张丙乾等（2011）对三江平原经营性农户的生计脆弱性进行分析，指出经营户抵御市场风险和自然风险的能力均有所欠缺，生计资本的积累不足表现为年用年吃的状态，因而生计系统非常脆弱。廖翔翔等（2012）认为，改善农牧户的金融资本可通过提高农村小额信贷服务的方式达成，由此能够有效缓解农牧户的脆弱性；其研究表明金融资本显著影响农牧户脆弱性问题的解决。刘进等（2012）运用 BP 神经网络和 GIS，研究云贵高原的农户生计资本和应急能力指数、风险度指数的空间分布格局，模拟后发现脆弱性随着维度的升高逐渐提高。郭圣乾等（2013）通过实证分析，指出家庭可用资金数量、农牧户劳动力的就业、职业培训和教育状况等，都对农牧户生计资本脆弱性有着重要影响。

4. 农牧户生计可持续受政策的影响

有关农牧户生计可持续状况受政策影响的研究主要是围绕近些年我国政府实施的一系列退耕禁牧、退耕还林以及生态补偿措施等生态保护政策展开的。张蕾等（2006）认为，退耕还林对农牧户的生计可持续有着深刻影响，此政策对中低收入农户的收入增长有显著的正向影响。杞银凤（2008）分析评价了云南省会泽县退耕还林工程的实施情况，发现在退耕补助期内，农户收入普遍增加，但是因退耕工程“造血”功能不完善以及缺乏规划，农户生计仍受到较大影响。韦惠兰等（2008）指出，政府实施的生态补偿政策有利于调整利益相关者行为所产生的环境利益，而且有利于调整他们之间的分配关系，从而促进农牧户生计可持续性发展。谢晨等（2009）研究表明，退耕还林政策对农户生计产生了深刻影响，应明确退耕还林在国家生态战略中的重要地位，实现生态保护与农户增收的长期双赢。史俊宏等（2012）从生态移民政策视角切入，比较研究迁移农户与未迁移户的生计资本、生计风险及生计策略等内容，从而揭示出迁移农户在金融资本、物质资本和人力资本方面禀赋更好，有条件实现生计策略多样化。也有些学者提出了不同的观点。张贵军等（2013）通过研究贫困地区退耕工程的效益，发现该项保护政策对贫困区域农牧户贫困的缓解，以及该地区的牧户增收和经济发展都没有起到明显的促进作用。蒙吉军等（2013）在研究退耕禁牧政策的实施过程时，发现内蒙古鄂尔多斯牧户生计受此政策影响，主要表现为农业劳动力逐渐向非农领域流动，耕地数量和种植结构也发生了变化。生态补偿政策是政府实施的促进生态环境保护的专项政策，人们更关注该政策效果。相关研究成果有张方圆等（2013）对农户意愿的研究。他们的研究揭示了各项生计资本对农户参与生态补偿意愿的影响，发现除了自然资本，其余 4 项生计资本具有正面影响，自然资本则呈负面影响。

（二）关于贫困的研究

1. 贫困的一般性

长期以来，国家制定了一系列扶贫纲要与计划。自 1986 年扶持贫困地区脱贫被纳入“七五”计划，国家关于减贫的政策便成为中央和地方政府国民经济与社会发展五年规划的重要内容。不仅如此，国家还连续发布专项规划，如《国家八七扶贫攻坚计划（1994—2000 年）》《中国农村扶贫开发纲要（2001—2010 年）》《中国农村扶贫开发纲要（2011—2020 年）》。这些专项规划将扶贫减贫行动上升为国家行动，探索出更富有成效的路径和方法，从而将坚持开发式扶贫确立为扶贫方针，扶贫开发也成为贫困人口脱贫致富的主要途径。在这个过程中，有劳动能力的被扶持人口受到政策帮助和鼓励，通过自身努力和发展摆脱了贫困。传统的救济式扶贫不利于发挥贫困人口的主动性，但开发式扶贫可鼓励、动员、引导贫困地区干部群众发挥主体性和积极性，将贫困人口和地区的自身努力与国家帮扶紧密结合起来，充分发挥本地区自然资源和人文资源等优势资源，借助积极发展商品生产等，努力改善生产条件，注重贫困人口自我积累和自我发展能力的增强。① 可见，开发式扶贫本质上是通过对贫困人口的政策引导和扶持，实现脱贫致富并达到全面

① 张振敏．内蒙古牧区生态减贫研究［D］．中国农业科学院，2013.

发展的目标。

中国反贫国家行动，促成学界更加重视对贫困问题的研究，反贫减贫的理论研究更加注重与实践的结合，① 相关研究成果十分丰富。童星、林闽钢（1994）的研究认为，贫困是经济、社会、文化落后的总称，也是一种生活状态，这种生活状态表现为低收入，以及由此造成的缺少生活必需品和服务、缺少发展机会和手段。汪三贵（1994）提出，缺乏生活资料和再生产的物质条件而导致过低的生活水平就意味着贫困，对特定的地区或国家而言，贫困概念随着时间的推移和经济社会的发展而不断变化。康晓光（1995）的研究则认为，贫困是一种生存状态，表明人由于长期不能合法地获得基本的物质生活条件，也不能参与基本的社会活动，从而不能维持个人基本的生理需求和社会文化可以接受的生活水准。从这个意义上来说，贫困的概念具有动态的、变化的特性，而不是永恒不变的。② 因此，需要从经济、社会、文化、精神多个角度认识贫困。当然，无论从哪个角度把握贫困，发展经济都是核心内容。

2013 年以来，精准扶贫、精准脱贫作为全面建成小康社会关键阶段的重要机制创新，成为反贫实践的主要抓手。邓维杰（2014）认为，精准扶贫的第一个环节——精准识别中的核心问题或者重点难点问题有 3 个：一是非基于科学测量而是自上而下分配指标导致的扶贫规模排斥；二是集中连片贫困开发政策将部分贫困村和贫困户排斥在扶贫范围外；三是精准识别范围内因主观因素导致的识别排斥。在我国扶贫瞄准机制的变迁中，精准识别不应该只有自上而下的政策制定，还要考虑增加农牧户本身的参与度。他还强调，在精准扶贫、精准脱贫实践中，对贫困人、贫困户的实际状况掌握不全面导致了政策与贫困户的需求存在差别；很多扶贫项目为贫困人、贫困户制定了各种指标，导致一部分贫困人、贫困户被排斥在项目外；公共社会保障福利设施不完善，贫困村产业发展受阻碍，导致资金用途不精确，与一部分贫困群体的脱贫需求有区别。董家丰（2014）认为，实现精准扶贫，关键是要通

① 都日娜．内蒙古库伦旗蒙古族贫困问题研究［D］．西北民族大学，2010.

② 都日娜．内蒙古库伦旗蒙古族贫困问题研究［D］．西北民族大学，2010.

过构建大数据平台等信息网络来完善目标瞄准机制，在此基础上改革扶贫项目资金管理体制，然后建立适合农村牧区的银行信贷扶贫经营管理机制，同时建立动态管理补偿机制。郑瑞强等（2016）认为，经济新常态背景下的新形式的精准扶贫方式的特征是由“粗放式”扶贫变成“精准式”扶贫。以上研究多是从不同角度分析了精准扶贫、精准脱贫的目标瞄准机制创新的必要性，今后还需要一些系统完整的对有效扶贫瞄准机制实施经验的总结论述。

随着中国经济、社会、文化的发展，中国的贫困状况、减贫理念与行动也发生了很多变化，对策措施也在不断丰富，但是主流研究仍基本围绕收入分配和经济增长展开。杨龙等（2015）认为，以往的开发式扶贫与区域瞄准扶贫相对应，新时期的扶贫对策进入精准扶贫阶段，通过制度设计的细化与合理化使农村扶贫由“大而全”向“小而精”过渡；精准扶贫是对粗放扶贫的反思和纠正。汪三贵等（2015）分析中国精准扶贫，指出精准扶贫核心内容是扶贫措施和政策可有效扶助到真正贫困家庭和人口。郑长德（2016）主张在精准扶贫实践中不断探索和完善科学的管理体系。

2. **内蒙古农牧户扶贫问题**

天董（1999）从自然生态视角研究内蒙古农村牧区贫困状况，主张要加强贫困牧区的生态建设，认为这是促进贫困牧区经济发展、提高牧民收入的关键环节。刘秀梅等（2000）指出，合理的区划调整与优秀的领导班子建设是和林县快速脱贫的关键因素。孙建北（2000）研究了赤峰市财政扶贫项目资金的分布与使用效果，发现扶贫项目的设计中要注重项目的可持续性，应该平衡综合投入的需求和管理能力。王杰（2006）以赤峰市贫困落后区域为研究对象，分析指出发展生产为第一要务，应多渠道筹措资金，提高农牧民素质，把改善农牧民生产生活状况作为新农村建设的切入点。杨霞（2007）认为，内蒙古土地退化地区与贫困地区存在较大重叠，主要为蒙东丘陵山区、沙区贫困地区，边境沿线荒漠草原的贫困地区，阴山风蚀沙化贫困地区和黄土高原沟壑贫困地区。刘明越（2007）以呼伦贝尔市农村牧区小额信贷的发展绩效问题为切入点，研究了作为金融扶贫措施之一的农村牧区小额贷款问题，提出应该基于农业和牧业的不同生产特点，各自寻求适宜的小额信贷模式，并且指出小额信贷发展中存在的诸多问题。海山（2007）指出，内蒙古牧区贫困的原因既有客观因素也有主观因素，贫困的主要特征是家族化、地区化、本地化。李晓董等（2009）分析指出兴安盟的贫困程度较深，扶贫需要加强教育、科技扶持力度，高度关注产业结构调整；贫困人口素质的提高、区域特色的发挥和基础设施建设水平的提高都是提升治贫绩效的要素。张丽君等（2017）在对内蒙古贫困特征进行分析时提出，内蒙古等民族地区的精准扶贫要坚持精准设计、精准瞄准、精准施力、精准施策、精准评估；建议精准扶贫、精准脱贫工作要以完善基础设施建设、强化自我发展能力、促进社会保障等方式来实现生态保护、资源开发与精准扶贫的协同发展。

三、国内外研究述评

从国内外学界的研究成果来看，可持续生计理论已经有一套成熟的框架体系，这一理论工具为学界深化对贫困问题的认识和治理对策研究提供了重要条件。从研究内容上看，研究者们的关注点主要集中在贫困户的生计资本特征、生计风险、生计策略类型，以及政府政策影响下农户生计状况评价等方面，缺乏对框架下各个部分内在性联系的研究。而且，大量文献采用的是定性研究，定量研究比较少；关于农区、农牧交错地带农户生计的研究偏多，而从牧户的视角出发进行生计可持续研究的文献比较少；在农区中利用可持续生计方法展开贫困农户的研究已经比较成熟，生计策略模式也非常明朗，而关于牧区贫困牧户生计活动的研究有待进一步深入。这就为本研究的进行提供了契机。

利用可持续生计分析框架研究贫困问题的研究成果，丰富了相关概念的内容，显现了贫困所具有的历史性、阶段性和动态性等特征，使贫困的概念随着社会经济文化的快速发展而不断被时代赋予新的内涵。① 在新时期精准扶贫阶段，中国贫困概念远不止通常所定义的“收入不足”，还包括人们生存发展必需的机会和选择权的被排斥。如果说中国现阶段的精准扶贫重点抓的是

① 徐汉龙．浙西南农村相对贫困家庭可持续生计研究［D］．浙江农林大学，2016.

“两不愁、三保障”的绝对贫困的话，2020 年全面建成小康社会后中国将进入利用多维贫困测量方法解决相对贫困问题的扶贫阶段。因此，对贫困农牧户可持续生计的研究，还需要不断地探索和发展。

学者们关于贫困农牧户生计资本的研究框架和方法大体上是相同的。本研究借鉴学者们在农牧户生计资本研究方面的文献资料，利用 DFID 的可持续生计发展理论和框架，把贫困牧户生计资本分为 5 个部分，研究牧户的生计资本与生计策略之间的关系，探寻贫困牧户生计资本如何影响其生计策略，而生计策略又会对牧户收入产生何种影响。① 本研究提出了牧户所拥有的生计资本不同、所选择的生计策略不同，使其收入不同的构想，分析了不同生计资本与生计策略下的牧户收入，探寻牧户收入的关键部分，即贫困牧户增加收入的落脚点。本研究有利于为进一步提高贫困牧户收入找到新的切入点，解决牧户增收的实际问题。

目前，我国扶贫任务依然艰巨。在精准扶贫、精准脱贫实施的过程中，实现贫困牧户生计的可持续是本研究的目的所在，但这方面的系统性研究还较为缺乏，特别是牧户生计资本指标体系的构建和评估方法缺乏实践指导性。本研究从内蒙古牧区精准扶贫现状出发，研究贫困牧户可持续生计，构建符合内蒙古牧区实际状况的生计资本指标体系和评估模型，系统、全面、客观地评估内蒙古牧区的精准扶贫程度和精准脱贫的效果，一方面可以丰富和完善减贫理论，另一方面也可以为内蒙古牧区乃至全国的精准扶贫、精准脱贫工作提供理论和实践指导。

第三节　基础理论

本研究借鉴可持续生计方法观察和研究内蒙古贫困牧户的可持续生计和精准脱贫行动及其存在的问题。本研究在深入研究这一主题和用以人为本的思路去探讨贫困牧户可持续生计的方法途径时运用的基础性理论有：可持续

① 徐汉龙．浙西南农村相对贫困家庭可持续生计研究［D］．浙江农林大学，2016.

生计理论、新时代中国特色社会主义扶贫思想、包容性发展理论、贫困恶性循环理论。

一、可持续生计理论

可持续生计方法（Sustainable Livelihoods Approach，SLA）是 20 世纪 80 年代发展的能对贫困进行多方面评价的方法，可以帮助人们理解多种原因引起的贫困，并给予多种解决方案。这一研究方法强调各地方参与和理解各种形式的贫困发展。这一研究方法以人为本，研究缓解贫困状态的建设性方案。使用这一方法可以对区域生存进行参与性的、整体的分析，辨明和确立开发性战略的起点并有效地调节和增进人们维持生计的能力。

可持续生计理论围绕可持续生计及其发展展开研究，是国际学术界运用较为广泛的方法。可持续生计分析框架主要有英国国际发展部（DFID）开发的以生计资本为核心的分析方法，联合国开发计划部（UNDP）以政策、技术和投资为驱动核心的分析方法，以及国际关怀组织（CARE）创建的以基本需要和权利为基础的分析方法。这些研究方法将贫困、脆弱性、风险处理等研究成果结合起来，确立了具有参与性、整体性、动态性，以人为本，可利用已有优势，结合宏观与微观推进可持续发展的框架，由此进一步完善了以资产、权利和行动策略为核心内容，以能力、价值和社会支持为理论支撑的有效分析框架，从而可以在一定经济、社会、政治、制度和自然等环境下对生计能力提升、生计可持续实现过程得到正确理解和全面认识。

国内学界应用最为广泛的可持续生计分析框架由英国国际发展部构建，该框架的理论假设是农户在脆弱性的背景中生存或谋生。农户在对一定资产进行配置和使用，作出相应生计策略选择，达到其维持生计目标时，会受到社会、机构和组织环境的影响。从图 2-1 中可见，脆弱性环境、结构和制度转变、生计资本、生计策略与生计结果 5 个部分构成其框架的主要内容。可持续生计分析框架作为贯穿于可持续生计路径选择应用全过程的逻辑思维工具，能够帮助人们理解和分析贫困农户的生计，并有效评价扶贫措施的效果。可持续生计分析框架作为被简化的分析工具，其中代表农户生计复杂性的丰富的内涵只有通过基础的定性和参与式分析后，才可得到深刻认识和理解。这一理论并不准确代表现实状况，其研究结果主要作为激发人们思考、交流乃至辩论的手段，从而实现改进扶贫或减贫研究、计划和实施效果的目的。可持续生计分析框架的应用，引导人们把贫困看成贫困农户的生计成果。可持续生计分析框架建立于脆弱或不平衡的生计资产组合基础上，需要观察和研究在打击（天灾人祸）、变化和恶化趋势下为何无法维持原有生计，如何获得政策、机构和程序规则的支持，或实际上在受到阻碍的情况下，贫困农户为何不能有效地利用他们拥有的可使用资本。① 农户生计选择组成（经营的构成）的不可持续性导致了贫困状况的持续。贫困农户所期待获得的生计成果还包括更多收入和不断改善的生活状况，这些会有效减少生计的脆弱性，可以保障食物供给的安全，有利于寻求自然资源的可持续利用方式。

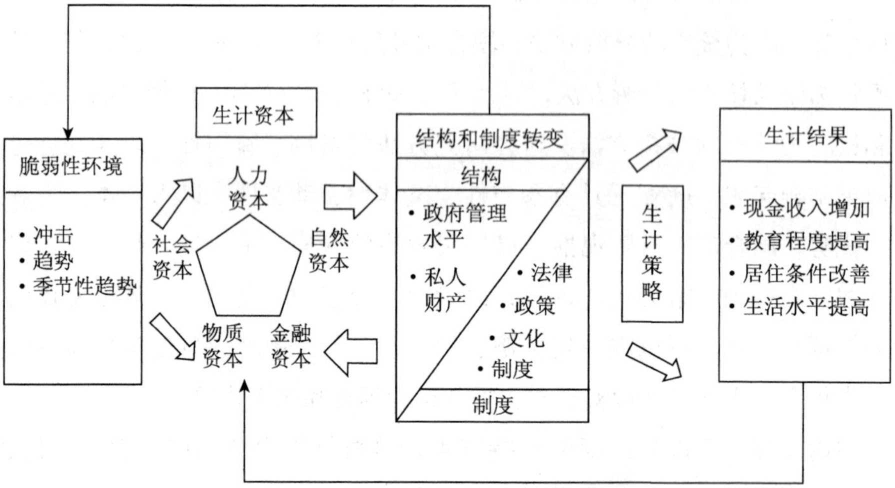

图 2-1　可持续生计分析框架示意图

资料来源：英国国际发展部（DFID），笔者参考了蒙吉军的研究。

可持续生计方法可以被视为一种发展贫困者生计的思维方法，这一方法激励人们关注生计问题并深化对其的思考，从而抓住关键，改进扶贫工作成

① 黄伟．风险冲击、脆弱性与农户贫困关系研究［D］．华中农业大学，2008.

效。可持续生计方法提供的是一种解决引起贫困的多种原因的集成分析框架，在解决方案中更强调全面理解各种形式的贫困及地方参与的发展观点，其所提出的贫困解决方案具有建设性，是以人为中心的缓解贫困方案，从管理者的角度来说，运用可持续生计分析框架可整体地、参与性地分析地区生存状况，使当地发展规划人员辨明和确立开发战略起点，有效调节和增进生计维持能力。①

二、新时代中国特色社会主义扶贫思想

2013 年起，中国社会普遍接受了“精准扶贫”这一概念。中央政府的行动和地方政府对中央政府确立目标的实现，使精准扶贫不仅发展出一套理论，而且有了相应的积极实践，取得了良好的社会效果。

回顾中国经济发展过程，可以看到，改革开放之前，人们的经济活动长期受到平均主义及大锅饭体制影响，区域之间的差异被掩盖，人们生活水准过低，“只要有吃有穿就不是贫困”的思想占主流。但改革开放之后，我国区域非均衡增长策略占主导地位，允许部分地区、部分人先发展、先富起来，承认区域之间存在差异。不同区域之间的历史和现实差距使得区域差异开始凸显。如果说富裕地区在改革开放中日益发展起来，羽翼渐丰，那么贫困地区与发达地区相比无疑是一只“弱鸟”。要解决区域性的贫困问题，就先要推动经济发展。显然，只有经济发展也难以达成目标，还需要一系列社会行动相配合，尽可能集中一切社会资源，壮大区域和个体发展能力，最终实现脱贫致富。

中央政府推动的“八七扶贫攻坚计划”的实施，有效地推动了贫困地区的全面发展，解决了 2 亿多贫困人口的温饱问题。2000 年，根据贫困人口生成的新情况和面临的新问题，国家实施了新的扶贫战略和国家行动，农村牧区的减贫、反贫成为重中之重，以县为单位的大空间区域瞄准粗放式扶贫受到挑战。粗放式扶贫存在相当多的问题，阻碍着人们脱贫的步伐，如扶贫瞄

① Martha G R，杨国安．可持续发展研究方法国际进展——脆弱性分析方法与可持续生计方法比较［J］．地理科学进展，2003（1）．

准对象偏离、返贫率高、贫困地区内部贫富差距扩大、政策效果持续性差等。但是，“精准扶贫”思想的提出则将克服这方面的问题，实现 2020 年全面建成小康社会的具体目标。

三、包容性发展理论

20 世纪中期以来，经济学领域的发展理念发生了诸多变革，表现在对增长的认识上，如从资源投入型增长到基础广泛性增长，再到“益贫式增长”，还有包容性增长和包容性发展的理念。从增长到发展，是一个内容不断拓展和深化的过程。① 包容性发展与单纯追求经济增长的发展相对立，倡导机会平等，其最基本的含义为公平合理地分享经济增长和发展成果，寻求社会和经济的可持续协调发展，使民众得以最大限度地享受经济发展成果。

包容性发展理论的演进有其复杂的历史过程，其中有亚当·斯密（Adam Smith，《国富论》）和大卫·李嘉图（David Ricardo，《政治经济学及其赋税原理》）的贡献，也有托马斯·罗伯特·马尔萨斯（Thomas Robert Malthus，《人口原理》）和约翰·穆勒（John Mill，《政治经济学原理》）的贡献，还有乔治·马歇尔（George Marshall）、约瑟夫·熊彼特（Joseph Schumpeter）等的贡献。② 也就是说，包容性发展理论是近现代经济发展理论及发展主体的理论渊源。

在 2011 年 4 月召开的博鳌亚洲论坛年会上，中国首倡“包容性发展”理论框架。关注人类的发展是包容性发展的重要内容之一，包容性发展理论涉及处置平等与公平的问题。就贫困人口和弱势群体的发展能力来看，他们发展能力弱，面临的发展问题突出。包容性发展理论是一种更加全面、更趋公平，融入人文关怀且更具有可持续性的新发展理论和战略，因而有着极为丰富的理论内容和思想内核的支撑。正如曾培炎（博鳌亚洲论坛副理事长）所指出的，“包容性发展”可以从 4 个方面加以定义：第一，包容性发展从个体而言，内含所有人的机会平等、成果共享的发展；第二，包容性发展从国家和民族间而言，需要各个国家和民族互利共赢、共同进步的发展；第三，包

① 李媛媛．新阶段内蒙古生态脆弱地区扶贫移民研究［D］．内蒙古农业大学，2014.

② 李媛媛．新阶段内蒙古生态脆弱地区扶贫移民研究［D］．内蒙古农业大学，2014.

容性发展是各种文明的互相激荡、兼容并蓄的发展；第四，包容性发展是人与社会和人与自然和谐共处、良性循环的发展。总之，包容性发展强调发展主体的人人有责，从发展内容来说要全面协调，从发展过程来说要机会均等，从发展成果来说要利益共享。包容性发展强调在发展中追求人与自然的全面协调；包容性发展更为强调经济发展与社会发展的协调统一。包容性发展更关注政治文明的发展与建设，其发展成果由最广泛的人口能够分享。①

四、贫困恶性循环理论

贫困恶性循环理论由美国经济学家纳克斯在《不发达国家的资本形成》中提出。他认为，不发达地区的长期贫困不是单一因素的线性作用导致的，而是经济发展过程中众多影响因素相互影响，导致一连串的因素之间产生恶性循环，出现“越循环越贫困”的结果。② 原因形成结果，而结果又成为下一个因素的原因。这一思维方法具有创新性，有利于更加动态化和系统化地认识贫困的原因。从供给方面来看，众所周知，欠发达地区的整个社会经济发展水平比较落后，居民收入水平低下，收入的大部分用以维持基本生活，没有更多的资金用以改善生活，更没有太多的家庭储蓄存款，导致整个社会的资本难以积累。同时，社会资本积累过少会导致社会无法实现扩大再生产，在生产过程中也无法引进更先进的技术，导致生产效率无法提高，这又引起产出减少。最终，企业规模缩小或长期无法扩大，导致失业率增加、收入下降，从而使低收入恶性循环。另外，从需求视角来看也会得到同样的结论。欠发达地区和国家经济落后，居民收入水平低，导致人们消费水平难以提升。低消费使企业难以积累资本，使之没有充足的资本生成投资、引诱不足，创造的就业机会少。没有消费和投资两大动力支持，整个社会的生产规模难以扩大，从而影响生产率的提高，进一步导致低产出和低收入，将发展置于恶性循环之中。

① 郑长德．基于包容性绿色发展视域的集中连片特困民族地区减贫政策研究［J］．中南民族大学学报，2016（1）．

② 叶金芝．可持续生计框架下山区居民生计资本研究［D］．安徽农业大学，2016.

第三章　内蒙古牧区的贫困与反贫困

第一节　内蒙古牧区贫困现状

内蒙古自治区土地总面积为118.3万平方千米，其中可利用草原面积约为6800公顷，占全国草场面积的1/4左右。内蒙古牧区有大小牲畜约4000万头，是全国主要的牛羊肉、牛奶、绵羊毛、山羊绒毛、驼毛等畜产品生产及供应基地。改革开放以来，内蒙古虽然经济增长速度较快，但是数量上的腾飞无法直接连通质量上的跃进，地区性不平衡、不均衡发展极为明显，其牧区落后地区的基本情况没有根本性改变。牧区作为第一产业的重要组成部分，已成为全区经济发展中的短板。因此，以生态保护为媒介的贫困牧户精准脱贫的主战场就在牧区。①

一、内蒙古自治区贫困与反贫困概况

（一）基本情况

内蒙古自治区统一执行农牧民年人均纯收入2300元（2010年的不变价格）的国家扶贫标准。② 以这一标准测算，全区贫困人口逐年减少，到2016年年底，已由2012年年底的197.8万人减少到56万人，贫困发生率也呈下降态势，由14.7%下降到4.2%。全区范围内收入贫困状况得到改善，似乎能够

---

① 本研究以《内蒙古统计年鉴（2017）》行政区划33个牧业旗县为研究范围。本研究中没有细分农户和牧户，将二者都视为牧户。

② 2011年11月，中央扶贫开发工作会议在北京召开。时任国务院总理温家宝在会议上宣布，中央决定将农牧民人均纯收入2300元作为国家新的扶贫标准。

达到 2020 年全面实现小康的目标。但是，从可持续生计角度来看，包括生态因素在内的多维度分析，从理论基础到模型建立、结果论证各个方面都不成熟。这也是本研究的主要内容之一。

1. 贫困人口分布概况

内蒙古自治区有贫困县 57 个，其中国家级贫困旗县 31 个、自治区级贫困旗县 26 个（见表 3-1），贫困旗县数量占全区旗县单元总数的 55%。尽管改革开放以来内蒙古经济发展很快，但贫困仍然困扰着这些旗县，尤其是 8 个国家级集中连片的特困旗县，即大兴安岭南麓片区（科尔沁右翼前旗、科尔沁右翼中旗、扎赉特旗、突泉县、阿尔山市）和燕山—太行山片区（兴和县、商都县、化德县），脱贫难度较大。33 个牧业旗县中有 22 个是贫困旗县，贫困旗县占比达到 67%。相较于同级单元，牧业旗脱贫难度也较大。另外，从少数民族聚居区、边境旗县和革命老区等方面来看，全区少数民族人口聚居的贫困旗县有 37 个，边境贫困旗县有 13 个，革命老区贫困旗县有 49 个（其中国家备案的 27 个）。据统计，全区共有 2834 个贫困嘎查村，占整个自治区行政村的 25. 4%。贫困嘎查村占比远远低于贫困旗县占比（67%）的实际情况，说明贫困的区域性分布更偏向于人少地广的牧区。而贫困人口的分布也具有分散性的特点。2016 年，建档立卡的 56 万贫困人口分布在 12 个盟市（见表 3-2）的 8532 个嘎查村，占全区 11165 个嘎查村的 76%。相比之下，人口比较集中的赤峰市、乌兰察布市、通辽市、兴安盟的贫困人口数量较多，分别为 18. 8 万人、10. 6 万人、9. 9 万人、8. 1 万人，分别占全区贫困人口的 33. 88%、19. 07%、17. 84%和 14. 58%①（见图 3-1、图 3-2）。

① 张丽君，等. 中国少数民族地区扶贫进展报告（2017）［M］. 北京：中国经济出版社，2017.

表 3-1　内蒙古自治区贫困旗县统计

贫困县分类	旗县名称	旗县数量
国家重点贫困旗县	武川县、莫力达瓦达斡尔族自治旗、阿尔山市、鄂伦春自治旗、扎赉特旗、科尔沁右翼前旗、科尔沁右翼中旗、突泉县、科尔沁左翼中旗、科尔沁左翼后旗、库伦旗、奈曼旗、阿鲁科尔沁旗、林西县、巴林左旗、巴林右旗、喀喇沁旗、翁牛特旗、宁城县、敖汉旗、苏尼特右旗、太仆寺旗、正镶白旗、卓资县、化德县、商都县、察哈尔右翼前旗、察哈尔右翼中旗、兴和县、察哈尔右翼后旗、四子王旗	31
自治区重点贫困旗县	清水河县、固阳县、阿荣旗、鄂温克族自治旗、新巴尔虎左旗、扎兰屯市、乌兰浩特市、开鲁县、扎鲁特旗、松山区、克什克腾旗、阿巴嘎旗、苏尼特左旗、镶黄旗、正蓝旗、多伦县、凉城县、丰镇市、杭锦旗、磴口县、五原县、乌拉特前旗、乌拉特中旗、杭锦后旗、阿拉善左旗、阿拉善右旗	26
合计	—	57

资料来源：内蒙古自治区扶贫开发办公室《全区扶贫开发建档立卡数据》，2017 年 4 月。

表 3-2　内蒙古牧区各盟市贫困人口分布与农牧业概况

指标 盟市	贫困户数（户）	贫困人口数（人）	占全自治区贫困人口比例（%）	农牧区人口数（人）	贫困发生率（%）	牧业旗县数（个）	草场面积（万亩）	第一产业特点
兴安盟	37625	81033	14. 58	1074132	7. 54	1	3918	农业为主，畜牧业为辅
乌兰察布市	47049	105978	19. 07	1918487	5. 52	1	4643	农业为主，畜牧业为辅
赤峰市	88173	188297	33. 88	3599444	5. 23	5	6639	半农半牧
通辽市	39427	99139	17. 84	2201620	4. 5	3	5448	农业为主，畜牧业为辅
呼伦贝尔市	15624	37120	6. 68	891814	4. 16	4	13735	畜牧业为主，农业为辅
锡林郭勒盟	7548	16256	2. 92	488233	3. 33	9	26491	畜牧业为主
巴彦淖尔市	7451	14170	2. 55	783900	1. 81	—	—	—
包头市	2571	4963	0. 89	486600	1. 02	—	—	—
呼和浩特市	4008	7994	1. 44	1111431	0. 72	—	—	—

续表

指标 盟市	贫困户数（户）	贫困人口数（人）	占全自治区贫困人口比例（%）	农牧区人口数（人）	贫困发生率（%）	牧业旗县数（个）	草场面积（万亩）	第一产业特点
乌海市	37	91	0. 02	36516	0. 25	—	—	—
鄂尔多斯市	303	749	0. 13	586000	0. 13	—	—	—
阿拉善盟	22	54	0. 01	74575	0. 07	—	—	—
全区合计	249838	555844	100	13254675	4. 19	—	—	—

数据来源：内蒙古自治区扶贫开发办公室《全区扶贫开发建档立卡数据》，2017 年 4 月。

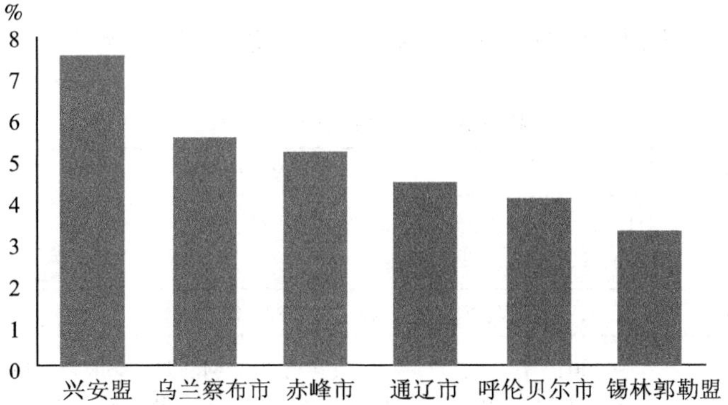

图 3-1 内蒙古贫困发生率最高的 6 个盟市

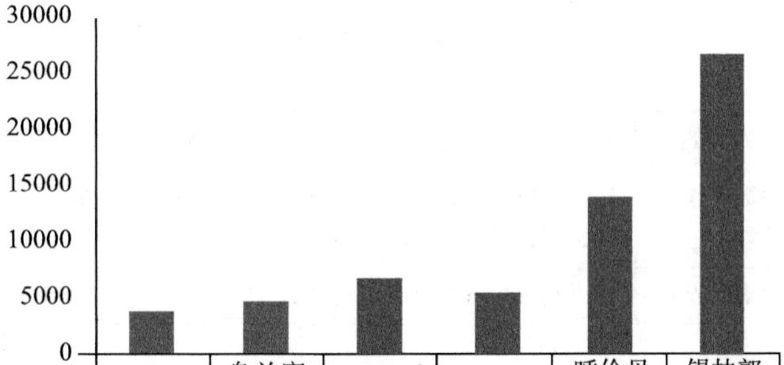

	兴安盟	乌兰察布市	赤峰市	通辽市	呼伦贝尔市	锡林郭勒盟
■ 草场面积（万亩）	3918	4643	6639	5448	13735	26491
牧业旗县数(个)	1	1	5	3	4	9

图 3-2 内蒙古各盟市草场面积及牧业旗县数对比

2. 贫困人口分布特征

基于内蒙古的特殊性，扶贫对象分布的地区可以分为牧业旗县、革命老区、边境旗县、少数民族聚居区等。贫困人口在各类型地区之间交叉分布，内蒙古自治区贫困人口分布的显著特征主要有：第一，区域性。牧业旗县人口占内蒙古总人口的20.48%，但牧业旗县贫困人口有16.8万人，占全自治区贫困人口的30.2%。第二，民族性。少数民族聚居地区人口总数占全区人口的23.05%，但贫困人口有29.6万人，占全区贫困人口的53.3%。第三，边境集中性。边境旗县贫困人口4.1万人，占全区贫困人口的7.5%。第四，历史性。革命老区旗县总人口占全区总人口的54.89%，但贫困人口有38.5万人，占全区贫困人口的69.3%（见表3-3、表3-4）。

表3-3 内蒙古贫困旗县类型

旗县类型	旗县代码
牧业旗县	1、2、3、4、5、6、7、8、9、10、11、12、13、14、15、16、17、18、19、20、21、23
边境旗县	5、6、36、37、38、18、20、21、22、23、24、26、29
革命老区旗县	39、40、41、15、42、7、34、43、36、44、45、46、13、14、78、16、47、18、48、49、50、22、51、52、53、54、27、55、56、30、57、58、59、60、61、62、63、64、65、66、67、68、69、70、71、72、73、74、75
少数民族聚居旗县	1、2、39、40、15、10、11、35、36、44、43、12、13、14、9、16、40、45、5、6、3、22、4、8、53、54、26、7、18、30、19、31、20、25、23、76、77
牧业/边境旗县	6、18、20、21、22、23、24、25、26、29、33
牧业/少数民族聚居旗县	1、2、15、10、11、12、13、14、9、16、5、6、3、22、4、8、26、7、18、30、19、31、20、25、23
牧业/革命老区旗县	15、7、13、14、16、18、22、27、30

旗县代码	旗县名称	旗县代码	旗县名称	旗县代码	旗县名称	旗县代码	旗县名称
1	新巴尔虎左旗	21	阿拉善左旗	41	突泉县	61	和林县
2	鄂温克族自治旗	22	达尔罕茂明安联合旗	42	开鲁县	62	清水河县

续表

旗县代码	旗县名称	旗县代码	旗县名称	旗县代码	旗县名称	旗县代码	旗县名称
3	苏尼特右旗	23	阿拉善右旗	43	库伦旗	63	回民区
4	镶黄旗	24	额济纳旗	44	阿尔山市	64	集宁区
5	阿巴嘎旗	25	乌拉特后旗	45	喀喇沁旗	65	卓资县
6	苏尼特左旗	26	新巴尔虎右旗	46	宁城县	66	兴和县
7	正蓝旗	27	鄂托克前旗	47	敖汉旗	67	丰镇市
8	正镶白旗	28	西乌珠穆沁旗	48	杭锦旗	68	凉城县
9	翁牛特旗	29	东乌珠穆沁旗	49	多伦县	69	察右前旗
10	巴林右旗	30	鄂托克旗	50	太仆寺旗	70	察右中旗
11	巴林左旗	31	乌审旗	51	扎兰屯市	71	察右后旗
12	阿鲁科尔沁旗	32	锡林浩特市	52	阿荣旗	72	达拉特旗
13	克什克腾旗	33	陈巴尔虎旗	53	莫力达瓦达斡尔族自治旗	73	准格尔旗
14	科尔沁右翼中旗	34	满洲里市	54	鄂伦春自治旗	74	乌审旗
15	科尔沁左翼中旗	35	额尔古纳市	55	土默特右旗	75	乌拉特前旗
16	科尔沁左翼后旗	36	科尔沁右翼前旗	56	固阳县	76	科尔沁区
17	扎鲁特旗	37	阿尔山市	57	土默特左旗	77	奈曼旗
18	四子王旗	38	二连浩特市	58	新城区	78	松山区
19	杭锦旗	39	乌兰浩特市	59	赛罕区		
20	乌拉特中旗	40	扎赉特旗	60	武川县		

表 3-4　内蒙古不同类型旗县贫困人口分布

指标 旗县类型	贫困家庭（户）①	贫困人口数量（人）②	占全自治区贫困人口比例（%）③	农牧区人口数量（人）④	贫困发生率（%）⑤=②/④	旗县人口占全区人口的比重（%）⑥	贫困人口集中程度（%）⑦=⑥-③
牧业旗县	74834	167646	30. 16	3210314	5. 22	20. 48	-9. 68
革命老区旗县	174438	385042	69. 27	8475901	4. 54	54. 89	-14. 38
边境旗县	18800	41391	7. 45	725662	5. 7	8. 09	0. 64
少数民族聚居区	129513	296336	53. 31	5358324	5. 53	32. 05	-21. 26

续表

指标 旗县类型	贫困家庭（户）①	贫困人口数量（人）②	占全自治区贫困人口比例（%）③	农牧区人口数量（人）④	贫困发生率（%）⑤=②/④	旗县人口占全区人口的比重（%）⑥	贫困人口集中程度（%）⑦=⑥-③
自治区级贫困旗县	36279	79170	14.24	3480140	2.27	—	—
国家级贫困旗县	2016749	461640	83.05	7021829	6.57	—	—
全区总数	249838	555844	—	13254675	4.19	—	—

资料来源：内蒙古自治区扶贫开发办公室《全区扶贫开发建档立卡数据》，2017 年 4 月。

从以上信息可知，内蒙古自治区的贫困人口主要集中在人口比较密集的东北部地区（兴安盟、赤峰市、通辽市、乌兰察布市）。但是，从贫困发生率、贫困人口集中度和总人口比重等指标来看，贫困人口主要分布于牧区、革命老区、边境地区，以及少数民族人口聚居区域。如果我们用占全自治区贫困人口比例和占全区人口比例的差值来表现贫困人口的集中状况，不难看出，少数民族聚居区、革命老区、牧区正是贫困人口相对集中的地区。其原因在于，这些地区人口文化水平较低、居民疾病多、缺资金、自然灾害多、缺乏技术、自身发展能力不足等。根据 2017 年内蒙古扶贫办的数据，全区贫困地区主要致贫因素中，因病致贫占 41.44%，因缺资金致贫占 16.74%，因缺劳动力致贫占 8.32%，因灾致贫占 8.05%，因残致贫占 7.86%，因学致贫占 4.3%，还有 13%左右因缺土地、缺水、缺技术、交通条件落后等致贫。总的来讲，罹患慢性病和重病及社会保障的缺失是致贫最主要原因。同时，生产生活上的资金短缺很容易引起返贫，是保护和维持扶贫效果时首先要解决的难题。因为资金短缺时人们的投入更多地会转向生活领域，减少生产领域的投入，尤其是在短期牧户决策中，这一现象更为明显。如果持续性短缺资金，有限的资金会投向更低级的生存生活领域，从而导致牧户生活水平下降。

（二）精准扶贫政策的实施

精准扶贫政策的实施从根本上改变了以往的区域性扶贫局面，在扶贫对象和方法、贫困原因的探究等方面都进行了更严格的细化，从理论分析到具体实施工作都要求微观层面的透彻和彻底。

1. 组织保障

内蒙古自治区依照中央部署，建立了从自治区级到基层村委会的联动责任制度，如图 3-3 所示。

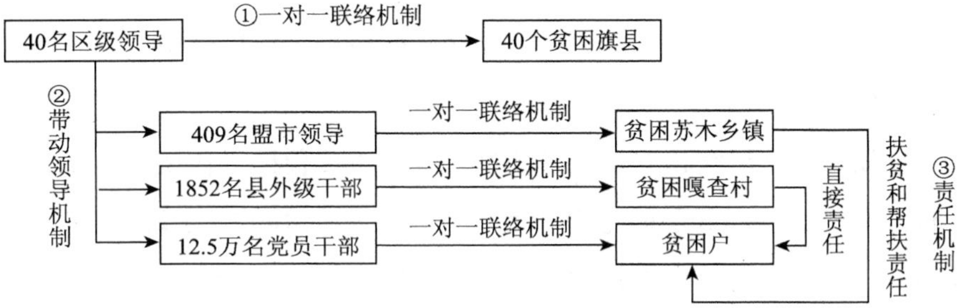

图 3-3　内蒙古扶贫工作组织保障机制图

自治区级干部直接带动和领导下一级领导层和党员干部，发挥带动领导机制的作用，并建立“一对一”联系 40 个贫困旗县的联络机制。基层领导直接担保建立贫困苏木乡镇、贫困嘎查村和贫困户联络机制。在扶贫工作中，建立乡村两级承担直接责任、各基层政府和行业部门承担扶贫及帮扶任务的责任机制。

2. 政策体系保障

在扶贫工作中，政策落实是最关键的一步。为此，内蒙古自治区建立了各级行政层次对接的政策体系。自治区层面制定和实施 10 多项政策规定（见图 3-4），实现从宏观政策指导性方针到微观策略实施方案的具体化。同时，交通、教育、卫生、人社、民政、人民银行等行业部门出台了 21 项针对性强、含金量高的配套措施。因地制宜的地方性实施方案是扶贫政策有效有力的保障，也是扶贫战略成功的关键。地方政策越细致越准确，扶贫政策越精准，就越能准确发现贫困居民及其致贫原因，才能对症下药制定更有效的扶贫方法。本书的主张是应将扶贫政策的有效性和扶贫效果的长效性相结合。因此，扶贫政策体系的完整性很有必要。

《中共中央、国务院关于〈打赢脱贫攻坚战的决定〉的意见》
《盟市党委、政府扶贫开发工作成效考核办法》
《建立贫困退出机制的实施意见》
《贫困旗县统筹整合使用财政涉农涉牧资金试点工作实施意见》
《脱贫攻坚督察巡查办法》
《脱贫攻坚责任制实施细则》
《进一步加大脱贫攻坚力度细则》

图 3-4 内蒙古自治区有关扶贫方面的主要政策实施文件

3. 扶贫投入保障

资金投入的充足性和有效性是扶贫成效的重要保障。内蒙古自治区扶贫投入机制实现了投入资金的绝对数量和具体措施的有效性。2011—2015 年，四级财政共投入扶贫专项资金 170 亿元，其中自治区本级投入 61 亿元，年度投入由 1.93 亿元增加到 18.75 亿元，增长了 8.7 倍。[①] 2016 年，四级财政投入扶贫专项资金 77.6 亿元，其中，有统筹整合使用的财政涉农涉牧资金 44.5 亿元。新发放小额扶贫贷款 152 亿元，再加上行业社会扶贫投入，全年扶贫投入超过 400 亿元。政策导向偏向产业发展和经济环境的改善。2017 年，自治区财政新增 30 亿元扶贫专项资金，其中 20 亿元设立为产业扶贫发展基金，10 亿元用于按照每脱贫 1 人奖励 5000 元的标准，按年底根据验收结果下达到旗县的方式对扶贫和脱贫两方进行激励。

4. 扶贫措施保障

内蒙古以建设项目为依托开展扶贫开发工作，其项目类型和具体情况如表 3-5 所示。

5. 扶贫考核精准化

扶贫工作考核的精细化和精准化对扶贫工作效果具有极为重要的促进作用，它可以促进基层扶贫对象由基本精准达到比较精准。

2014 年起，自治区对全区 58 万户、157 万贫困人口建档立卡。2015 年，重新考核贫困人口建档立卡状况，剔除 21.4 万不符合标准的人口，新补录

① 数据来源：内蒙古扶贫办。

17.2万贫困人口。目前扶贫工作的重点不再是区域性整体脱贫，而是精准到每一户、每一个人。实施精准扶贫措施是脱贫政策顺利进行的前提条件。从政策制定到决策实施再到具体措施的落实，都离不开严格的考核评估。内蒙古自治区政府出台盟市党委、政府扶贫开发成效考核和贫困旗县经济社会发展实绩考核办法，主要考核减贫成效、精准识别、精准帮扶、资金使用和项目管理。组织2016年度盟市党委、政府扶贫开发成效考核、交叉验收和第三方评估。制定了脱贫攻坚督查巡查实施制度，开展重点地区、重点项目的专项督查，同时，开展不定期巡查，以解决精准扶贫中的突出问题，推动工作落实。2017年，已经实现12个盟市、57个贫困旗县监督检查全覆盖。通过旗县自查、盟市复查、自治区核验的评估认定机制和“摘帽不摘政策，脱贫不脱帮扶”的正向激励机制，有12个贫困旗县退出。另外，在扶贫资金监管方面也有新措施，包括下放扶贫资金项目审批权，构建权利、责任、资金、任务“四到旗县”运行机制，以及规划、项目、干部“三到村三到户”的工作机制，执行扶贫资金项目公告公示制度，全面推行村级义务监督员制度和社会参与机制。①

表3-5　内蒙古扶贫方式与具体措施

扶贫方式	具体措施	主要对应可持续生计资本
产业扶贫	①自2014年起，内蒙古全区在2834个贫困嘎查村开展规划、项目、干部“三到村三到户”，针对每个贫困嘎查村落实一个帮扶单位，帮扶单位则要组织派驻一支驻村工作队，并针对每个贫困户设置1名帮扶责任人； ②为2834个贫困村每个村投入不少于45万元的财政引导资金，采取菜单式扶贫、自建直补、先建后补等模式，支持贫困村贫困户发展特色产业； ③对不适合一家一户发展的产业项目，探索两种模式，即“党支部+合作社+贫困户”模式、“龙头企业+基地+贫困户”模式，两种模式可促进贫困户与龙头企业、专业合作社、致富带头人之间建立利益联结机制，有利于贫困户在深度参与产业发展中实现稳定增收；	物质资本、人力资本

① 根据扶贫办的数据资料，在内蒙古的26个中央国家机关定点帮扶31个国家级贫困旗县，172个自治区直属机关单位定点帮扶兴安盟、乌兰察布市172个重点嘎查村，京蒙扶贫协作集中帮扶赤峰市、乌兰察布市的16个国家级贫困旗县；开展“万企帮万村”精准扶贫行动，662家企业帮扶593个贫困嘎查村。

续表

扶贫方式	具体措施	主要对应可持续生计资本
产业扶贫	④资产收益扶贫模式，即采取土地流转、扶贫资金量化折股、寄养托管等方式，创造条件支持和鼓励贫困户流转土地赚租金，或者就近打工挣薪金，或者将资产入股分股金； ⑤产业扶贫每年覆盖20多万人	物质资本、人力资本
易地扶贫搬迁	①从2013年起投入32.5亿元，将生态脆弱区的6.3万户、23万农牧民搬迁； ②2016年启动新一轮易地扶贫搬迁工程，投入130亿元专项资金，搬迁20万建档立卡贫困人口，同步搬迁10万农牧民。其中，2016年完成5万建档立卡贫困户、3万随迁农牧民搬迁任务； ③保证搬迁人员住房面积人均25平方米红线和不因搬迁让贫困户举债底线，重点解决搬迁户后续产业发展和稳定就业问题； ④实行“四不变、两同等、一减免”政策①	自然资本、物质资本
金融扶贫	①在81个旗县实施金融扶贫工程，②金融扶贫贷款余额达到385亿元； ②47.6万户农牧民直接获得3万~5万元的扶贫小额贷款支持，实现贷款使用1年以上的贫困户人均增收1500元； ③与保险机构合作，为贫困户提供履约保证保险费补贴，切实解决贫困户贷款难问题	金融资本
劳务扶贫	①人社部门单独设置就业扶贫模块并实行动态管理； ②为有劳动能力、就业意愿的贫困人口提供专门就业帮扶，做到宣传、走访、帮扶到位； ③为有创业意愿和具备条件的扶贫对象提供免费创业培训和创业服务，并提供创业贷款和贴息支持	人力资本
生态扶贫	①国家和自治区实施的重大生态工程项目③和资金进一步向贫困地区倾斜； ②2016年投入49.7亿元用于57个贫困旗县的生态建设； ③全面落实草原补奖政策，奖补区人均政策性补贴收入增加920元，惠及546万农牧民； ④实行生态护林员政策，为5000名建档立卡贫困人口提供护林员公益性岗位，年人均补贴1万元	自然资本

① 这里的“四不变”是指内蒙古自治区扶贫政策中规定的原承包土地、草地、林地的经营权受益权不变，子女进城上学“两免一补”政策不变，新农合政策不变，低保政策不变；“两同等”是指子女入托上学和就业享受与城镇居民同等待遇；“一减免”是指自愿转为非农户口的，减免各种行政性收费。

② 合作金融机构有农业银行、农村信用合作社、邮政储蓄银行、中国银行、包商银行、中国人寿保险等9家。

③退耕还林还草、天然林保护、防护林建设、防沙治沙、湿地保护与恢复、坡耕地综合整治、退牧还草、水生态治理等。

续表

扶贫方式	具体措施	主要对应可持续生计资本
教育扶贫	①建立起从学前教育到高等教育“一条龙”的教育资助体系； ②对农村牧区贫困家庭适当减免保教费并给予生活费补助，对普惠制幼儿园贫困家庭幼儿，包括城乡低保家庭儿童、孤儿、残疾儿童按当地保教费的50%给予补助； ③义务教育“两免一补”政策实施范围扩大到高中阶段，并提高寄宿生生活费补助标准； ④从2014年起对低保家庭大学生每人每年给予1万元的教育资助，已投入21.75亿元，资助贫困大学生近6万名，2017年开始所有建档立卡贫困家庭子女享受该政策； ⑤农村牧区义务教育阶段在校生营养改善计划试点范围扩大到31个国家级贫困旗县； ⑥全免贫困户子女职业教育学费，并给予生活费补贴； ⑦实施城乡教师对口支援计划	人力资本
健康扶贫	①对建档立卡贫困人口展开健康服务，采取免费体检，基本医保及大病保险报销起付线分别降低50%，在报销时报销比例提高5个百分点等措施； ②建档立卡贫困人口全部纳入重特大疾病医疗救助范围，同时设立贫困人口大病保障基金； ③落实“三个一批”计划，即大病集中救治一批、重病兜底保障一批、慢病签约服务一批； ④开展医院“一对一”帮扶行动，173家三级医院“一对一”帮扶269家贫困旗县县级医院	人力资本
基础设施建设扶贫	①在全区4万多个行政村和大的自然村全面推进危房改造、街巷硬化、安全饮水、村村通电、村村通广播电视、标准卫生室、校舍建设与安全改造、养老医疗保障、文化活动室10项重点工作； ②集中解决贫困村贫困户基本医疗、公共服务和义务教育、住房安全“三保障”； ③提出力争2017年解决现有3.5万户贫困户危土房改造问题	社会资本
政策兜底扶贫	①开展低保制度与扶贫开发政策有效衔接工作，为16.7万贫困人口落实社会保障政策； ②2016年全区农村牧区低保标准水平达到4197元，比扶贫标准高出1051元，保障人数112万人，比贫困人口多近40万人； ③在全区农村牧区探索推行“互助幸福院”模式，让更多贫困老人“老有所养、老有所居、老有所乐”	社会资本

资料来源：内蒙古扶贫办，2017年6月。

（三）精准扶贫工作展开

内蒙古自治区扶贫目标定于到 2017 年基本消除绝对贫困，同时全部摘掉 26 个区级贫困旗县的贫困帽；实现 2020 年现行标准下贫困人口全部脱贫，同时 31 个国家级贫困旗县全部摘帽，区域性贫困问题得以解决。2017 年减少贫困人口 20 万人、3 个国家级贫困旗县摘帽。

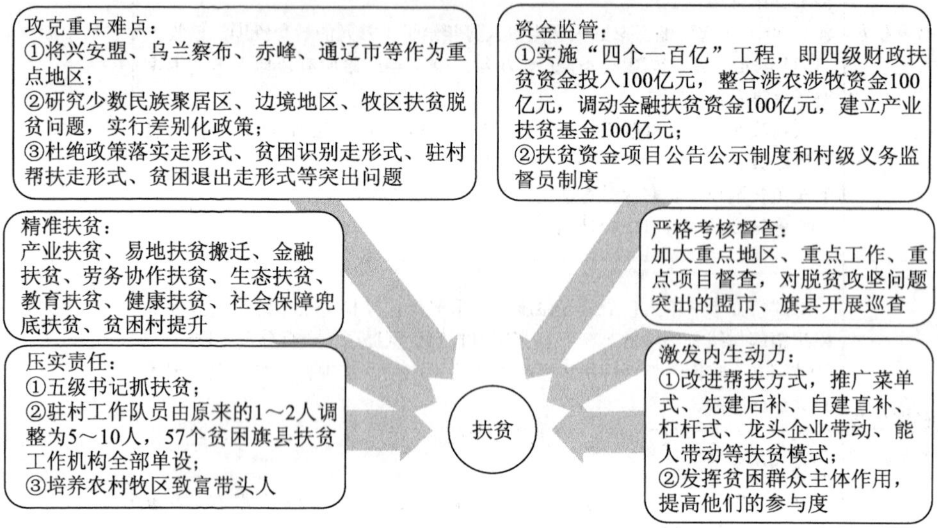

图 3-5　内蒙古重点扶贫工作内容

（四）精准扶贫中存在的问题

就内蒙古全区而言，2016 年 24 万人口脱贫，但仍有 50 多万贫困人口，贫困人口总量不算大，但多是老弱病残，还有一些重病患者。如何精准而有效地使这部分人口脱贫是内蒙古扶贫最重要的问题。综合来看，内蒙古扶贫中存在的突出问题包括以下几个方面：

1. 扶贫难度倍增

多年来，内蒙古扶贫工作进展顺利，随着脱贫的推进，剩余贫困人口的脱贫难度越来越大。尤其是因病致贫人口在时间和程度方面都存在更大的返贫可能性。从绝对数量上看，兴安盟、乌兰察布市、赤峰市、通辽市共有贫困人口 47.5 万人，占全区贫困人口的 85%以上。

2. 精准扶贫指标落实不彻底

首先，部分贫困旗县扶贫重点不明确，精准扶贫政策举措过于原则化，缺乏特惠性，甚至存在搞数字脱贫、算账脱贫现象。其次，一些应纳入的贫困人口没有纳入，已经脱贫的没有及时标注退出，动态管理缺乏时效性。再次，帮扶措施针对性不强，没有完全做到因户因人分类施策。最后，扶贫项目安排、扶贫资金使用不合理现象，驻村干部的不作为问题依然存在。

3. 产业扶贫缺乏可持续性

内蒙古牧区扶贫工作还存在产业组织化程度低、龙头企业与贫困户利益联结不紧密、稳定增收难等问题。有的地方为了尽快脱贫，安排“短平快”项目，甚至简单化地给钱给物。

4. 贫困群众内生动力不足

若要考虑可持续脱贫，扶贫方式当然不能停留在简单地给钱给物等行为上。如果贫困对象自身没有获得自我发展能力即持续脱贫能力，短期内财力和物力的投入就是权宜之计，缺乏长效机制。但是，现实中确有部分贫困群众存在“等靠要”思想，缺乏自力更生精神，有过度依赖政策、不愿脱贫现象。

二、内蒙古牧区贫困现状及特征

（一）内蒙古牧区的概况

内蒙古牧区主要指 33 个牧业旗县（见表 3-6）。这些牧业旗县多是传统的畜牧业生产区域，它们普遍具有如下几个特点：

第一，在内蒙古大农业口径的统计中有相当一部分为牧户，他们以经营畜牧业为主，生产生活主要收入来源是畜产品销售。畜牧业赖以生存的自然生态资源是草地资源和水资源。

第二，内蒙古纯牧区的行政区层级分为旗（相当于县）、苏木或镇（相当于乡）、嘎查（相当于村）三级。颇有特色的基层行政层级分类不仅与地域历史传统相关，事实上还与畜牧业从业客观性相契合。

第三，全区可利用草原面积的84%分布在这33个旗县区域，面积总计为0.63亿公顷。据2011年统计，全区共有牧区苏木（乡镇）205个，2016年增长到248个；有嘎查（村）2421个，2016年增加到2659个；牧区总人口170.09万人（占农村牧区总人口的12.81%），2016年增加到184.98人（占比为13.65%）；牧业从业人员89.92万人，2016年达到97.66万人，其中分布在牧区的则有47.85万人。①

表3-6 内蒙古牧区的区域界定

盟市	旗县名称	旗县个数
呼伦贝尔市	鄂温克族自治旗、新巴尔虎右旗、新巴尔虎左旗、陈巴尔虎旗	4
锡林郭勒盟	锡林浩特市、苏尼特左旗、苏尼特右旗、阿巴嘎旗、东乌珠穆沁旗、西乌珠穆沁旗、镶黄旗、正镶白旗、正蓝旗	9
包头市	达尔罕茂明安联合旗	1
赤峰市	阿鲁科尔沁旗、巴林左旗、巴林右旗、克什克腾旗、翁牛特旗	5
兴安盟	科尔沁右翼中旗	1
通辽市	科尔沁左翼后旗、科尔沁左翼中旗、扎鲁特旗	3
乌兰察布市	四子王旗	1
鄂尔多斯市	鄂托克前旗、鄂托克旗、杭锦旗、乌审旗	4
巴彦淖尔市	乌拉特后旗、乌拉特中旗	2
阿拉善盟	阿拉善左旗、额济纳旗、阿拉善右旗	3
全区合计	—	33

资料来源：《内蒙古经济社会调查年鉴（2014）》。

牧区经济最基本的3个要素为牧民、草地、牲畜。三者密切关联，形成动态的关系，构成畜牧业不可分割的具体结构。其中，牧民是最具有能动性的主体。他们的文化水平影响着劳动者的素质、畜牧业现代化的可能性及其途径。他们的健康状况则影响着畜牧业的可持续性，即畜牧业生产中健康劳动力的供给和养老、医疗成本问题。人们的思想观念是畜牧业经营决策的根本，并且涉及他们对政策、市场、生态环境变化的认知度、理解能力及适应

① 内蒙古自治区统计局．内蒙古统计年鉴［M］．北京：中国统计出版社，2012，2016.

能力。从这个意义上来说，牧民个体的文化素质、思想观念等深刻影响着他们的生存能力与发展前景，也必然影响着牧区整体社会、经济、文化的可持续发展。马克思主义政治经济学强调，人类改造和利用大自然的能力就是生产力。作为劳动对象的草地资源，在大多草原畜牧业经营中没有被改造而直接利用，在纯经济学理论中，它的价值是通过畜产品价格体现的。但在现代生态经济理论对草场的评价中，生态价值远远高于经济价值，它甚至延伸成为可持续发展的主题。因此，草场（草地）是最基础的自然资本。当然，草场（草地）面积的大小、土壤的好坏及管理的好坏直接影响畜牧业生产效率的高低。历史实践证明，对于内蒙古这样以干旱气候为主的地区，草场管理优于改造。同时，草原畜牧业参与市场行为最主要的物质基础是牲畜和以牲畜为根源的畜产品。所以，牲畜可以被看作牧区社会生产的物质资本。牲畜适当规模的选择和品种种类的调整等都成为牧区经济社会有效循环的关键点。总之，牧区牧民的增收、脱贫与牧民、草场（草地）、牲畜三要素密切相关。

内蒙古牧区是以畜牧业经营为主的蒙古族等少数民族的聚居区。牧区和少数民族聚居区有很大程度上的重叠（见表3-3）。因而，牧区经济的发展成为我国少数民族经济发展的重要组成部分，甚至成了中国新时代社会主义经济发展的重要内容。内蒙古牧区具备以下特点：第一，民族性。内蒙古牧区民族性的特点主要表现在生产经营活动和传统文化中。蒙古族等少数民族或大部分牧业旗县都依靠畜牧业生产经营活动实现经济生活的存续，并且有一套较熟练的传统经营方式。第二，地域性。某个特殊区域的历史、地质、气候等原因导致某些群体集中生活，并体现出区别于其他区域特点的属性称为区域性。内蒙古牧区主要集中在呼伦贝尔市、锡林郭勒盟等 12 个盟市的 33 个牧业旗县。社会公认的地广、人少、气候干旱等都属于这些牧区的普遍性特点。特殊的自然环境、社会环境、生态环境条件共同作用，创造出游牧经济文化和现代草原畜牧业。第三，相对落后性。历史原因和远离城市文明的地理位置、分散性居住不利于建设集中性基础设施（交通）、信息传播手段滞后等综合因素，导致内蒙古牧区经济发展水平落后于我国其他地区。第四，复杂性。牧区经济是民族经济的一部分，它的发展不仅受纯经济因素影响，还受社会、文化传统、习俗习惯等多种因素的影响，形成民族地区经济的复杂性特点。民族地区除一般地区的各种矛盾和问题以外，还有传统宗教文化、生态、社会、民族矛盾等问题，呈现出更加复杂的特征。第五，国际性。我国少数民族地区主要分布在内陆边境地区，因与边境邻接的国家有传统来往的历史事实而逐渐形成国际性特点。在内蒙古 33 个牧业旗县中，14 个旗县属于边境旗县，与邻国有频繁的社会、经济、文化交流。① 因此，现在提出的“一带一路”倡议，自然为内蒙古牧区经济，乃至我国整个边境少数民族经济带来更多机遇与挑战。

（二）内蒙古牧区贫困现状

内蒙古牧区的反贫困是长期战略问题。所谓“长期”，是指 2020 年全区完成脱贫任务之后，每一个贫困牧民都能得到可持续生计的方法和稳定的收入来源。因此，完成任务目标也许容易，维持扶贫成果的长期有效性却很难。现阶段，如何适应经济迅速发展的节奏、发展牧区经济、减少牧区贫困发生率成为首先要解决的问题。因而，以精准扶贫、精准脱贫的政策和方法来透视贫困问题的真面目、揭开贫困根源是本研究的主要内容之一。

实际上，反贫困过程应该包括从上而下扶贫和自行脱贫两方面内容。一方面，从上而下扶贫主要包括各级政府组织机构的保障、人力和财力投入、异地搬迁等重点工程项目的实施、创新扶贫机制②等一系列系统性行政保障措施。从内蒙古整体扶贫状况来看，“十二五”时期开始实施《中国农村扶贫开发纲要（2011—2020 年）》以来，全区整体上有 178 万贫困人口脱贫，说明脱贫行为很容易获得强有力的政策激励。另一方面，贫困人口自行脱贫依靠贫困者本人的劳动能力和潜在技能的发挥与开发。贫困人口主动脱贫意识的培养和技能培训是扶贫工作的难点，是目前各级政府在精准脱贫过程中面临的最困难的问题，也是可持续生计策略中必须要解决的难题。

一般而言，最容易脱贫的人首先脱贫，最不容易脱贫的人逐渐落在后面，

---

① 刘永佶．中国少数民族经济学［M］．北京：中国经济出版社，2008.

② 创新扶贫机制包括科技扶贫、金融扶贫、旅游扶贫、教育扶贫、光伏扶贫、电商扶贫等。

最后脱贫的人大多脱贫难度大、较易返贫。观察内蒙古牧区脱贫状况，截至2016年年底，在内蒙古自治区建档立卡的56万贫困人口中，牧业旗县贫困家庭74834户，贫困人口数量16.8万人，占全自治区贫困人口的30%，贫困发生率为5.22%。① 牧区人口总量不大，但是贫困人口比重大，牧业旗县中贫困旗县也较多。2016年，全区57个贫困旗县中有22个贫困牧业旗县，占全区贫困旗县的1/3以上。在全区33个牧业旗县中，22个旗县是贫困旗县，占全区牧业旗县的2/3（见表3-6、表3-7）。

相对于人口绝对数量，牧区贫困人口比例较高，牧区扶贫工作的任务更为艰难。其中一个难题就是牧户牲畜规模适度控制的问题。从纯经济学理论的角度来讲，牲畜是牧民的物质资本，物质资本越多，牧民维持富裕生活的可能性越大；如果不考虑草原承载问题，牧户牲畜规模越大，收益越大。例如，本研究调研地区之一的呼伦贝尔市年末牲畜合计数量从2011年的847万头（只、口）增加到2015年的949万头（只、口）。但是，自从承包责任制实施后，草场都由牧民分块承包，几乎没有多余的草场"腾出来"让贫困户放牧。或者说，在不破坏生态环境的前提下，贫困户到底应该拥有多少头（只、口）牲畜才能得到稳定的可持续生计能力是一个问题。这里要强调的是，多年的实践证明，在内蒙古草原地区，不适合舍饲等集中养殖方式，因为舍饲的经营成本过高，单个牧户无法有效利用。所以，当前学术界关于草原畜牧业的研究都偏向于放牧经营，强调人与自然的和谐生存，本研究也不例外。需要注意的是，草原牧区贫困与反贫困的全过程都受到突发性自然灾害等不确定因素的影响。如呼伦贝尔市2015年遭受旱灾面积384.05万亩、洪涝灾27.3万亩、风雹灾40.55万亩、低温冷冻灾10万亩，合计遭受自然灾害面积461.9万亩。②

解决内蒙古牧区的贫困问题不仅要解决牧区经济脆弱性问题，还要应对生态脆弱性。草场被破坏、极端天气频繁导致的草畜矛盾激化等任何生态退化因素都会引起牧民负债过大、收入差距扩大等经济贫困问题。这就是内蒙

① 数据来自内蒙古自治区扶贫办《内蒙古扶贫开发建档立卡数据统计（2016）》。

② 呼伦贝尔市统计局．呼伦贝尔市统计年鉴（2016）[M/OL]，2016.

古牧区扶贫、脱贫的一种显著特点，也是精准扶贫、精准脱贫的最难点。

表 3-7　内蒙古牧区贫困旗县

盟市	国家级贫困旗县	自治区级贫困旗县	旗县个数（个）
呼伦贝尔市	—	新巴尔虎左旗、鄂温克族自治旗	2
锡林郭勒盟	正镶白旗、苏尼特右旗	阿巴嘎旗、苏尼特左旗、镶黄旗、正蓝旗	6
包头市	—	—	0
赤峰市	翁牛特旗、阿鲁科尔沁旗、巴林左旗、巴林右旗	克什克腾旗	5
兴安盟	科尔沁右翼中旗	—	1
通辽市	扎鲁特旗、科尔沁左翼中旗、科尔沁左翼后旗	—	3
乌兰察布市	四子王旗	—	1
鄂尔多斯市	—	杭锦旗	1
巴彦淖尔市	—	乌拉特中旗	1
阿拉善盟	—	阿拉善左旗、阿拉善右旗	2
全区合计	10 个	12 个	22

资料来源：《内蒙古经济社会调查年鉴（2014）》。

内蒙古牧区贫困的地域范围较大。有国家级贫困旗县 10 个，自治区级贫困旗县 12 个。其中，呼伦贝尔市、锡林郭勒盟、赤峰市、兴安盟、通辽市、乌兰察布市、鄂尔多斯市、巴彦淖尔市、阿拉善盟等盟市的贫困旗县从地理分布上看几乎覆盖内蒙古大部分牧业旗县（见表 3-7）。尤其是几个主要牧业区，如锡林郭勒盟 12 个旗县中有 6 个贫困旗县，呼伦贝尔市 4 个牧业旗县中有 2 个贫困旗县。从比重上看，牧业旗县均有贫困发生率较高的特点。当然，不同行政区域的环境特征等也使得各个盟市所辖的贫困牧业旗县的数量不相同，其贫困状况也略有差别。各牧业旗县从人口特点来看，主要是蒙古族等少数民族聚居和主要分布区域。畜牧业是牧业旗县传统上最为基础的生计方式。这一生计方式也是畜牧文化依存之基础，正是贫困束缚了牧业现代化转型的脚步。

由分析可知，牧区的贫困有其特定的环境和社会因素，总体而言，贫困牧业旗县在旗县级行政单元中所占比重较大，牧区本身的特点也使得贫困旗县地域范围跨度大。从分布来看，各贫困旗县广泛分散在各个盟市里，受经济因素和生态因素的影响，脱贫问题变得更复杂和困难。牧民都搬出草原，让草原变成“无人区”不但不符合经济发展规律，在社会道德上也不合理，因而脱贫长效机制会影响到内蒙古经济的整体发展。因此，当历史、文化、民族、社会、生态、经济等多种因素都集中体现在反贫困进程中时，脱贫就成为内蒙古地区全面发展中的首要任务。

（三）内蒙古贫困牧业旗县的经济特征

改革开放以后，我国宏观经济调控从高度集中的计划管理体制转向政府、市场并重的混合管理体制，并且逐渐扩大市场作用。但是，在较长一段时期内公共服务市场化的步伐较慢，而价格调控的市场化程度相对较快。其中，最为明显的是农牧业管理体制不适应市场经济的要求和变化。因为，从总体看，内蒙古牧区的发展水平落后于全区整体发展水平，导致牧区贫困问题严重，返贫现象严重，本研究将这一现象定义为“经济脆弱性”。加上生态脆弱性，内蒙古牧区扶贫工作必须解决以下问题：贫困面广、贫困程度深、少数民族贫困人口多、容易返贫、贫困成因错综复杂等。因此，贫困牧业旗县的特征具体表现为以下几个方面：

1. 贫困牧业旗县牧民收入增速相对缓慢

增收与否是衡量贫困与否最主要的指标。尤其是针对相对贫困来讲，不仅要考虑牧民本人收入的增加速度，还要对比分析这一增速与其他人或其他群体的增速（见表3-8）。

表 3-8　内蒙古贫困牧业旗县各年牧民人均可支配收入　（单位：元）

旗县名称	2011 年	2012 年	2013 年	2014 年	2015 年	2016 年
新巴尔虎左旗	10804	12468	13952	15570	16831	18110
鄂温克族自治旗	11081	12765	10008	16264	17646	18969
苏尼特右旗	5854	6308	7435	7739	8405	9069
镶黄旗	7034	8200	9228	10382	11223	12166
阿巴嘎旗	11923	14463	16406	18588	20075	21681
苏尼特左旗	7208	8655	9680	10919	11760	12736
正蓝旗	8589	9879	11197	12664	13626	14730
正镶白旗	5397	6020	7435	7598	8244	8912
翁牛特旗	5709	6403	7435	7406	8050	8680
巴林右旗	4792	6466	7435	7436	8068	8714
巴林左旗	5834	6337	7435	7240	7841	8484
阿鲁科尔沁旗	5450	6310	7435	6830	7390	7968
克什克腾旗	6009	6955	7435	8021	8702	9400
科尔沁右翼中旗	4013	4709	7435	6751	7325	7904
科尔沁左翼中旗	6149	7195	7435	8304	8997	9704
科尔沁左翼后旗	6425	7554	7894	8798	9502	10242
扎鲁特旗	7272	9204	9778	10881	11764	12642
四子王旗	4223	4858	7435	7806	8491	9159
杭锦旗	9956	11334	11951	13313	14258	15354
乌拉特中旗	8365	9487	10686	12064	13042	14059
阿拉善左旗	8225	9836	12179	13701	14813	15953
阿拉善右旗	9681	11418	14131	15817	17096	18430
平均值	7272	8492	9611	10641	11507	12412
内蒙古牧民人均可支配收入	9109	12257	12981	14094	14996	16376
内蒙古居民人均可支配收入	—	—	18694	20559	22310	24217

数据来源：历年《内蒙古统计年鉴》。

注：2011 年、2012 年的数据为牧民人均纯收入。

从图 3-6 可见，贫困牧业旗牧民的平均可支配收入从 2011 年到 2016 年呈上升态势，由 2011 年的 7272 元增加到 2016 年的 12412 元，增长了 71%。同期内蒙古自治区全部牧民人均可支配收入也呈上升态势，由 2011 年的 9109 元上升到 2016 年的 16376 元，增长了 80%。贫困牧业旗县牧民人均可支配收入增长幅度高于内蒙古全牧区牧民。但是，从两者的绝对水平来看，贫困牧业旗牧民的收入水平在这 6 年内仍然低于内蒙古全部牧区牧民收入，2011 年贫困牧业旗的人均收入为内蒙古全牧区牧民收入的 25%，2012 年，这个占比上升为 44%，2013 年为 35%，2014 年为 32%，2015 年为 30%，2016 年为 32%。可见，贫困牧业旗牧民的收入呈现持续增长的态势，但与内蒙古牧民整体的人均收入相比却仍然较低。相同的生存环境、人文条件、地理特征，却无法实现相同的生活水平，其中原因值得深入研究。根据 2011 年的统计数据，22 个贫困牧业旗县中阿巴嘎旗牧民的人均收入最高，达到 11923 元（2011 年全内蒙古牧区牧民平均收入是 9109 元），到了 2016 年，阿巴嘎旗牧民的人均收入达到 21681 元，超过了当时全内蒙古牧区牧民的平均水平。但两期内蒙古贫困牧业旗牧民的人均可支配收入都没有超过内蒙古整体牧民可支配收入。这说明少数个体的收入增加水平无法准确说明脱贫状况，尤其是分析相对贫困问题时，研究对象的收入水平至少要等于对比区域的收入水平才算实现脱贫，它至少可以表明贫困地区的收入差距在大幅减少。

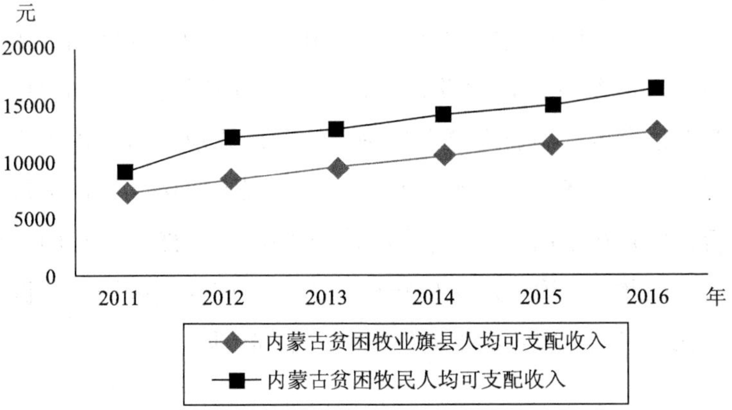

图 3-6　内蒙古贫困牧业旗县人均可支配收入与全区牧民人均可支配收入比较

从微观角度来看，牧业贫困旗县牧民的实际生活状况并不乐观。通过对呼伦贝尔地区52家牧户的入户调研发现，一方面，牧户的收支差距比较大，其中有37户牧民的收支状况甚至出现失衡，总支出远远大于总收入，日常生产生活都陷入负债的困境。牧户经营的负债积累，使他们对畜牧业生产丧失信心，降低了劳动积极性。另一方面，牧户大部分收入投向偿还贷款等非经营性领域，所获收入无法用于扩大牧户经营投资，导致收入的进一步下降，并形成恶性循环。总之，贫困牧业旗县牧民的收入仍然较低，增加收入问题仍然是贫困牧业旗县长期扶贫的关键点。

2. 贫困牧业旗人均生产总值地区差距大

根据人均生产总值计算公式（人均生产总值=地区生产总值÷人口数量），生产总值总量多或者其他条件不变的状态下人口数量少，都会引起人均生产总值的高值。总的来讲，内蒙古牧区人口较少，人均生产总值也较高，但是存在区域性差距较大的特点。

从表3-9、图3-7中可以看出，内蒙古贫困牧业旗的人均生产总值，在2013年和2014年处于比较平衡的状态，但2011年开始整体上有稳步增长趋势，并且2011—2016年人均生产总值都高于全区平均水平。其主要原因除人口稀少的客观事实以外，还有近二十几年的矿产资源开发（阿拉善盟、锡林郭勒盟、呼伦贝尔市等地的煤炭开发）提升了当地的人均生产总值水平。另外，也离不开国家对民族地区的优惠政策和国家对贫困地区的大力投入，以及道路建设、厂房改造等基础设施建设等政策性扶持措施。但是，赤峰市、通辽市、乌兰察布市、兴安盟等人口密集的贫困牧业旗的人均生产总值仍处于较低水平，低于内蒙古全区平均水平。这一现象与贫困人口绝对数量分布状况相吻合。但是在呼伦贝尔市、锡林郭勒盟牧区依然存在贫困人口占较大多数的现实。因此，人均生产总值指标在人少地广的牧区掩盖了微观层面的贫困状况，无法代表当地牧民生活的实际水平和质量。

表 3-9 内蒙古贫困牧业旗县各年牧民人均生产总值 （单位：元）

旗县名称	2011 年	2012 年	2013 年	2014 年	2015 年	2016 年
新巴尔虎左旗	64526	76274	77282	81663	84393	68159
鄂温克族自治旗	55455	64387	71064	76144	78916	82880
苏尼特右旗	56615	63254	69185	76746	85117	93195
镶黄旗	134043	137966	152436	165989	182140	186808
阿巴嘎旗	90916	112579	123706	141566	158669	152374
苏尼特左旗	87033	106362	119963	134866	151884	152937
正蓝旗	56507	62485	71976	80658	84154	81545
正镶白旗	34370	41301	46847	52289	58633	64708
翁牛特旗	23298	27905	30959	33109	34589	36859
巴林右旗	29963	35105	38699	41640	44752	48204
巴林左旗	25620	30992	34425	37178	38866	41146
阿鲁科尔沁旗	27302	34063	37305	37873	40972	44299
克什克腾旗	50930	61023	66438	69851	73697	79283
科尔沁右翼中旗	14773	18590	20010	23217	25534	26576
科尔沁左翼中旗	22657	27241	29453	29871	31706	34155
科尔沁左翼后旗	29916	35110	37655	41686	43720	46034
扎鲁特旗	43818	53108	67721	69012	72661	76048
四子王旗	19310	21869	23183	24911	26440	26929
杭锦旗	52412	62695	68748	74540	79126	88582
乌拉特中旗	72968	59272	68283	69731	71114	72686
阿拉善左旗	177748	189323	192588	125381	128264	135002
阿拉善右旗	128352	137394	136934	101118	103444	109910
平均值	59024	66286	72039	72229	77218	79469
内蒙古人均生产总值	57974	63886	67836	71046	71101	74069

数据来源：历年《内蒙古统计年鉴》。

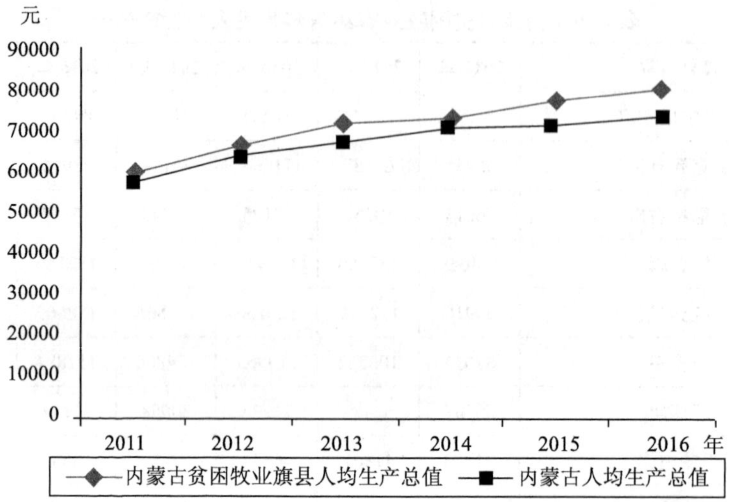

图 3-7 内蒙古人均生产总值与贫困旗县牧民人均生产总值比较

3. 贫困牧业旗的产业结构渐趋优化

产业结构反映了一个地区的经济发展水平。从世界经济发展史来看，第二产业、第三产业比重的提高，第一产业比重的下降，一般被视为产业结构优化的过程。没有人提出更有效的反对观点，因为事实就是如此。

由表 3-10 可以看出，随着区域经济的普遍发展，贫困牧业旗三次产业结构似乎逐渐优化。如 2016 年，贫困牧业旗的第一产业比重下降到 16%，比 2011 年降低了 1 个百分点，第二产业比重从 2011 年的 58%降到 2016 年的 54%，第三产业比重从 2011 年的 25%上升到 2016 年的 30%。但是，2011—2016 年，内蒙古牧区三次产业结构变化不太明显，虽然有第一产业比重下降、第三产业比重上升的现象，但与其他地区相比还是第三产业占比少、第二产业占比多。如镶黄旗、阿拉善左旗、阿拉善右旗、鄂温克自治旗等旗县的第一产业占比低于 10%，第二产业占比高达 70%。这说明人口稀少的旗县的经济发展，完全是大规模开采石材荒料、开发生产原油资源等的结果。而没有矿产开发的新巴尔虎左旗、阿鲁科尔沁旗、科尔沁左翼中旗、科尔沁左翼后旗、杭锦旗、四子王旗等旗的第一产业比重还在 20%以上，无法证明产业结构优化的静态结果，而第三产业占比 30%和第二产业占比 50%的状态只能说明产业结构动态变化正在缓慢进行中。

表 3-10　2016 年贫困牧业旗县三次产业结构　（%）

旗县名称	第一产业占地区生产总值的比重	第二产业占地区生产总值的比重	第三产业占地区生产总值的比重
新巴尔虎左旗	22	34	44
鄂温克族自治旗	7	67	26
苏尼特右旗	9	66	25
镶黄旗	7	73	20
阿巴嘎旗	13	69	18
苏尼特左旗	13	64	23
正蓝旗	11	63	26
正镶白旗	16	49	35
翁牛特旗	28	44	28
巴林右旗	14	54	31
巴林左旗	18	49	33
阿鲁科尔沁旗	16	44	40
克什克腾旗	12	64	24
科尔沁右翼中旗	28	39	34
科尔沁左翼中旗	25	38	37
科尔沁左翼后旗	20	40	40
扎鲁特旗	16	52	31
四子王旗	26	33	40
杭锦旗	19	41	40
乌拉特中旗	15	73	12
阿拉善左旗	3	72	25
阿拉善右旗	8	60	33
平均值	16	54	30

数据来源：历年《内蒙古统计年鉴》。

第二产业和第三产业比重的不断扩大能促进产业结构优化。但是对于一个以牧业为主的地区而言，区域生产量绝大部分来自第一产业，而第一产业比重下降可能存在以下 3 种原因：第一，畜牧业经济处于极度落后状态，生产力水平低；第二，畜牧业经济的发展水平无法与区域内其他经济部门生产状况相比较；第三，畜牧业经济得到高度发展且实现向轻工业化和高水平服务业转化。事实上，内蒙古草原畜牧业发展属于第二种原因。草原牧区宏观经济调控中，地方宏观经济政策重工轻牧，强调草原矿产资源开发和社会资本积累，只考虑经济效率的提高，轻视公平分配，导致区域性不平衡、不均衡发展。对于牧区经济发展和构成来讲，畜产品加工业发展缓慢，工业发展与畜牧业发展不协调，二者产业关联度低，无法有效吸纳草原牧区剩余劳动力，并有效提升草原畜牧业现代化水平。同时，牧区工矿开发缺乏保护环境的有效措施，大部分地区草原生态环境破坏严重。这种草原牧区的产业结构高级化无法实现可持续发展，最终会影响到牧区的自我发展能力，使反贫和返贫长久博弈。

4. 牧业旗县三次产业就业人员的比重不理想

三次产业就业人员比重这一指标能够说明一个地区劳动者的分布状况，表示劳动者收入来源的行业分类，同时也能显示区域性经济发展程度和产业结构状态。尤其是在第一产业不是高度机械化、现代化的地区，第一产业就业人员的集中说明通过简单劳动获取经济收入的人员比重较大。

由表 3-11、图 3-8 可以看出，贫困牧业旗县中从事第一产业的就业人员比重非常大，2016 年的平均水平达到 52.86%，虽然与 2011 年 55.59%的水平相比有所下降，但是明显下降幅度不大，只降低了 3 个百分点。也就是说，相比之下，在牧区从事第一产业的人员较多。其原因在于第二产业吸收劳动者能力不高，2016 年第二产业从业人员比重只有 15.2%，与 2011 年的 15.25%相比基本上没有变化。另外，第三产业劳动者吸收能力发展缓慢。虽然 2016 年第三产业从业人员比重达到 31.57%，比 2011 年的 27.41%有所上升，但是与第三产业的产值比重相比，从业人员比重上升速度并不快。

表 3-11　2016 年贫困牧业旗县三次产业从业人员结构　（%）

旗县名称	第一产业就业人员的比重	第二产业就业人员的比重	第三产业就业人员的比重
新巴尔虎左旗	57.42	7.50	35.08
鄂温克族自治旗	23.52	23.81	52.67
苏尼特右旗	42.67	20.03	37.30
镶黄旗	49.94	20.36	29.71
阿巴嘎旗	50.39	15.43	34.17
苏尼特左旗	47.97	14.92	37.11
正蓝旗	47.67	13.74	38.59
正镶白旗	65.02	9.23	21.22
翁牛特旗	65.43	16.99	17.58
巴林右旗	49.86	14.77	35.37
巴林左旗	53.98	22.46	23.56
阿鲁科尔沁旗	64.31	10.90	24.79
克什克腾旗	53.84	12.54	30.25
科尔沁右翼中旗	66.37	7.37	26.25
科尔沁左翼中旗	56.00	15.26	28.74
科尔沁左翼后旗	65.45	8.86	25.69
扎鲁特旗	61.39	6.89	31.72
四子王旗	71.86	6.80	21.34
杭锦旗	53.79	21.52	24.69
乌拉特中旗	65.74	8.06	26.20
阿拉善左旗	22.98	29.29	47.72
阿拉善右旗	27.40	27.70	44.90
平均值	52.86	15.20	31.57

数据来源：《内蒙古统计年鉴（2017）》。

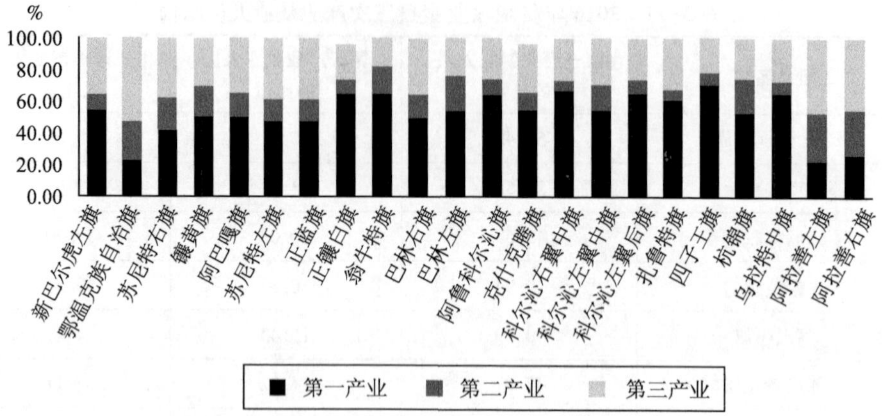

图 3-8　2016 年贫困牧业旗县三次产业从业人员比重

总的来看，各贫困牧业旗县的三次产业就业人员结构变化趋势与经济结构变化趋势具有一致性。但应该注意的是，多数贫困旗县第一产业就业人数比重很高，第三产业就业人数相对少，第二产业就业人数最少。大致可分为两类：①“三、二、一”结构旗县。看起来似乎结构比较合理，例如，2016 年鄂温克族自治旗第一产业就业人员比重为 23.52%、阿拉善左旗为 22.98%、阿拉善右旗为 27.40%。但这并不能说明这些旗县经济高度发达，经济结构合理。调研发现，鄂温克族自治旗自 20 世纪 70 年代就开发煤矿，20 世纪 80 年代伊敏煤矿扩大，导致牧民承包草场面积减少，牧民进入多样化经营，第三产业就业人员随之增多。至于阿拉善两旗，因为人口稀少、生态保护与禁牧政策的进一步实施，部分牧民享受生态移民补贴进城就业，增加了第三产业的就业人员数量，第一产业的就业人员比重相对减少，第二产业就业人员比重提升。例如，2016 年，鄂温克族自治旗第二产业从业人员比重为 23.81%、阿拉善左旗为 29.29%、阿拉善右旗为 27.7%，就业比重较大。然而，相对指标暴露了它的局限性，第二产业就业人数比重相对较高的统计结果会引起牧区居民收入较多来自第二产业的误解，实际情况并非如此。②“一、三、二”结构旗县，包括除第一类旗县以外的所有旗县。例如，2016 年，正镶白旗第一产业从业人员比重为 65.02%、翁牛特旗为 65.43%、阿鲁科尔沁旗为 64.31%、科尔沁右翼中旗为 66.37%、科尔沁左翼后旗为 65.45%、四子王旗为 71. 86%、乌拉特中旗为 65. 74%，明显高于全区贫困旗县平均水平。相对于第一产业就业人数，第二产业就业人数比重较低，2016 年，科尔沁右翼中旗为 7. 37%、扎鲁特旗为 6. 89%、四子王旗为 6. 80%、乌拉特中旗为 8. 06%等，表现出第二产业的低从业率。这说明，这些牧业旗县的脱贫攻坚依靠畜牧业经营的多样化比区域工业化更有现实意义。因为牧区人员流向第三产业的比流向第二产业的多很多，也间接暴露出工业发展与畜牧业发展不统筹协调的现象。除鄂温克族自治旗的第三产业就业人数比重达到 52. 67%的高水平以外，其他旗县的第三产业就业人数比重非常低。总的来讲，牧区旗县居民的 50%以上都分布在第一产业，从事畜牧业或为畜牧业服务的农耕业。

由此可知，根据 22 个贫困牧业旗的数据统计，近年来，三次产业从业人员结构变化不大，这与三次产业产值结构变化相互矛盾。在实体经济统计中，内蒙古牧业旗县第二、第三产业产值占地区生产总值的比重上升，第一产业的占比有所下降。根据克拉克定理，第二、第三产业吸纳劳动力能力随着经济的发展将比第一产业吸纳劳动力能力强。因此，贫困牧业旗县经济发展水平与就业人数产业分布中存在背离克拉克定理现象，即经济发展、产业结构的逐渐高级化并没有带动劳动力就业结构的优化。

由此可以作出 3 个基本判断：第一，牧区居民家庭收入的主要来源依然是第一产业（草原畜牧业），劳动力主要集中在第一产业。第二，牧业旗县的产业结构调整并非是有效解决“三牧”问题的最优路径，偏重于重型工业的措施，虽可创造更多经济财富或快速致富，却同时拉大了第二产业和第一产业的发展差距，影响上级区域产业的合理构建，导致脆弱生态。第三，经济快速增长，并没有保障牧民共享经济发展成果的公平性，出现区域性不平衡、不均衡发展现象。

第二节 内蒙古牧区扶贫历程

我国扶贫政策与方式可以分为救济式扶贫和开发式扶贫。① 救济式扶贫是指通过转移支付确保贫困人口的基本生活的状况。而开发式扶贫是通过发展贫困地区产业等途径提升当地人的生产能力和素质的过程。当然，不是说某一个时期只有一种或者几种扶贫政策和方式，任何时期都有多种扶贫方式并存，只是不同时期扶贫方式的着重点不一样，从而形成鲜明的时代性和阶段性特点。例如，对应中国贫困减缓的整体情况，内蒙古自治区的扶贫政策也先后经历了救济扶贫、开发扶贫、区域瞄准扶贫和精准扶贫 4 个阶段（见表 3-12）。

表 3-12 内蒙古牧区扶贫历程特点

扶贫阶段	实施时间	特点	扶贫对象
救济扶贫阶段	1949—1985 年	转移支付为主	绝对贫困群体
开发扶贫阶段	1986—2000 年	结合经济体制改革，区域开发为主	区域性相对贫困集中区
区域瞄准扶贫阶段	2001—2010 年	区域优势资源开发为主	中西部重点贫困区
精准扶贫阶段	2011 年至今	精准到户到人	每一个贫困个体

注：①结合全国扶贫政策的实施，本书中救济扶贫阶段开始时间选为 1949 年，而并非内蒙古自治区成立的 1947 年；

②扶贫阶段的分类参考和运用了张丽君的分类方法。

一、救济扶贫阶段（1949—1985 年）

中华人民共和国成立后，由于经济生产能力十分脆弱，几乎全社会都处于贫困状态，全社会中的绝对贫困人口占多数。因此，对生活极为困难的人群进行救济扶贫成为主流。对于民族地区，国家也创建并实施了一系列优惠性政策，鼓励和支持民族地区经济生产活动，推进社会主义改造，提高各民族政治经济地位，进而彻底消除了各民族内部阶级压迫，内蒙古自治区也不例外。在其建立初期，社会发展水平很低，牲畜等财富主要集中在牧主等少数人手里，大部分人群都处于贫困状态。通过一系列社会主义改造和经济体

① 郑长德，等．中国少数民族地区经济发展报告（2014）［M］．北京：中国经济出版社，2014.

制改革，内蒙古自治区逐步形成了有效解决贫困问题的制度保障。例如，20世纪50年代的农区土地改革运动和牧区、半农半牧区的民主改革彻底改变了农民无土地、牧民无牲畜状态，一定程度上带动了农牧民的生产积极性。其结果是，1952年全区粮豆作物总产量增加到34.85亿千克，与5年前相比，增长了88.9%，牲畜总头数达到1332万头（只），与3年前相比，增长了51.4%，比1947年增长了72.2%，生产能力突飞猛进，为大部分群众脱贫奠定了经济基础。① 但是，“文化大革命”动荡时期，社会上实施大集体经济和物资绝对平等分配等措施，模糊了贫困的概念，扶贫政策失去了实际意义。

1978—1986年是扶贫工作恢复期和经济体制改革的关键时期。全社会掀起改革开放的浪潮，我国农村开始实施家庭联产承包责任制，内蒙古自治区牧业旗县推进草畜双承包责任制。随着经济体制改革，农牧民都获得了土地和草场承包权，大幅提高了劳动积极性，生活水平明显提高。农村牧区贫困状况有所缓解，全区农村牧区的贫困人口整体上锐减到600万人。②

二、贫困旗县开发扶贫阶段（1986—2000年）

如果说中华人民共和国成立初期的救济式扶贫是第一阶段，那么，1986年，我国扶贫工作进入了第二阶段。国家扶贫工作的重点转为发展和开发。国务院贫困地区经济发展开发领导小组（1993年更名为国务院扶贫开发领导小组）的成立，标志着中国农村有计划、有组织、大规模开发式扶贫工作的开始。根据1994年政府提出的八七扶贫攻坚计划，7年内中国将基本解决农村贫困群众的温饱问题，人口规模达到8000万人之多。③ 因此，这一阶段的扶贫战略突出表现为扶贫方式的转型，由救济、输血方式升级为开发、造血方式。国家根据扶贫任务，成立针对性机构，下发专项资金，推行有针对性的优惠政策，出台了以工代赈、贴息贷款、财政发展资金、科技扶贫、社会

① 郝维民．百年风云内蒙古［M］．呼和浩特：内蒙古教育出版社，2000：129-131.

② 数据来源：内蒙古自治区扶贫办。

③ 国务院．国家八七扶贫攻坚计划（1994—2000年）［EB/OL］．国务院扶贫开发领导小组办公室，［1994-4-15］．http：//www.cpad.gov.cn/art/2016/7/14art_ 343_ 141.html.

扶贫等多项开发式扶贫政策，缓解贫困状况。①

在上述扶贫政策的具体落实过程中，内蒙古自治区实施了“单位机关承包贫困村”措施，直属机关、事业单位和企业等对贫困旗县的扶贫工作分片承包，消除贫困效果显著，到 1993 年年底，全区农村牧区的贫困人口数量减少到 357 万人，贫困发生率从 20 世纪 80 年代的 67%下降到 30%，这说明开发式扶贫非常有效。② 对内蒙古自治区来讲，开发式扶贫方式的实施经历了较有针对性的具体操作过程。首先，对应国家八七扶贫攻坚计划和当地情况，确定了“三七”扶贫攻坚计划。当时，内蒙古国家级、自治区级贫困旗县数量较多、扶贫难度较大等问题阻碍了扶贫进展。例如，当初全区 89 个牧业旗县中约有 56%的旗县（50 个）是贫困地区；贫困人口数量达到 323.9 万人，占全区人口的 23.1%左右。其次，增加扶贫投入。中央财政对内蒙古 31 个国家级贫困县每年投入的援助资金总量达 5 亿元，以无偿财政扶贫资金、以工代赈资金及贴息扶贫贷款资金等方式投入。内蒙古自治区对自治区级贫困旗县投入的扶贫资金总量也达约 6 亿元。投入资金主要用于贫困地区基础设施建设和居民生活质量改善方面，从而进一步改善了贫困状态。到 2000 年，内蒙古农村牧区贫困人口数量下降到 195 万人，贫困发生率也下降到 10%左右。

三、贫困村区域瞄准扶贫阶段（2001—2010 年）

对贫困村等区域进行瞄准扶贫的政策也属于欠发达地区的开发扶贫，标志着国家扶贫重点转移到欠发达地区的扶贫。例如，2001 年印发的《中国农村扶贫开发纲要（2001—2010 年）》强调坚持开发式扶贫方针，大规模调整扶贫攻坚重点，借助西部大开发之优势，以西部地区为扶贫攻坚之前线。③ 内

① 黄承伟，张琦，等．连片特困地区区域发展与扶贫攻坚县、村级实施规划的编制方法［M］．北京：经济日报出版社，2016：59.

② 见证内蒙古扶贫开发工作的三个历史阶段［EB/OL］．内蒙古新闻网，［2009-08-18］．http：//tjxczy. nmgnews. com. cn/system/2009/08/18/010268851. shtml.

③ 国务院．国务院关于印发中国农村扶贫开发纲要（2001—2010 年）的通知［EB/OL］，［2001-06-13］．http：//www. gov. cn/zhengce/content/2016-09/23/content_ 5111138. htm.

蒙古自治区是兴边富民行动（2000 年开始由国家民族事务委员会实施，十年内投入资金达到 22.1 亿元）的最大受益者之一，共实施了 402 个兴边富民行动项目，总投资达到 9.63 亿元。结合西部大开发战略，内蒙古采取的一系列措施主要集中在区域开发上。首先，动员各类资源推进扶贫攻坚工作。优先考虑经济发展，强调矿产等优势领域的带动脱贫效应，从而培育众多优势主导产业。其次，大力发展产业化扶贫、社会扶贫、科技扶贫和劳动力转移培训扶贫等措施，鼓励贫困群体积极参加社会经济活动、增加收入。最后，对生存条件较差的地区实施搬迁和改善并重策略。最为典型的是“千村扶贫开发工程”（2001 年开始，包括 5000 个重点贫困嘎查村）。有计划的搬迁措施（高龄贫困户、特困地区和受灾地区贫困户）和改善措施（以水为主，水、电、田、林、路综合治理），改变了当地的生产生活条件。因此，区域瞄准扶贫阶段扶贫工作的重点在于对落后地区有针对性地开发和发展。

四、贫困户（人）精准扶贫阶段（2011 年至今）

如果说区域瞄准扶贫的重点是欠发达地区的开发与发展，那么精准扶贫阶段则是对扶贫对象更为细致的分类阶段。多年扶贫工作的实施，大幅减少了绝对贫困人口数量，贫困人口分布也由原来的区域性聚集形态渐变为区域内分散形态，因而政府扶贫方式也从区域性整体开发扶贫、旗县级限期脱贫，变为到村到户彻底扶贫。2011 年印发的《中国农村扶贫开发纲要（2011—2020 年）》提出，中国扶贫工作由解决温饱的基础层面上升为提高农民自身素质技能和发展潜力，修复生态环境，注重公平的更高层面。① 这标志着 3 个重要的提示：

第一，在新的阶段，相对贫困的脱贫成为重点。扶贫工作更注重贫困人群的素质和劳动能力的提高，而并不是“保姆式”转移支付救济扶贫。第二，全国扶贫重点放在集中连片特困地区，其中包括中西部欠发达地区。第三，在扶贫方法问题上，政府特别强调精准扶贫、精准脱贫。从贫困原因分析到

① 国务院．国务院关于印发中国农村扶贫开发纲要（2001—2010 年）的通知［EB/OL］，［2001-06-13］. http：//www. gov. cn/zhengce/content/2016-09/23/content_ 5111138. htm.

扶贫方式、脱贫路径、扶贫成果的公示等多方面要求精准到每户每人。说明对扶贫结果的评估不再停留在区域性脱贫阶段，而是取决于每一个经济个体的福利状况改善。众多微观贫困个体的生活改善的集合等于区域性社会公平的实现。

在精准扶贫阶段，内蒙古扶贫工作重点主要放在相对落后的农村牧区。第一，政策扶持，制定一系列政策措施。如《贯彻落实〈中国农村扶贫开发纲要（2011—2020 年）〉的实施意见》（2011 年）、《农村牧区扶贫开发条例》（2012 年）、《金融扶贫富民工程实施方案》（2013 年）、《自治区省级领导干部联系贫困旗县工作方案》（2013 年）、《关于创新扶贫工作机制扎实推进扶贫攻坚工程的意见》（2014 年）和《深入推进扶贫攻坚“三到村三到户”工作方案》（2014 年）等。第二，加大投入，大量资金投入倾向于农村牧区。2015 年，内蒙古用于扶贫开发的专项资金投入达到 400 亿元，其中，财政扶贫资金 45.2 亿元、金融扶贫资金 176 亿元，贫困发生率由 2014 年的 7.3%下降到 5.85%。以“十个全覆盖”工程（2014 年）为例，2015 年，内蒙古全区完成该项目的贫困嘎查村达 2421 个，占贫困村的 85.5%，平均每个村的投入在 800 万元以上，贫困嘎查村的基础设施得到前所未有的改善。例如，2014 年和 2015 年，包头市达尔罕茂明安联合旗在全旗 62 个嘎查村全面推进“十个全覆盖”工程，占嘎查村总数的 80%，惠及农牧民 5 万余人，2016 年全旗实现 3560 人脱贫的目标。

总之，扶贫对象的瞄准目标越来越具体化，扶贫对象变为微观层面的经济个体。内蒙古扶贫治理体系与全国扶贫政策相容，发挥地区特殊性因素，整体上从宏观层面救济式扶贫转为微观层面开发式扶贫是扶贫体系变迁的最大亮点。在扶贫方式上，从原来的国家给予补助、贫困户脱贫模式转为贫困户脱贫、国家扶持模式，更多强调贫困户劳动素质的提高、实际困难的解除、自我发展能力的培养和提高（见表 3-13）。这是贫困户实现可持续生计最主要的前提条件。

表 3-13 内蒙古产业化扶贫模式与计划

扶贫模式	具体措施	对应的可持续生计资本
金融扶贫工程	①2015 年，自治区新增金融扶贫贷款达到 176 亿元，其中仅农行一家累计发放金融扶贫贷款 154 亿元； ②自治区参与金融扶贫的机构由 1 家扩展到 9 家，涉及的旗县由 57 个扩大为 81 个	金融资本
光伏扶贫工程	①“十三五”期间，内蒙古自治区在 11 个试点旗县中建设户用模式光伏电站 6700 户、光伏农牧业电站 16400 亩、小型地面电站 10 个，使全区光伏电站建设总规模达到 49 万千瓦； ②工程覆盖 76 个重点贫困嘎查村，2.2 万贫困人口直接受益	物质资本
旅游扶贫工程	①“十三五”期间，全面扶持 182 个列入国家计划的旅游扶贫重点嘎查村，积极协调整合相关项目资金，帮助开发以乡村（牧区）旅游、休闲农牧业等为主的乡村（牧区）旅游业； ②力争每个旅游扶贫重点嘎查村通过发展乡村旅游年增加经营收入 50 万元，年增加带动农牧民就业 50 人，带动农牧民增加年收入 2000 元以上	物质资本
电商扶贫工程	“十三五”期间，电商扶贫项目计划覆盖全区 102 个旗县区的 3114 个行政村，总投资 6228 万元	物质资本

第四章 贫困牧户可持续生计状况的实证分析

作为中国北方生态屏障的内蒙古自治区，生态问题与社会问题、经济问题相交杂，最适合从可持续发展视角进行相关研究。生产生活活动直接接触自然环境的牧户生计问题成为可持续发展的重要内容。为了避免“贫困—破坏自然环境—再贫困”的恶性循环，扶贫开发成为牧区基层获得可持续发展能力的主要支持途径。因而，本研究利用可持续生计分析框架，从生计资本的视角探索牧户生计资本与生计策略的依存关系，探寻二者关系并从理论上探究牧区贫困的症结。这有助于牧区选择更符合社会实际的精准扶贫、精准脱贫路径。

第一节 牧户可持续生计指标体系的构建原则与思路

一、可持续生计指标体系的构建原则

生计系统由一个人生存在社会上所关联的所有系统组成。其中包括为了获取收入而产生的经济系统，由人际交往、社会尊严、劳动价值的体现等而形成的社会系统，为获得精神满足而对应的物质文化策略等。生计策略是通过个人或家庭的谋生行为、财产能力和权利状况得以实行的。如果加上生态经济和可持续发展的内容，人们的选择和利用机会和资源的行为，不妨碍上一代人与下一代人的正常谋生机会，就产生了可持续生计。史俊宏（2015）认为对牧户来讲，所谓的生计资本是可持续生计理论的最核心部分，生计资本的内容有人力资本、自然资本、物质资本、金融资本以及社会资本五大部分。牧户所拥有和可以获得的资产决定了他们的可持续生计策略，从而直接

影响了他们的生产和生活。但五种资本并不是越多越好，各种资源的有效利用和合理配置才是牧民摆脱贫困和致富的根本。因此，对这些生计资本的获取和合理使用，可以使牧户更多地利用经济和社会资源进行发展。①

用生计系统理论描述牧户可持续生计问题，需要构建一套牧户可持续生计指标体系，从而将五种生计资本具体化到过程中，使描述的牧户生计资本的可持续发展状态比较接近于事实。基于这种理论分析，选择什么样的指标来代表各种资本成为实证分析的关键。所选的所有指标必须遵循可持续、动态性、易获性、综合性、科学性原则，才能够保证牧户精准扶贫、精准脱贫的真实性和准确性。

（一）可持续原则

可持续性发展理论包含以下四方面内容：经济行为、政策制度、社会关系、生态环境。这四个方面相互依赖、相互作用，任何一方的过度作用都会引起系统之间的失衡，甚至导致较长时间的恶性循环状态。例如，过度开发的经济行为导致生态环境的破坏，进而引起草场退化、牲畜肉膘降低、牧民收入下降、容易返贫、政策执行成本增加、社会关系复杂化等。因此，经济、制度、社会、环境的各个环节必须从宏观方面保持平衡，不能以某一个系统的过度运转来扶持另一个系统。其原因在于，如果经济社会系统和生态环境系统在制度安排下不能和谐共存，其结果就是不可持续，浪费掉经济社会大量资源。从微观方面来讲，以可持续生计理论来解析贫困问题，其思维起点认为贫困实际上就是一种结果。贫困人口无法获取或不能完全获得某些资源，不合理利用某些资源，都会导致无法平等地享受富裕生活。他们要改善生活状况，首先要脱离贫困，其次要保持脱贫结果的长效性。加之，生态环境的可持续性成为生计策略可持续原则的重要组成部分。牧区精准扶贫恰好涉及这两方面内容。从这个意义上讲，精准扶贫就是支持和解决不同群体的不同需要，合理配置经济社会资源，帮助贫困人口作出适合当前社会和环境发展的生计策略和可持续生存方案。

① 苏芳. 可持续生计：理论、方法与应用［M］. 北京：中国社会科学出版社，2015.

（二）动态性原则

归根结底，精准扶贫就是通过人口资源的管理和社会资源的调整，实现社会公平的过程。在不同的年龄阶段、不同的环境下需要不同的扶持方式来解决不同的难题，这一动态属性要求扶贫战略能够动态变化和长期有效。例如，对青少年贫困人口要进行教育扶贫，对中青年贫困人口要以培训为主，对老年贫困人口以养老保障方式扶贫等。当然，从脆弱性背景中获取和利用的生计资本、决定生计策略、最终改善生计结果的每个环节都在变化，并互相影响和作用，形成一个动态的变化过程。无论是区域还是个体的可持续生计能力，都在五大生计资本的基础上不断地变化，所以在指标的选择方面，需要考虑动态发展过程。

（三）易获性原则

在统计调查中能够获得选取的评价指标是研究问题的前提。而且只有获取的数据具有可操作性、连续性、全面性，才能客观地衡量现实状况。本研究试图从反映牧区牧户生计能力的指标、数据中，找出可以衡量牧区牧户生计能力发展的评价标准。因为研究目标的主体处于动态之中，所以任何指标体系都不可能是一成不变的。每一个地区和个体的具体情况千差万别，所以指标数量也不能千篇一律。由于具体研究指标的可获得情况不同，不妨先多选取一些指标，再根据需要增加替代指标，完善指标体系。

（四）综合性原则

由于五大生计资本内涵的多样性和外延性，选择的可持续生计指标必须具有综合性。尤其是在包容性发展成为社会发展主流的现在，经济线性发展被批评，用单一的指标来代表某一生计资本较为困难。当然，选取指标的综合性不代表全部性，而指标能够反映生计资本内涵这一点很重要。对于精准扶贫、精准脱贫来讲，反映贫困状态、外部支援及条件的改善、贫困人口努力改善自己处境的指标都应该选取。指标选择不能过多也不能太少，适度地把握研究结果和研究成果的现实意义。实际上，在每个生计资本下，设计更细化的指标，可以比较综合地体现内蒙古牧区牧民生计资本的状况。总的目标是反映牧区牧民生活的综合性质，使牧民能够增加收入，提升脆弱性处理能力。为此，要对各项指标进行赋值量化，提高指标测度数据的可信度。

（五）科学性原则

生计可持续能力评价的科学性包含指标体系的真实性、解决问题的合理性、各种影响因素之间逻辑关系的疏通性等内容。要在遵循区域发展的客观规律，即经济发展规律和自然环境存续规律的基础上选取评价指标，使所选指标能够准确反映、揭示牧户生计可持续能力的现状和变化规律。正因为牧户生计可持续评价指标体系是一个复杂的复合系统，而不是单一系统的线性存在，建立指标体系除必须充分体现牧户生计的基本情况以外，还应当能够比较全面地反映牧户生计资本的发展变化和水平。为了接近以上要求和目的，本研究在利用《呼伦贝尔市统计年鉴（2016）》《锡林郭勒盟统计年鉴（2017）》《内蒙古统计年鉴（2017）》等官方公开数据的同时，还用实地调研数据补足数据短缺部分。

总之，以上五种原则是可持续生计指标体系建立的基本要求。在此基础上，可持续生计分析可以从生计资本视角全面地反映内蒙古牧区牧户贫困状况。众所周知，生计资本是包括人力资本、自然资本、物质资本、金融资本以及社会资本的整体复合运行系统。每一个资本要素的运行都不是孤立隔绝的单独行动，否则其结果就不是最佳资源配置。所有资本要素之间相互影响和转化，某一种资本的缺失或不足，将无法避免地引起其他资本的匮乏和薄弱化。实践证明，现实中的贫困是一种资源的短缺迫使另一种资源的过度使用导致的，如为了增加收入而过度放牧等。因此，牧区贫困人口的生计资本指标也必须反映出各种资本的实际情况。例如，大部分牧区自然环境被破坏，使贫困户面临更多的风险和不确定性，因而在指标选择中应该存在与生态有关的指标。另外，贫困导致生产资料的缺乏、资金存量和流量的稀少、社会资本的稀薄、人力资本的匮乏等，这些内容都应当在指标体系中体现出来。

二、可持续生计指标体系的构建思路

"可持续生计"这一概念在本书第二章的基础概念与文献综述里面也分析

过。“可持续生计”是英语 sustainable livelihoods 的译文，正如其语意，可持续生计包括可持续和生计两方面内容，不仅指个人或家庭的现有生活状况，还强调为改善长期的生活、生产所拥有和获取的谋生能力。它包含着资本和获得资产及收入的能力。可持续生计是一种以人为中心的概念，是研究贫困问题中的建设性工具。① 可持续生计分析框架的研究方法的最大特点是，除分析研究以往的收入贫困以外，还特别强调发展中的能力贫困，即因缺少能力而失去选择和完成最基本的生计活动机会导致的贫困。该方法为了实现消除贫困的基本目标、更好地定义贫困，从多维度考虑了贫困产生的各方面因素和与此相关的所有不可持续的生活方式。

为了研究内蒙古贫困牧户可持续生计问题，解释内蒙古牧区精准扶贫、精准脱贫思路和方法，本书利用了目前学术界普遍承认的英国国际发展部（DFID）提出的可持续生计分析框架（SLA）的研究方法（见图 2-1）。英国国际发展部发明的可持续生计分析框架包括五大块内容。第一部分是脆弱性环境，包括脆弱性生态环境和脆弱性经济环境。对牧区来说，包括旱涝、火灾、飓风、大雪等自然灾害的冲击；牧区人口、生产技术、市场与贸易及牧民社会稳定、全球化等趋势；畜产品价格、生产和就业机会等的季节性趋势等。第二部分是生计资本。它包括人力资本、自然资本、物质资本、金融资本、社会资本五种类型资本，五种资本相互影响、相互作用，最终决定生计资本的质量。刘红等（2014）在研究牧区生态移民时，增加了文化宗教资本，将其扩大成六种生计资本。第三部分是结构和过程转变，指政府宏观管理政策的运行过程与对个体状况的微观判断，整体社会的法律、制度、文化、政策等的运行过程及社会风俗、文化、语言等的变化。第四部分是生计策略，指人们对其所拥有的各种资本的配置与使用。人们通过生计策略选择各自的生存方法，实现其生计目标。第五部分是生计结果。主要包括多种要素共同作用的各种结果。最理想的状况是，牧民收入增加、生活水平提高、社会福利增加、环境脆弱性降低、对自然资源的掠夺性利用被禁止、粮食肉制品安

① 蒙吉军，艾木入拉，刘洋，等．农牧户可持续生计资产与生计策略的关系研究——以鄂尔多斯市乌审旗为例［J］．北京大学学报（自然科学版），2013（2）．

全水平提高等。[①] 关于内蒙古牧区可持续生计途径可以参见表 4-1。

表 4-1　牧区可持续生计途径的组成

生计背景	生计资本	生计目标	生计活动	生计策略	生计结果
人口变化	人力资本	提高素质	参加培训	维持生计	劳动供给的可持续
外部自然环境的变化	自然资本	资源可持续利用	减少牲畜规模	适度规模经营	生态环境的可持续
市场价格和供求关系的变化	物质资本	稳定的收入	打工（牧区内部和进城）	收入多样化	收入的可持续
生产内容变化	金融资本	保障生产资金	牧区商业活动	合理安排要素	生产的可持续
外部社会经济发展变化	社会资本	高质量生活	提高文化素质	生产生活水平的升级	生活的可持续

可持续生计分析框架在我国现阶段实施的精准扶贫、精准脱贫策略中具有很强的指导作用，因为该理论不仅从以人为本的视角看待扶贫问题，还强调经济发展与环境改善并重。除了政府的大力支持，个体综合管理能力的提高成为脱贫工作的重点。只有增强扶贫对象的发展能力，才能打破贫困恶性循环怪圈（纳克斯），才能培养出扶贫对象的生计能力和可持续生计能力，防止返贫。因此，在可持续生计视角下，精准扶贫、精准脱贫策略的选择应当侧重于解决贫困人口的生态脆弱性和经济脆弱性问题。首先，在自然环境相对恶劣、自然灾害等风险频发，即生态脆弱性较为突出的情况下，贫困人口如何增加生计资本、提升生存能力应该是首要解决的问题。因为我国贫困人口大多数分布在生态环境恶劣、自然资源贫乏、地理位置偏远的地区，内蒙古也不例外。其次，实现可持续生计的必要条件是扶贫对象必须有较稳定的收入来源，不能被过大的市场冲击打垮畜牧业经营。因而，扶贫策略要有针对性地解决经济脆弱性问题。

本研究选择的调研地区包括内蒙古自治区呼伦贝尔市的鄂温克族自治旗、

① 汤青．可持续生计研究现状及未来重点趋向［J］．地球科学进展，2015（7）．

新巴尔虎左旗、新巴尔虎右旗，锡林郭勒盟的苏尼特右旗、镶黄旗、正镶白旗等牧业旗县。考虑数据的可获得性和充分性，本章实证分析中主要使用呼伦贝尔市的鄂温克族自治旗、新巴尔虎左旗，锡林郭勒盟的苏尼特右旗等牧业旗县的数据。在草场面积、草地畜牧业的集中程度等方面，呼伦贝尔市和锡林郭勒盟的牧业旗县完全可以代表牧区经济的整体情况。本研究从可持续生计视角，在微观层面评估牧民的生计资本，探讨生计资本对牧户收入的影响，甄别牧户生计可持续发展的主要限制因素，为提高牧民可持续生计能力，增加生计收入，精准扶贫、精准脱贫政策的顺利实施提供科学依据。

第二节　研究区域概况

一、呼伦贝尔市概况

举世闻名的呼伦贝尔大草原是呼伦贝尔市的名片，因而呼伦贝尔市的经济发展自然形成三大特点：第一，在著名的典型草原区及大兴安岭森林区，生态环境保护成为经济社会发展的首要任务。2015 年 3 月 31 日，内蒙古大兴安岭森林区全面禁止采伐，结束了 63 年的自然林商业性采伐，实现森林的全面保护。草原区也实施了第二次草原生态奖补政策（第一次生态奖补政策为 2010—2015 年，第二次为 2016—2020 年）。第二，广阔的草原成为草地畜牧业和草原文化的摇篮。草场面积达到 1. 49 亿亩，是内蒙古天然草牧场的重要组成部分。它也是内蒙古畜牧业经济的主要成员之一，是为国内外提供畜产品的生产基地。因而，牧区经济是呼伦贝尔市社会发展中不可缺少的内容，离开草原无法全面反映其经济发展的全貌。第三，牧区经济发展成为不平衡、不充分发展中的最大短板。草原畜牧业整体上未能脱离传统经营方式，不但没有实现有机畜产品的市场价值，也未能体现适宜生态环境的生态价值，牧区普遍存在贫困问题。

呼伦贝尔市各部门深入实施精准扶贫和精准脱贫方略，建立了四个体系：扶贫责任体系、政策体系、制度体系、社会动员体系。同时，不断加大贫困地区的资金投入和工作力度，全方位推进各项重点扶贫工作。精准扶贫实际包括三个方面的工作，即精准识别贫困对象及致贫原因、精准帮扶、全方位扶贫脱贫管理。根据呼伦贝尔市扶贫工作统计数据，贫困户脱贫的标准是脱贫户人均纯收入稳定超过 3200 元，且不愁吃、不愁穿，义务教育、基本医疗、住房安全有保障。以下是根据这一标准分析的呼伦贝尔市的扶贫状况（见表4-2）。

表 4-2　呼伦贝尔市概况及其扶贫特点

基本指标	指标情况	区域性特点	扶贫特点	对应的可持续生计资源
面积	25. 3 万平方千米	地广，占内蒙古自治区总面积的 21. 4%	分散居住，精准扶贫难度大	自然资源
天然草场总面积	1. 49 亿亩	畜牧业经济发展	牧区扶贫为重点	物质资源
“一区五市七个旗”	满洲里市、额尔古纳市、陈巴尔虎旗、新巴尔虎右旗、新巴尔虎左旗	边境旗市，总边境线长 1733. 82 千米	边缘区，集中连片特困片区	自然资源 社会资源
	鄂伦春旗、莫力达瓦达斡尔族自治旗	人口较少少数民族自治旗县	国家级贫困旗县	社会资源
	阿荣旗、鄂温克旗、新巴尔虎左旗、扎兰屯市		自治区级贫困旗县	社会资源
	鄂伦春旗、莫力达瓦达斡尔族自治旗、阿荣旗、扎兰屯市、满洲里市	革命老区	集中连片特困片区	社会资源
	海拉尔东区、扎赉诺尔市、牙克石市、根河市	城镇区	集中连片特困片区	社会资源
人口	252. 65 万人	人稀	贫困人口占比较多	人力资源
地区生产总值	1620. 86 亿元	同比增长 7%	自我脱贫能力较强	金融资源
地方财政总收入	170. 10 亿元	同比增长 3. 1%	扶贫资金来源	金融资源
牲畜存栏	2176. 26 万头（只）	同比增长 1. 9%	自我脱贫的基础	物质资源

续表

基本指标	指标情况	区域性特点	扶贫特点	对应的可持续生计资源
大牲畜和羊存栏	1977.99 万头（只）	同比增长 1.9%	自我脱贫的基础	物质资源
生猪存栏	198.28 万口	同比增长 1.2%	农区集中	物质资源
全年牲畜出栏	953.44 万头（只）	增长 18.7%。牲畜出栏率 43.8%，比上年增长 6.3 个百分点	收入来源	物质资源
猪出栏	125.73 万口	比上年增加 1.59 万口，增长 1.3%	收入来源	物质资源
牛出栏	67.1 万头	比上年增加 6.55 万头，增长 10.8%	收入来源	物质资源
羊出栏	754.41 万只	比上年增加 141.63 万只，增长 23.1%	收入来源	物质资源
良种及改良种牲畜	1847.57 万头（只）	比上年增加 159.83 万头（只），增长 9.5%	收入来源	物质资源
人均地区生产总值	64140 元	可比价同比增长 7.0%	自我发展的基础	金融资源
三次产业结构	15.3：44.7：40.0	二次产业为主	产业扶贫	物质资源
第一产业增加值	248.43 亿元	同比增长 3.5%	产业扶贫	金融资源
第二产业增加值	724.02 亿元	同比增长 5.7%	产业扶贫	金融资源
第三产业增加值	648.40 亿元	同比增长 9.9%	产业扶贫	金融资源
一般公共预算收入	106.03 亿元	同比增长 2.6%	扶贫资金增多	金融资源
一般公共预算支出	414.69 亿元	同比增长 10.7%	基础设施投入	物质资源
全体居民人均可支配收入	24280 元	同比增长 8.1%	脱贫基础	金融资源

续表

基本指标		指标情况	区域性特点	扶贫特点	对应的可持续生计资源
人均消费性支出		17136元	同比增长3.0%	生活改善	金融资源
人均消费性支出	城镇	19066元	同比增长2.7%	生活改善	金融资源
	农村牧区	12476元	同比增长6.2%	生活改善	金融资源
恩格尔系数	城镇	30.9%	较高	生活改善	金融资源
	农村牧区	27.8%	较低	生活改善	金融资源
居民人均可支配收入	城镇	28885元	同比增长7.6%	城镇脱贫，集中在就业	金融资源
	农村牧区	12540元	同比增长7.8%，快于城镇	农村牧区容易脱贫	金融资源
“十二五”期间扶贫工作		累计投入扶贫资金23亿元，累计减贫21.23万人	精准扶贫	连片开发、产业化扶贫、整村推进、劳动力转移培训、革命老区和人口较少民族发展、互助资金	五种资源

资料来源：《呼伦贝尔市统计年鉴（2016）》、呼伦贝尔市扶贫办、2017年9月实地调研数据。

（一）精准确定扶贫对象和致贫原因

2016年，呼伦贝尔市精准识别贫困人口25660户、61660人，说明这些家庭的人均纯收入没达到3200元，或者吃、穿、教育、医疗、住房等某一个或多个方面没有达到社会公平享受水平。这种人群占农牧业人口的7.1%。从贫困人口分布来看，2个国家级贫困旗（鄂伦春旗、莫力达瓦达斡尔族自治旗）有11759户、27576人，占全市贫困人口的44.7%。阿荣旗、扎兰屯市、新巴尔虎左旗、鄂温克旗4个自治区级贫困旗县有13386户、32896人，占全市贫困人口的53.4%。不难看出，贫困人口主要集中在国家级或自治区级重点扶贫旗县，其他6个非重点贫困旗县区有515户、1188人，只占全市贫困人口的1.9%。如果按民族分类，少数民族贫困人口有8247人，占全市贫困人口的 13.4%。

依据精准扶贫流程，确定扶贫对象以后，下一个工作是明确致贫原因。从表 4-3 中可以看到，实际上，"愁吃、愁穿"的绝对贫困人口并不多，更多的是病、灾、缺土地、缺资金等导致的贫困。愁义务教育、基本医疗卫生、住房安全等的贫困户占贫困户总数的 84.49%。因此，要实现 2020 年全呼伦贝尔市脱贫目标之一——"两不愁、三保障"，重点应该放在"三保障"方面。因为在相对贫困人口占绝大多数的情况下，保障教育、医疗、住房安全是维护扶贫成果的重要条件，也是贫困人口脱贫后能够平等享受社会福利的主要保障。脱贫不等于富裕，脱贫后的一段时间内，贫困人口还处于返贫的边缘上，如果缺少社会扶持，很容易返贫，成为新一轮的贫困户。

表 4-3 呼伦贝尔市贫困人口致贫原因

致贫原因	户数（户）	比重（%）	扶贫重点工作
因病	7889	30.74	基本医疗保障
因残	1177	4.59	基本医疗保障
因灾	2879	11.22	危房改造
缺土地	7139	27.82	搬迁扶贫
缺劳力	1228	4.79	创新扶贫（吸引年轻劳动力）
缺资金	3773	14.70	金融扶贫
因学、缺水、缺技术、交通条件落后、自身发展能力不足等	1575	6.14	教育扶贫、培训、基础设施建设、水利建设

资料来源：呼伦贝尔市扶贫办。

（二）精准帮扶的主体与方法

精准帮扶包括谁来帮助贫困户顺利脱贫和用什么样的方法解决贫困问题两个方面的内容。帮扶方法有政府部门帮扶、社会团体帮扶、贫困户相互帮助等多种形式，目前主要是以政府部门为主导、其他力量协助的方式进行。其原因在于，第一，脱贫任务有时间限制，短时间内必须组织社会所有的力量和资源实现预期目标，这一艰巨任务是社会团体无法完成的。第二，经过多年的扶贫工作，现在还处在贫困状态的人群是"最难脱贫"的群体。传统式给物、给钱的方法几乎失灵，必须找出根源、对症下药才能根除贫困。在这项工作中恐怕只有政府部门才能发挥关键作用。第三，贫困户之间、贫困户与非贫困户之间的互助式脱贫很难实现。尤其是草场承包以后，牧区牧户畜牧业经营以相对独立的经营形态进行，传统的互助式合作方式不复存在。此外，生产生活活动的求助行为也会带来较大的成本，贫困户无法承担看似市场式行为的获取帮助的成本。例如，雇人放羊一个月需要 3000～5000 元，雇人剪羊毛一只羊需要 8～15 元。为了避免过高的费用，贫困牧户几乎将所有的劳动都消耗在最简单基础的劳动里，无法改善自我生产经营方式。

在精准帮扶的方法上，呼伦贝尔市有独特且突出的特点。

第一，自上而下机关干部直接承包帮扶贫困户。呼伦贝尔市创建了 16 支引领队，带动 153 个事业单位的 785 名干部，承包扶持 93 个乡镇的 25660 个贫困家庭；旗市里的 16360 名干部下乡入村入户；派出 390 名贫困村第一书记，市副科级以上干部每人承担落实 5 户帮扶任务。①

第二，扶贫资金投入量大。大量扶贫资金的投入是帮扶工作的重要环节，政府主导型帮扶模式中，政府投入资金的“量”是其他任何组织、社会团体无法替代的。2016 年，呼伦贝尔市本级财政投入 8590 万元，占自治区下达资金的 32%，比上年增长 29%，人均投入是上年度的 6 倍。而政府投入资金大部分投向公共事业工程，投入资金的“质”也值得肯定。2014—2016 年，呼伦贝尔市各项工程项目累计投入资金 220. 2 亿元（十项工程投资 118. 16 亿元、扩大面积工程投资 102. 04 亿元），其中国家和自治区、市级投资 21. 72 亿元，旗市区级投资 140. 99 亿元，群众及社会筹资 57. 49 亿元。大量民生工程建设对贫困地区基础设施改善等方面起着推动性作用（见表 4-4）。

表 4-4　截至 2016 年年底呼伦贝尔市重要项目投入完成情况

项目名称	实际完成项目数	自治区任务	完成率（%）
农村牧区基础设施和公益事业	1251 个	—	—
危房改造工程	13. 2 万户	41707 户	316. 5

① 资料来源：呼伦贝尔市扶贫办。

续表

项目名称	实际完成项目数	自治区任务	完成率（%）
安全饮水工程	38.43 万人	36.26 万人	106
街巷硬化工程	8106.3 千米	3066.01 千米	264.4
村村通电工程	5245 户	4556 户	115.12
村村通广播电视工程	86900 户	88587 户	101.94
地面数字电视发送台站工程	29 个	29 个	100
广播村村响工程	1090 个	1068 个	102.06
校舍建设及安全改造工程	61623 平方米	61623 平方米	100
嘎查村文化活动室工程	1007 个	750 个	134.26
嘎查村标准化卫生室工程	572 个	403 个	141.93
便民连锁超市工程	1149 个	315 个	364.76
建设配送中心工程	3 个	3 个	100%

资料来源：呼伦贝尔市扶贫办。

除政府直接投入以外，资金的另一种来源是金融贷款投入。相比政府资金投入，贷款投入更偏向于贫困户生产领域。根据呼伦贝尔市 2016 年的统计数据，该市 6 个重点旗市累计发放贷款 12828 笔、61230 万元。其中富农贷 12826 笔、60030 万元，强农贷 2 笔、1200 万元，扶持农牧民提高生产能力、自富自强。贷款覆盖 294 个嘎查村、12826 户农牧民，其中包括建档立卡贫困户 2084 户。农牧业经济本身就是宏观经济发展的短板，而农牧民贫困户是农牧业经济中的短板，为了解决“短板中的短板”问题，整体扶持农牧业经济的发展也是有效的措施之一。

第三，政策体系完善。政策体系是精准扶贫的制度保障。呼伦贝尔市制定和实施的政策既有综合方针性政策，如《打赢脱贫攻坚战的意见》，又有工作规划计划类政策，如《“十三五”扶贫开发规划》《“十三五”易地扶贫搬迁规划》等。工作规划计划类政策中明确规定了每年脱贫贫困户、贫困人员的具体数目，确定扶贫目标。而《落实脱贫攻坚责任制实施细则》《脱贫攻坚报告工作实施办法》《脱贫攻坚督查巡查实施办法》《扶贫开发工作成效考核办法》等政策制度的重点则在扶贫工作成效的确认和维持扶贫效果的长期性上。除此之外，《呼伦贝尔市社会救助与扶贫开发政策衔接实施方案》《呼伦贝尔市检察院与扶贫办开展集中整治和加强预防扶贫领域职务犯罪专项工作实施方案》《呼伦贝尔市就业创业扶贫行动实施方案》《呼伦贝尔市健康扶贫工作实施方案》等一系列文件中规定的帮扶工作的具体措施，也是扶贫政策体系的重要内容。

第四，扶贫方式创新，在发展生产脱贫方面，重点突出产业、企业、创业、金融等的带动作用。2016 年，呼伦贝尔市实施互助资金项目，启动互助资本金 2095 万元，对全市 8 个旗市、108 个贫困嘎查村建立民有、民用、民管、民享、周转使用的生产发展资金，壮大致富产业。在其用途分布上主要采用以下几种模式。其一，电商扶贫模式。苏宁电商人才培训学校的引进和京东中国特产扎兰屯馆的开设，培育了部分电商创业户。其二，光伏扶贫模式（引进青岛旭明集团 100 MW 光伏发电项目）。主要指用“光伏+种植业”“光伏+养殖业”等增收方式来尽量降低农牧业用电成本，并为农牧户提供场地补助、光伏发电设备等。其三，文化扶贫模式。主要以扎兰屯市工笔画、羽毛画等现有旅游纪念品为基础，加大开发支持力度，已成立文化产业扶贫企业 50 家，解决了贫困人口 1100 余人的就业问题。实际上，贫困人口的潜在能力和素质的开发是人力资源开发的核心内容，也是提高贫困人口可持续生计能力的主要手段之一。因此，文化扶贫措施不仅解决了就业，提高了收入，更重要的是给贫困人口提供了发现自己能力的机会、发挥自己能力的场所。在这个意义上，有更长远的影响。其四，旅游扶贫模式。其中除农家乐、牧家乐等较为成熟的农牧民可以直接参与的模式外，还有“互联网+认养农业”体验游等旅游扶贫模式。旅游业的特点有初期投入少、资源可以反复利用、农牧民很容易参与等，适合贫困人口直接参与。其五，特色种养扶贫模式。主要以有机粮食产品、大兴安岭林产品、大草原优质乳产品和牛羊肉产品、牧草和药材产品、天然菌类产品、有机蔬菜和水果、禽类产品十大主导产业为主，发展地方特色，增加就业机会，为贫困户提供更多的收入来源，是呼伦贝尔市正在实施和探索中的扶贫方式。其六，易地扶贫搬迁模式。通过整体搬迁、村内插花搬迁和“幸福院建设保障工程”等模式搬迁 3453 人，鼓励搬迁人员创办民俗风情旅游业、进城进镇创业、发展设施农牧业等，确保后续增收。其七，教育脱贫模式。针对因学致贫的建档立卡贫困人口，每人补助1500元，并建立市旗两级“贫困生救助基金”。根据脱贫标准，贫困户不应再愁上学。教育扶贫是贫困人口享受社会平等教育的表现，也是获取更多知识和生存能力的途径。其八，生态保护脱贫模式。一方面，积极推动贫困地区和贫困人口的生态环境补偿措施，鼓励参与生态修复工程建设、承包“五荒”资源；另一方面，使贫困者就地转成护林员、乡村卫生管护员等，从而实现脱贫。呼伦贝尔市2016年一共安排建档立卡贫困人口生态护林员岗位350个。其九，社会保障兜底模式。这一模式是对上述所有模式无法解决的贫困问题，由政府承担扶贫结果的一种方式。呼伦贝尔市出台的《健康扶贫工作实施方案》就是典型案例。其中包括农村贫困人口医疗制度、城乡居民基本养老保险制度、大病救助基金、医疗补充保险和大病保险、医疗救助、临时救助、社会救助等帮扶措施（见图4-1）。

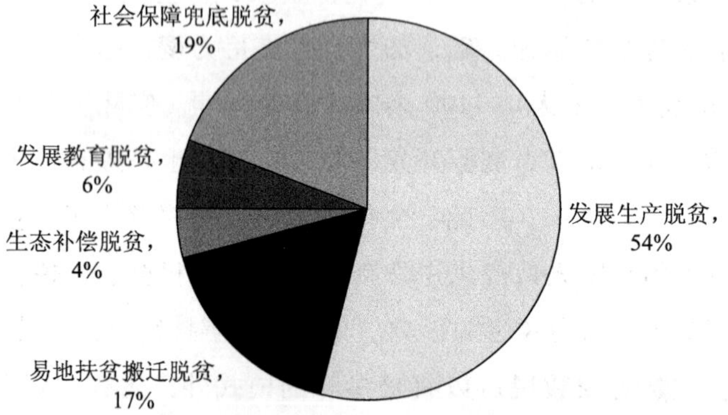

图4-1　呼伦贝尔市“十三五”期间扶贫计划与政策

（三）扶贫脱贫管理

实际上，精准识别管理是扶贫工作中最基础的工作。只有准确确定扶贫对象才能精准帮扶，不会出现对社会财力、物力、人力的浪费和无效配置。根据呼伦贝尔市的扶贫工作经验，可以总结出以下几个重点扶贫管理内容。

第一，扶贫对象精准确认和管理。也就是对扶贫开发建档立卡贫困户的真实性进行梳理和确定，包括三方面内容：首先，对已经建档立卡的贫困户进行确定。组织专人与财政、工商、车辆管理、农机管理等相关部门核对信息，并抽调专人进村入户，对建档立卡贫困户逐村逐户进行排查、打分和排序，将不符合条件的人口全部退出。其次，将新增贫困户纳入贫困建档立卡管理中。将因灾、因学、因病等返贫的贫困人口和符合条件的新增贫困人口纳入建档立卡范围。这是精准扶贫工作中最关键的一步。从上往下帮扶过程中很容易出现瞒报、虚报、数字脱贫等基层干部博弈行为，因此，政策上留有一定的活动空间有利于调动基层干部的积极性，降低为回避责任而走形式的风险。最后，建立退出贫困建档立卡管理机制。贫困退出以户签字为准，贫困户退出要履行“民主评议、核实认可、村内公示、公告退出”程序，档案规范齐全、农牧户全部知晓、退出程序规范。

第二，扶贫资金管理。资金管理主要包括两方面内容：首先，投资方向的准确性。根据上述内容，政府投资偏向于基础设施、民生工程，贷款投资偏向于农牧业生产领域，属于较合理的社会资源配置。其次，投资过程和投资结果的有效性，即扶贫资金的合理利用问题。其中包括会计督查（2017 年 1 月初实施）、专项督查、项目建设统计表督查（2017 年 8 月）、全面抽查（2017 年 9 月中旬）、第三方督查（2017 年 10 月）等内容。

第三，大数据综合信息管理。信息是整体把握扶贫工作、调整扶贫政策、考察扶贫结果的主要数据依据。充分发挥精准扶贫大数据管理平台作用是获得扶贫脱贫信息的主要手段。通过信息管理可以实现统计分析，即扶贫工作整体状况的数据采集和储存，并通过分析及时了解贫困状况和预测将来变化趋势等。信息管理也是精准监督的实践依据。例如，干部入户状况、帮扶具体措施和帮扶成效的考核，明确扶贫资金去向和投资项目运行、完成状态及有可能存在的风险监测等都离不开数据信息。同时，大数据信息管理也是交流服务的有效措施之一。有了大数据平台可以随时发布相关信息，贫困户及时反映其所需和实际困难，帮扶干部之间也相互交流扶贫经验，进行横向日志借鉴，及时得到帮扶指南，为贫困农牧户提供职业介绍等。

第四，帮扶人员管理。这一项属于行政管理，主要防止承包贫困户人员的不作为和上报虚假信息等行为。作为帮扶脱贫的主体，政府对行政人员的管理具有较强的有效性和约束力。层层承包和加压的扶贫措施、明确透明的扶贫方式等都可以避免扶贫工作的行政化和无效化。因此，呼伦贝尔市的扶贫工作都做得比较精准。

二、锡林郭勒盟概况

近年来，多种自然灾害频繁发生、市场畜产品价格的波动性扩大，导致牧民收入不稳定、畜牧业经营成本增加，牧区贫困问题越来越突出。对于锡林郭勒盟牧区来讲，恶劣的自然环境条件，不仅导致牧民生活质量下降，还直接影响牧业经济发展和牧民稳定生存。虽然各级政府通过多种渠道投入大量资金和扶持项目来实施扶贫工作，收到了一定的成效，但贫困问题仍然没有根本性解决。最突出的表现是牧民生产生活方式没有根本性改变，畜产品出售方式没有根本性改变，随时存在返贫的可能性。

锡林郭勒盟是名副其实的草地畜牧业生产基地。首先，行政所辖 13 个旗县市区（包括二连浩特市）中有 10 个牧业旗县。① 牧业旗土地面积占全盟总面积的 93%，大部分生产活动与畜牧业生产有关。其次，总面积 18.86 万平方千米的土地资源中可利用草场面积达到 17.22 万平方千米，自西向东依次分布着荒草原、沙地草原、典型草原、草甸草原等草原类型，不同的草原类型适合不同的牲畜种类生长，从而产生了蒙古族传统的“五大牲畜结构”。再次，牧业人口约 21.35 万人，说明全盟 65.9%的人口从事畜牧业生产。最后，2012 年牧业年度牲畜总量 1130 万头（只），占全盟牲畜总量的 96.5%。

锡林郭勒盟也是自然灾害频繁发生的区域。1999 年以来，旱灾、雪灾等极端天气频繁出现，导致自然环境极度恶化，草场植被退化。如 2012 年的雪灾，给当地牧民的生产生活带来了严重影响，购草料成本占生产性成本的 90%以上（实地调研数据），生产成本大幅上升，家庭可支配收入急剧下降。

---

① 分别为锡林浩特市、西乌珠穆沁旗、东乌珠穆沁旗、阿巴嘎旗、镶黄旗、苏尼特左旗、苏尼特右旗、正蓝旗、正镶白旗和乌拉盖管理区。其中，苏尼特右旗、正镶白旗为国家重点扶持旗县，正蓝旗、苏尼特左旗、镶黄旗、阿巴嘎旗为自治区重点扶持旗县。

尤其是每年的大额贷款带来每年“贷款—还贷款”的恶性循环，导致部分牧民致贫、返贫现象加剧。据 2012 年年末统计，牧区整体贫困发生率为 13.9%，而国家级贫困旗正镶白旗、苏尼特右旗的贫困发生率分别达到了 58%和 46%。

锡林郭勒盟牧区贫困特征为：第一，牧民与农民的可支配收入差距扩大化；第二，草畜矛盾突显化；第三，贫困人口构成多样化；第四，部分贫困家庭人口规模小型化；第五，返贫现象经常化；第六，贫困问题隐性化。其原因可以从以下 3 个方面进行解答：一是个别地区存在错误的政绩观念，导致该地区经济指标虚高，牧民的人均纯收入不符合实际状况；二是统计调查的网点少，有些基础数据不靠谱、不准确；三是 30%左右的小富裕人群掩盖了 70%左右的大贫困局面。

第三节　贫困牧户生计资本指标选择

构建科学合理的评价牧户可持续生计的指标体系是对牧户生计资本进行评价的前提和基础，而构建该指标体系首先要建立牧区牧民精准扶贫、精准脱贫的生计策略可持续生计分析框架。① 在可持续生计分析框架的基础上，建立可持续指标体系，在此基础上再建立评价体系的阶梯式逻辑思维是本研究的技术路线之一。

一、数据来源及牧户生计资本分析

在牧区经济社会发展和自然环境保护政策的背景下，贫困牧户会利用自身的生计资源从事多样化的生计活动。草场面积、牲畜数量、储蓄、劳动能力及社会关系等都属于牧户生计资源的范畴。他们通过采取多种类型的生计策略应对各种自然灾害（雪灾、旱涝、飓风等），尽可能使其所从事的畜牧业生产正常运行，从而稳定他们的收入来源，保障家庭的消费支出。本研究将

① 苏芳．可持续生计：理论、方法与应用［M］．北京：中国社会科学出版社，2015.

牧户的行为视为一个整体的分析框架中的一部分，这将能够更加清晰地分析牧户在自然灾害等脆弱性自然环境下的生计状况。

（一）具体研究区域的选择与数据来源

通过对内蒙古扶贫办提供的整体基本情况的分析，本次调查研究的采样地点选择了呼伦贝尔市新巴尔虎左旗（以下简称新左旗）和鄂温克族自治旗（以下简称鄂温克旗），锡林郭勒盟苏尼特右旗（以下简称苏右旗）。这三个旗县的共同特点为：首先，都是蒙古族、鄂温克族等少数民族聚居地，有较强的民族特色。其次，都是以畜牧业生产经营为主的纯牧业旗县，收入来源、生计资本利用、生态环境条件等都有明显的共性，并能够代表牧区状况。最后，都是贫困问题较严重的地区。新巴尔虎左旗和鄂温克族自治旗是内蒙古自治区级的贫困地区，而苏尼特右旗是国家级扶贫开发工作重点旗。因此，无论是民族性特点和区域生产特征，还是贫困状况的严重性等方面，这三个旗县都是内蒙古牧区精准扶贫的代表性区域，甚至是全国北方少数民族地区扶贫工作重点区域的缩影。

从表 4-5 可以看出，呼伦贝尔市 4 个牧业旗县的人均可支配收入中最低的是新左旗，为 19056 元，最高的是鄂温克旗 24324 元，全呼伦贝尔市人均可支配收入为 22461 元；人均生产总值最高的牧业旗县是新巴尔虎右旗（以下简称新右旗），为 220921 元，其次是陈巴尔虎旗（以下简称陈旗），为 157466 元，内蒙古自治区级贫困牧业旗的新左旗和鄂温克旗分别是 84393 元和 78916 元，相差很大；牧区牧户生计资本体系中物质资源的重要指标之一的牲畜头数最多的是新右旗，为 1209696 头（只），其次是新左旗，为 954385 头（只），陈旗为 720835 头（只），鄂温克旗数量最少，为 666715 头（只）。总之，以上任何指标都显示，新左旗是名副其实的贫困地区。而鄂温克旗的情况有些特殊，人均可支配收入比其他牧业旗和呼伦贝尔市平均水平都高，但是人均生产总值和作为物质资源的牲畜数量较少，并且被认定为自治区级贫困旗县。其原因可能有两种：第一，社会财富较集中在少数人手中，推高了人均可支配收入，实际上更多的人处于贫困状态。第二，收入来源结构中转移支付收入占较高的比例，弱化了可持续生计能力。

表 4-5　2015 年呼伦贝尔市牧业旗基本状况比较

	人均可支配收入（元）	人均生产总值（元）	牲畜头数（头、口、只）
鄂温克旗	24324	78916	666715
新左旗	19056	84393	954385
陈旗	24282	157466	720835
新右旗	20857	220921	1209696
呼伦贝尔市	22461	63131	9489264

数据来源：《呼伦贝尔市统计年鉴（2016）》。

本研究使用的调查问卷于 2017 年 6 月初完成设计。当时对调研组成员进行了相关调查指标的培训，做好了调研的准备，调研工作于 7 月初正式开始。调研样本的选择采用了两种方法，一种是从鄂温克旗、新左旗、苏右旗扶贫办提供的建档立卡贫困户记账名单中随机选择，另一种是直接进村入户进行一对一访谈。在调查的过程中，也得到了乡镇干部的协助，为当地的牧户给调查者提供准确的信息提供了便利的条件。每户访谈时间大约为 1 小时，共发放问卷 84 份，其中鄂温克旗 26 份、新左旗 26 份、苏右旗 32 份，回收有效问卷 84 份，有效率达到了 100%。调查的内容主要是关于贫困牧户的家庭生计状况和发展能力，包括家庭成员与劳动力信息，草场面积和牲畜数量等物质资源情况，家庭房产、生产工具、交通工具情况，牧户的金融资本现状、社会网络、其他收入和支出等信息（访谈内容与问卷内容见附录）。

（二）贫困牧户生计资本的指标选择

可持续生计（SL）方法是以贫困人口参与行为为主线，以揭示所有形式的贫困发展的哲学观点为理论基础，分析牧户在雪灾、旱涝、飓风等生态脆弱性自然环境下生产生活方式安排的分析框架。这种方法的特点是强调以人为中心，获得了学者们的赞扬，也普遍认为它是一种减少贫困的建设性工具。而可持续生计分析框架（SLA）正是在可持续生计方法的基础上，寻找贫困家庭生计脆弱性原因，并给予多种解决方案的集成式分析框架和建设性工具。① 运用可持续生计分析框架能对地区和牧户的生存进行系统的参与性的分析。② 本研究借鉴英国国际发展部（DFID）的可持续生计分析框架（见图 2-1），构建牧区牧户精准扶贫、精准脱贫工作顺利进行的生计策略分析框架。基于可持续生计分析框架（SLA），参考史俊宏（2015）的研究，本书将牧户的资源和禀赋归类为人力资本、自然资本、物质资本、金融资本及社会资本 5 种生计资本。

1. 人力资本

人力资本属于劳动者本人能力的范畴，有可能是天生的一种技巧和知识，也有可能是后天通过教育、培训等手段获得的用于谋生的知识、劳动能力以及技能等。除此之外，作为提供脑力劳动、体力劳动的源泉，劳动者的健康状况也属于人力资本的一部分。人们拥有不同的知识、不同的技能、不同的能力和健康状况，它决定了人们追求不同的生计手段并取得不同的生计结果。对于家庭来讲，人力资本水平取决于家庭劳动力人数、家庭规模、技能教育水平以及健康状况等因素，并且一个家庭的人力资本能否实现最佳效果取决于能不能更好地利用其他 4 种生计资本，并取得积极的生计结果。在可持续生计分析框架（SLA）中，人力资本是最基础的生计资本。

本研究对内蒙古典型大草原牧区呼伦贝尔市与锡林郭勒盟的牧业旗县进行调查研究。建档立卡的贫困样本总牧户 84 户、229 人，其中新左旗 26 户、鄂温克旗 26 户、苏右旗 32 户，平均每户 2.67 人。其中儿童 30 人，占样本总数的 13.10%；工作的儿童（包括上初中的孩子）5 人，占样本总数的 2.18%；成人的助手（包括上高中的孩子）14 人，占样本总数的 6.11%；成年人 125 人，占样本总数的 54.59%；老年人 7 人，占样本总数的 3.06%；残疾人 24 人，占样本总数的 10.48%；长期患病者 24 人，占样本总数的 10.48%（见表 4-6）。将样本牧区牧户家庭人口按受教育程度分 5 个层次进行分析，其中文盲或学前年龄者 13 人，占样本总数的 5.68%；小学学历的 97 人，占样本总数的 42.36%；初中学历的 83 人，占样本总数的 36.24%；高中

① 赵锋．可持续生计分析框架的理论比较与研究述评［J］．兰州财经大学学报，2015（5）．
② 史俊宏．干旱风险冲击下牧户适应性生计策略［J］．中国农业资源与区划，2015（7）．

或中专学历的 15 人，占样本总数的 6.55%；大专及以上学历的 21 人，占样本总数的 9.17%。根据表 4-7 可知，在总的 229 人中，受教育程度在初中及以下的有 193 人，高中及以上学历的仅有 36 人，说明建档立卡贫困户人口受教育程度普遍较低。

表 4-6 样本牧区牧户家庭人口劳动能力分类

类别	新左旗（人）	鄂温克旗（人）	苏右旗（人）	总样本（人）	占样本总人数的比例（%）
儿童	12	13	5	30	13.10
工作的儿童	1	3	1	5	2.18
成人的助手	6	2	6	14	6.11
成年人	36	39	50	125	54.59
老年人	1	4	2	7	3.06
残疾人	7	6	11	24	10.48
长期患病者	13	5	6	24	10.48

数据来源：2017 年调研数据。

注：类别划分参考李小云等（2007）、苏芳（2015）。

表 4-7 样本牧区牧户家庭人口受教育程度分类

类别	新左旗（人）	鄂温克旗（人）	苏右旗（人）	总样本（人）	占样本总人数的比例（%）
文盲或学前年龄	4	6	3	13	5.68
小学学历	28	26	44	97	42.36
初中学历	33	34	16	83	36.24
高中或中专学历	5	4	5	15	6.55
大专及以上学历	6	2	13	21	9.17

数据来源：2017 年调研数据。

表 4-8 样本牧区牧户家庭人口中成年男性劳动力情况

类别	新左旗（人）	鄂温克旗（人）	苏右旗（人）	总样本（人）	占样本总人数的比例（%）
有	18	15	21	54	64.29
无	8	11	11	30	35.71

数据来源：2017 年调研数据。

2. 自然资本

以往的主流经济学认为，自然资本就是人们改造和利用的劳动对象，而随着可持续发展理念的进一步普及，人们对自然资本的理解有所改变，认为自然资本作为可持续生计资本，人类社会与自然环境应该和谐共处。从单向利用到保护与利用并重的思维转变，为自然资本的利用带来新的解释，即人们为了生存从自然资源中获取有利于生计发展的资源和服务，诸如环境服务、土地和水。自然资本可以分成无形的资本，如大气、阳光、生物多样性等公共产品和有形资本，如土地、草木等。现代社会发展过度需要自然资本，导致自然资本表现出更为明显的脆弱性特征，为人们可持续生计带来更为直接的挑战。尤其是以草地为生计资源的牧户经营对自然资源的依赖度大，日益弱化的自然资本决定了牧户面临着更大的风险和不确定性。削减自然资本的任何状况都冲击着牧户生计甚至可能摧毁他们，如火灾毁坏牧草与森林、大雪毁坏牲畜、洪水和地震破坏土壤等，导致可持续生计长期累积中断，不得不重启生计策略。

在内蒙古牧区，草场是牧户最重要的自然资本。一般情况下，用草场面积来衡量获取自然资源的多少，尤其是在同一个类型区域内这样的表达方法更有效。当前，牧区牧户之间的生活水平差距很大，富裕牧户和贫穷牧户草场资源的生计策略差异比较明显。在实地调查中发现，贫困牧户因为外出就业的机会很少，在家庭生计的压力下，他们想方设法扩大草场面积，采取通过获取更多自然资源来改变生活状况的方式。而中等收入的牧户，只是保证家庭牲畜数量能够维持生计，不会再扩大草场，在生态环境退化的条件下愿意调整牲畜规模，追求各资源要素协调作用的最大化。富裕牧户一般都是大面积草场的拥有者，规模化经营和大草场资源的有机配置是最主要的生计策略。针对这样的实际情况，本研究从家庭人均拥有的草场面积和草场质量两个指标来衡量自然资本。草场面积指标能反映牧户人均占有的草场资源。这个指标的计算方法是首先计算出牧户家庭人均拥有草场面积，然后再将其标准化（见表 4-9）。对于牧户来讲，除人均草场面积以外，草场质量也同样影响牧户生计状况。所以，本研究在入户调查和访谈中也设计了草场质量这项指标（见表 4-10）。调研数据显示，家庭总草场面积最大值为 8272 亩，均值为 2768.1 亩，家庭人均草场面积均值为 1239.8 亩。由此可知，研究区域地域宽广，拥有丰富的草场资源，为典型的草原牧区。

表 4-9　样本牧区家庭草场面积基本情况　（单位：亩）

类别		新左旗	鄂温克旗	苏右旗	总样本
总草场面积	最大值	8272	3400	7964	8272
	均值	3858.9	1016.4	3544.3	2768.1
	最小值	0	0	0	0
人均草场面积	最大值	5492	1900	5600	5600
	均值	1603.3	497.7	1697.3	1239.8
	最小值	0	0	0	0

数据来源：2017 年调研数据。

表 4-10　样本牧区家庭草场质量基本情况

类别	新左旗（户）	鄂温克旗（户）	苏右旗（户）	总样本（户）	占样本总户数的比例（%）
特别差或无草场	4	6	5	15	17.86
较差	9	15	3	27	32.14
中等	13	5	24	42	50.00
较好	0	0	0	0	0
非常好	0	0	0	0	0

数据来源：2017 年调研数据。

3. 物质资本

物质资本指用于经济生产过程中的物质资源，其他类型的资源都可以转化为物质资本。牧区道路、中小学等公共基础设施的建设，有助于牧户可持续生计策略的选择和生产能力的提高。物质资本与自然资本有着根本性区别：物质资本主要包含牧户维持生计的基本生产资料、基础设施，即人为创造；而自然资本是天然存在的，经人为改造后成为物质资本。物质资本用于维持牧户的生计和提高他们的生产力。物质资本对于牧户的可持续生计而言极其重要，如便利的交通工具和设施、安全稳定的住所、充分的水资源供应，便捷的信息网络平台等都是可持续生计策略的物质基础。而基础设施等物质资源有公共物品性质，一般都可以无偿使用。生产资料是通过租赁或者有偿服务市场等形式被个人或集体所拥有。

本研究中，物质资本也被设定成两个指标：第一个指标是牧户住房情况（见表 4-11）；第二个指标是家畜资源。本研究中家畜资源主要是指“五畜”，即牧区常见的牲畜如山羊、绵羊、牛、马、骆驼。量化时，牛以 5 只羊单位计；马以 6 只羊单位计；骆驼以 7 只羊单位计（见表 4-12）。

表 4-11　样本牧区家庭住房基本情况

类别	新左旗（户）	鄂温克旗（户）	苏右旗（户）	总户数（户）	占样本总户数的比例（%）
无房	8	2	0	10	11.90
50 平方米以下	0	6	18	24	28.57
50~100 平方米	18	18	14	50	59.53
100~150 平方米	0	0	0	0	0
150 平方米以上	0	0	0	0	0
最大值	50	76	90	90	—
均值	34.62	48.85	42.41	41.99	—
最小值	0	0	12	0	—

数据来源：2017 年调研数据。

表 4-12　样本牧区家牲畜数量基本情况　（单位：只）

类别		新左旗	鄂温克旗	苏右旗	总样本
牛	最大值	19	10	3	19
	均值	3.12	0.81	0.13	1.26
	最小值	0	0	0	0
羊	最大值	100	12	253	253
	均值	15.65	1.54	69.81	31.92
	最小值	0	0	0	0

续表

类别		新左旗	鄂温克旗	苏右旗	总样本
马	最大值	15	7	11	15
	均值	1.62	0.5	0.78	0.95
	最小值	0	0	0	0
所有牲畜	最大值	100	22	256	256
	均值	20.38	2.85	70.72	34.13
	最小值	0	0	0	0

数据来源：2017 年调研数据。

注：样本调查户里没有养骆驼和山羊的牧户。

4. 金融资本

金融资本指人们购买生活用品和生产劳动工具所需要的资金。主要包括 3 个方面：第一，现金收入。首先，经营性收入，即通过家畜出售、皮毛绒出售、奶制品出售、牧草出售等手段获得的现金收入。其次，工资性收入，即家庭某一个成员兼职或专职其他部门工作、打工获得的收入等。再次，财产性收入，即牧户出租部分或全部草场、出租牲畜、出租牧业生产设备而获得的现金收入。最后，转移支付收入，即政府补助、生态补贴金等。第二，从正式渠道或者非正式渠道获得的各种贷款。从国家法律允许的正式金融机构，如农业银行、信用社等机构获得的贷款属于从正式渠道获得的贷款。对于牧户来说，正式渠道贷款门槛较高，数量有限制。而非正式渠道获得的贷款一般指高利贷等非法律允许范围内的贷款。非正式渠道贷款利率高，虽然暂时解决了一些问题，但经常成为牧户生产生活的高负担。第三，亲戚朋友的无偿援助。具体包括子女升学礼金、红白喜事礼金、节日慰问金等。随着牧户生活条件的改善，一度流行以金钱数额来表达社会关系的亲密度，这种不良风气影响了牧户生产生活的正常运行。

本研究把牧户家庭自身现金收入、获得信贷的机会（包括正式渠道和非正式渠道）及无偿现金援助作为衡量金融资本的 3 个指标（见表 4-13、表 4-14、表 4-15）。调研数据显示，样本牧户的金融资本的来源有 3 个渠道：家庭收入，从各种渠道获得的贷款，亲戚朋友的子女升学礼金、红白喜事礼金及节日慰问金等无偿援助。

表 4-13 样本牧区家庭人均自身现金收入基本情况 （单位：元）

	新左旗	鄂温克旗	苏右旗	总样本
最大值	48239	28205.67	8868.83	48239
均值	12590.15	10732.07	7347.42	11316.34
最小值	2450	837.5	5826	837.5

数据来源：2017 年调研数据。

表 4-14 样本牧区家庭信贷获取基本情况

类别	新左旗（户）	鄂温克旗（户）	苏右旗（户）	总样本（户）	占样本总户数的比例（%）
有	6	6	27	39	46.43
无	20	20	5	45	53.57

数据来源：2017 年调研数据整理。

表 4-15 样本牧区家庭无偿现金援助获取基本情况

类别	新左旗（户）	鄂温克旗（户）	苏右旗（户）	总样本（户）	占样本总户数的比例（%）
有	19	7	19	45	53.57
无	7	19	13	39	46.43

数据来源：2017 年调研数据整理。

5. 社会资本

社会资本指人们参与的社会网络和协会。简单地讲就是社会上的人际关系，决定了个体决定生计策略时受社会资本的影响程度。不同的社会资本可以帮助人们实现不同的生计结果。某一个个体能否与其他个体或其他社会组织进行合作，并实现其生计可持续的最佳目标，成为牧户社会资本的关键。在牧户生计可持续的背景下，他们可以利用的社会资源有：首先，社会关系网和社会组织。例如，合作社等社会团体、亲朋好友和家族等身边较为接近的社会群体，对个体的决策行为有较大的影响。其次，与上级或者领导的关系。实际上，基层牧区领导的工作是总结群众意见，向上一级反映并实施政策。人们在体制内准确反映问题，并且认真理解政策、执行政策的过程就是正确利用这一社会资源的过程。最后，与具有共同利益的人的社会关系，又称为横向关系，表示生计过程中牧户能不能得到同行们的帮助和支持。因此，社会资本的功能是增强人们之间相互信任与相互合作的能力，最终改善和增加可持续生计能力，并使决策机构对他们的需求给予更及时的反应和解决。

本研究中，社会资本主要用牧户是否参加社区组织活动和农村牧区居民是否为最低生活保障户两个指标来衡量（见表 4-16、表 4-17）。牧户加入组织数量的多少直接影响其得到组织支持的多少，或者还可以理解为牧户社会网络的疏密影响其获得支持的强弱。因为，可持续生计的主要内容中除选择最佳生计、改善生计状况以外，还有应对脆弱性风险。尤其是在牧区经济中，经济脆弱性和生态脆弱性并存，同时影响可持续生计发展。脆弱性导致牧户经济本身不稳定，对市场变动、生态变化的反应迟钝，或者无法适应外界环境的变化，其结果是牧户贫困与返贫持续不断。在各种风险面前，牧户总是受害者，这不符合全面发展的方针和规律，但分散性牧户也无法应对价格波动等市场风险和极端天气频繁等生态风险，所以牧户经营必须有效利用社会资源。对于贫困人口来讲，参与各种社会组织获得各种帮助是改善生活条件的有效途径之一；而对于精准扶贫对象，即最难以脱贫的人群来讲，获取最低生活保障等社会帮助也是解决眼前困难、获得可持续生计能力的物质基础。因为根据马斯洛的需求层次理论，人们只有解决温饱问题后才能考虑更高一层的需求，如安全、社交、尊重、自我实现等。

表 4-16　样本牧区家庭参加社区组织基本情况

类别	新左旗（户）	鄂温克旗（户）	苏右旗（户）	总样本（户）	占样本总户数的比例（%）
有	17	20	13	50	59.52
无	9	6	19	34	40.48

数据来源：2017 年调研数据整理。

表 4-17　样本牧区家庭参加低保基本情况

类别	新左旗（户）	鄂温克旗（户）	苏右旗（户）	总样本（户）	占样本总户数的比例（%）
有	10	11	19	40	47.62
无	16	15	13	44	52.38

数据来源：2017 年调研数据整理。

二、贫困牧户生计资本指标体系及其量化

本研究在对调研地区的建档立卡贫困牧户的生计状况进行问卷调查与访谈的基础上，参考了苏芳（2015）、蒙吉军等（2013）对生计资本的量化设定，对牧户的 5 种生计资本进行了测量分析，制定了指标体系并赋值（见表 4-18）。

表 4-18　生计资本评估指标体系及量化

资本类型	指标体系	符号	赋值
人力资本	劳动能力	H1	H1=H10×0+H11×0.3+H12×0.6+H13×1+H14×0.5+H15×0+H16×0
	成年劳动力的受教育程度	H2	H2=H20×0+H21×0.25+H22×0.5+H23×0.75+H24×1
	是否有成年男性劳动力	H3	有，赋值 1；无，赋值 0
自然资本	家庭草场面积	N1	N1=实际的草场面积÷样本户最大草场面积
	草场质量	N2	N2=N20×0+N21×0.25+N22×0.5+N23×0.75+N24×1
物质资本	住房面积	P1	P1=P10×0+P11×0.25+P12×0.5+P13×0.75+P14×1
	牲畜数量	P2	P2=山羊+绵羊+5×牛+6×马

续表

资本类型	指标体系	符号	赋值
金融资本	自身现金收入	F1	F1 = 家庭年总收入÷样本户最大家庭年收入
	信贷获取情况	F2	有，赋值 1；无，赋值 0
	无偿现金援助获取情况	F3	有，赋值 1；无，赋值 0
社会资本	是否参加社区组织	S1	是，赋值 1；否，赋值 0
	是否为低保户	S2	是，赋值 1；否，赋值 0

在人力资本的衡量指标方面，选择了贫困牧户家庭整体劳动能力、牧户家庭成年劳动力的受教育程度以及贫困牧户家庭中是否有成年男性劳动力三项。其中，贫困牧户家庭整体劳动能力情况具体分为 7 种类型。第一种类型是上小学及小学以下的孩子（儿童）（H10），相应的赋值为 0 劳动力单位；第二种类型是会做一些简单的家务活的孩子（工作的儿童）（H11），如能打扫房间、看管弟妹、简单地放养牲畜的儿童、初中生，相应的赋值为 0.3 劳动力单位；第三种类型是成人的助手（H12），如能完成割草等工作的孩子，即上初中及初中以上的孩子，相应的赋值是 0.6 劳动力单位；第四种类型是成年人（H13），即能够从事全部的成人劳动、没有疾病的正常的成年劳动者，相应的赋值为 1.0 劳动力单位；第五种类型是老年人（H14），即能够从事部分成人劳动的老年人，相应的赋值为 0.5 劳动力单位；第六种类型是残疾人（H15），不能劳动，即各年龄段的有疾病不能工作的人，相应的赋值为 0 劳动力单位；第七种类型是长期患病者（H16），即各年龄段的患有长期疾病在半年及以上的时间里不能工作的人，相应的赋值为 0 劳动力单位（见表 4-19a）。在贫困户成年劳动力的受教育程度方面设置了 5 种类型。第一种类型是文盲或学前年龄（H20），对应的赋值为 0；第二种类型是小学学历（H21），对应的赋值为 0.25；第三种类型是初中学历（H22），对应的赋值为 0.5；第四种类型是高中或中专学历（H23），对应的赋值为 0.75；第五种类型是大学及以上学历（H24），对应的赋值为 1（见表 4-19b）。该指标只对成年劳动力的受教育程度进行测算。成年劳动力一般是指 18~60 岁的健康劳动人口。第三个指标是贫困牧户家庭是否有成年男性劳动力。本指标设立二分

变量，“有”即赋值1，“无”则赋值0。

表4-19 部分人力资本的衡量指标与赋值

(a)

类别	符号	赋值
儿童	H10	0
工作的儿童	H11	0.3
成人的助手	H12	0.6
成年人	H13	1
老年人	H14	0.5
残疾人	H15	0
长期患病者	H16	0

(b)

类别	符号	赋值
文盲或学前年龄	H20	0
小学学历	H21	0.25
初中学历	H22	0.5
高中或中专学历	H23	0.75
大学及以上学历	H24	1

注：文盲包括未入学的小孩。

在自然资本的衡量指标方面，选择了贫困户家庭草场面积和草场质量两项。家庭草场面积指标在贫困牧户家庭实际所拥有面积的基础上以样本户最大的草场面积为标准进行标准化。草场质量指标具体分为特别差或无草场（N20）、较差（N21）、中等（N22）、较好（N23）、非常好（N24）5种类型；相应的赋值分别为0、0.25、0.5、0.75、1（见表4-20）。

表4-20 部分自然资本的衡量指标与赋值

类别	符号	赋值
特别差或无草场	N20	0
较差	N21	0.25

续表

类别	符号	赋值
中等	N22	0.5
较好	N23	0.75
非常好	N24	1

注：草场质量类别根据问卷调查数据整理。

在物质资本的衡量指标方面，选择了贫困牧户家庭住房面积与贫困牧户家庭拥有的牲畜数量两项。其中住房面积分为无房（P10）、50平方米以下（P11）、50~100平方米（P12）、100~150平方米（P13）、150平方米以上（P14）5种类型；相应的赋值为150平方米以上为1、100~150平方米为0.75、50~100平方米为0.5、50平方米以下为0.25、无房为0（见表4-21）。

表4-21　部分物质资本的衡量指标与赋值

类别	符号	赋值
无房	P10	0
50平方米以下	P11	0.25
50~100平方米	P12	0.5
100~150平方米	P13	0.75
150平方米以上	P14	1

在金融资本的衡量指标方面，选择了自身现金收入、信贷获取情况、无偿现金援助获取情况3项。对牧户自身现金收入指标的测量方法是首先算出牧户家庭的现金收入，然后以样本户中最大家庭的年收入为标准进行标准化。例如，调研的样本牧户中最高的家庭现金收入水平是18000元，若某牧户家庭现金收入为10000元，则该牧户家庭自身现金收入指标的度量值就是0.56（即10000÷18000）。信贷获取情况是用从银行或者信用社贷款、借高利贷、从亲戚朋友处借钱3个方面的内容来衡量。这3个方面均被设定为二分变量，也就是说，如果能够获得某一方面的贷款帮助的话赋值为1，否则赋值为0。同样，无偿现金援助获取情况被设为二分变量，“有”赋值为1，“无”赋值

为 0。最后从 3 个方面进行权衡，计算出牧户金融资本的指标数值。

在社会资本的衡量指标方面，选择了是否参加社区组织、是否为低保户两项。第一个指标把牧户参加社区组织情况设立二分变量，如果牧户有参加社区组织，赋值就是 1，否则赋值为 0。第二个指标是牧户是否为最低生活保障户，同样设立二分变量，“是”赋值为 1，“否”赋值为 0。

三、贫困牧户可持续生计资本评估结果

本研究首先计算出 5 种生计资本中的 12 个指标的权重，之后计算家庭各种类生计资本的数值，最后总结和比较 5 种生计资本。在方法上，设样本共有 n 个牧户、m 个指标，参考相关研究，运用熵值法对指标计算权重。

熵值法计算步骤如下：

①对原始的数据进行标准化处理：

$$X'_{ij} = \frac{X_{ij} - \overline{X}_j}{S_j}$$

其中，$\overline{X}_j = \sum_{i=1}^{n} X_{ij}/n$ ，$S_{ij}^2 = \sum_{i=1}^{n} (X_{ij} - \overline{X}_j)^2$。

在正常的情况下，如果 X'_{ij} 的范围在 $-5 \sim 5$，为消除零值或者负值对后面取对数的影响，对此进行平移，令 $Z_{ij} = X'_{ij} + 5$。

②将标准化的数据同度量化，计算 j 项指标下第 i 个牧户的指标值的比重：

$$P_{ij} = X'_{ij} / \sum_{i=1}^{n} X_{ij}$$

③计算第 j 项指标的熵值：

$$e_j = -k \sum_{i=1}^{n} P_{ij} \ln P_{ij}$$

其中，$k = 1/\ln n$ 。

④计算第 j 项指标的权重：

$$W_j = (1 - e_j) / \sum_{i=1}^{n} (1 - e_j)$$

⑤将标准化处理的数据和各种指标的权重进行加权平均，然后计算每一个牧户的每一种生计资本以及总生计资本：

$$LC = \sum_{i=1}^{n} W_j Z_{ij}$$

通过熵值法计算出本次调研的数据，并分析研究区域牧户生计资本，结果如表 4-22 所示。

表 4-22　牧区贫困人口可持续生计资本评估结果

资本类型	指标体系	符号	权重	生计资本均值
人力资本	劳动能力	H1	0.0452	0.2638
	成年劳动力受教育程度	H2	0.0311	
	是否有成年男性劳动力	H3	0.0820	
自然资本	家庭草场面积	N1	0.0615	0.2678
	草场质量	N2	0.0456	
物质资本	住房面积	P1	0.0428	0.4992
	牲畜数量	P2	0.1565	
金融资本	自身现金收入	F1	0.0433	0.5023
	信贷获取情况	F2	0.1423	
	无偿现金援助获取情况	F3	0.1158	
社会资本	是否参加社区组织	S1	0.0962	0.5845
	是否为低保户	S2	0.1376	

注：根据实地调研数据计算得出。

从生计资产评估结果来看，牲畜数量、信贷获取情况、是否为低保户和无偿现金援助获取情况是最为重要的指标。其次依次为是否参加社区组织、是否有成年男性劳动力、家庭草场面积、草场质量、劳动能力、自身现金收入、住房面积和成年劳动力受教育程度。

从调查贫困牧户生计资产现状值（见图 4-2）可以看出，调查牧户的社会资本存量最高（0.5845），表明牧民参加社区活动和参与低保的情况较多；其次为金融资本存量（0.5023），表明调查牧户有较高的现金收入、较强的信贷市场和获取无偿现金援助的机会；再次为物质资本存量（0.4992），表明调查牧户有比较好的住房和比较多的牲畜；最后，自然资本存量（0.2678）和人力资本存量（0.2638）相对较低，说明贫困牧户家庭草场面积较少、草场质量较差，并且家庭劳动能力较差，劳动力受教育程度比较低，家庭成年男性劳动力数量也较少。

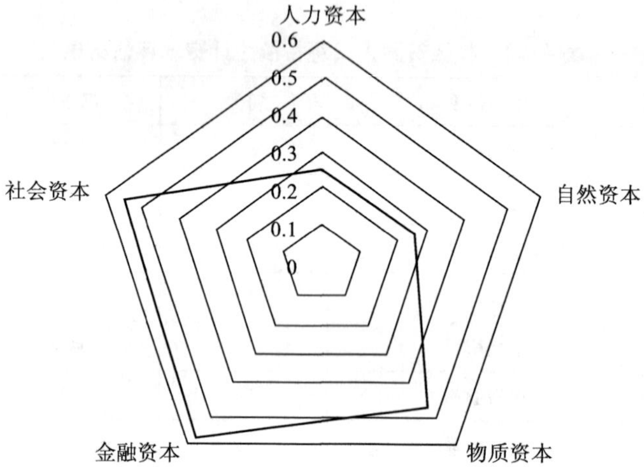

图 4-2　调查贫困牧户生计资产现状值

第五章　贫困牧户可持续生计策略分析

第一节　生计策略视角下的牧户行为

生计策略，一般指某个人或者某个家庭的主观行为，是人们为了达到某种生计目标而选择某种资源或者配置和利用各种资源，与各种经济行为的组合。对于牧户来讲，其所选择的生计策略最终影响生产行为和消费行为，从而决定了其收入来源和消费情况。

一、生计策略类型分析

有关生计策略，Scoones（1998）的观点较为独特。他认为，能够选择何种生计策略取决于个人能力，即拥有的生计资本。穷人的生计多样化是为了应对各种风险，而富人的生计多样化是为了实现更多财富的积累。① 可以将他的观点进行拓展：生计多样化的方式改变了生计多样化内容，即越贫穷的人，生计策略就越单一。最穷的人优先考虑每天的吃住问题。随着生活状况的不断改善，他们才选择教育、社会服务、健康等生计策略。其次，如果贫困人群不选择或者不能选择生计多样化，就无法避免生计危机风险和脆弱性冲击。基于这一观点，结合实际，可以获取另一种精准扶贫思维方法。即在帮扶方式多样化的基础上，必须实现贫困人口生计策略的多样化。而埃里斯（1999）的观点更为直接，他认为解决生计脆弱性、实现贫困人口生计可持续的最好方法是人口迁移。这一观点从纯经济学或生态学的角度看具有一定的合理性，

---

① Scoones L. Sustainable Rural Livelihoods：A Framework for Analysis［Z］. IDS Working Paper，1998：72.

但没有考虑社会资本的获得和利用问题，生态移民进城后变成贫困户就是实际案例之一。在新的环境里，他们的生计策略变得更单一，无法自主脱贫。本研究在参考已有研究的基础上，结合实地调研地区的具体情况，根据牧户收入的来源和家庭现有的谋生活动来划分牧民的生计策略。

（一）牧户生计策略的影响因素

在内蒙古牧区，牧民生计策略选择的主要影响因素有以下 4 个方面。

第一，生计资本的构成。按牧民所拥有的生计资本状况可以分为纯牧业型和多样型。多样型是指经营行为的多种类型和收入来源的多样性，即主业为畜牧业经营，还有兼职工作。例如，务工家庭成员从事国家行政工作、经营旅游点、开创传统工艺店铺等，从兼职工作中获得的收入可以补充牧业收入，从而一定程度上降低了市场价格波动的风险。这些行为都成为牧民的生计策略。牧区经济离不开草地资源，因而，牧区生产活动也必须在保护生态环境的前提下进行。因此，牧民生计资本的构成中自然资本非常重要。除此之外，牧户拥有的生计资本，即现金储蓄等金融资本水平的高低、草场面积等自然资本的大小、牲畜数量等物质资本的多少、劳动能力等人力资本的强弱以及社会资本如邻里社会关系的好坏等都会影响牧民生计策略。

第二，脆弱性。经济学中讲的脆弱性是指资本或资本组中存在可能被威胁利用造成损害的薄弱环节。而生态学中的脆弱性是指植物植被的沙化退化，人们生存环境无法应对和适应生态环境变化的状态。牧区经济的最大特点是经济脆弱性和生态脆弱性同时存在，二者相互影响，单纯强调某一种脆弱性都不符合区域全面发展需要，甚至出现“先破坏后治理”的现象。脆弱性始终会影响牧户的生计策略。本研究利用英国国际发展部（DFID）提出的可持续生计方法（SLA），其中就有脆弱性环境、结构与过程等详细分类和分析。关于生态脆弱性，牧区近 10 年频繁出现的旱灾，极端寒冷天气和雪灾、沙尘暴等自然灾害都暴露出牧区经济的生态脆弱性处境。对于大面积普遍性自然灾害，牧户个体的应对措施只不过是棚圈建设、饲草料购买等基本措施，无法从根本上改变脆弱性。而禁牧政策、生态移民政策等国家层面的战略和政策对整体草场生态环境的保护更有利于应对生态脆弱性。因此，牧户的生态脆弱性应对生计策略应围绕生态保护政策，通过牧民个体或家庭生计行为来完成。关于经济脆弱性，近年来市场羊肉价格的不稳定直接影响牧民的经济收入，从而使牧民生计策略受影响。例如，从 2014 年开始的连续 3 年羊肉价格的持续下降，将内蒙古牧区经济脆弱性完全暴露在市场博弈游戏规则面前。大量牲畜无法出售，滞留在草原上增加草场压力，购买饲草料成本上升；或者，部分牲畜以低于养殖成本的价格进入市场，牧民收入大幅减少。因此，牧户生计策略的目标就是增加自然灾害应对能力与市场风险应对能力，包括自身综合能力的提高和外界各种资源的有效合理利用，从而尽可能使畜牧业经营正常，收入来源稳定。因为脆弱性绝对影响牧户生计和发展，所有的牧户也不会都选择易地移民决策，更多的牧民是在原有草场上通过生计策略的多种变化来应对各种风险。同样，经济和生态的脆弱性也可能随时影响他们的生计策略，严重的时候会出现温饱都难以保障的现象，直至贫困化。

第三，地域性。内蒙古牧区是蒙古族、鄂温克族等少数民族聚居区，区域性民族特点导致牧户生计策略总是集中在民族特色领域里，如传统草地畜牧业经营、牧家乐旅游点开发等。另外，相对地广人少、分散居住、交通网络不发达等都成为牧区的地域性特征，影响牧户生计策略中获取市场信息程度、运输成本、畜产品出售便利程度等。

第四，传统的民族习俗与宗教文化。这与经济状况关系不大，但是会影响到牧民的精神世界和获取社会尊严的程度。最终，所有生计策略的结果都有可能服务于民族习俗与文化，因而，研究牧区经济时要考虑民族习俗与宗教文化等不可忽视的因素。例如，我国北方民族地区历来就是蒙古族等传统游牧民族的摇篮，少数民族的传统思维与习俗会直接影响他们有效的生计策略。尤其是在社会资本的获取与利用时，必须首先要处理好民族习俗与宗教文化的关系，否则会影响人与人之间的关系、人与社会组织之间的关系，容易引起社会矛盾，影响政策的有效执行。

（二）牧户的生计类型分析

在现有的对生计策略类型的研究中，以农牧户生产要素的分配和收入来源划分的较为普遍，也有些文献利用两步聚类法进行实证分析。本书考虑到牧区数据获得的难度和不完整性，用牧民收入来源和家庭现有的生计活动来划分牧户生计类型。

牧民收入大致可分为工资性收入、生产经营性收入、财产性收入和转移性收入4个部分。根据实地调研主要研究区域的建档立卡贫困户情况，大部分牧户都享受国家牧区生活最低保障金。在总共调研的84户中，低保户有40户，占总数的47.62%。畜牧业经营收入是每个样本牧户的基本收入。

表5-1　牧户收入分类与特点

收入类型	内容	特点
工资性收入	家庭成员有比较稳定的收入，维系时间长，有确切的职位和身份等，主要包括苏木、嘎查干部和行政单位工作人员的收入以及在国私企业中工作而得到的收入等	较稳定，但不多
生产经营性收入	包括卖出牲畜的收入以及出售皮、毛、绒的收入；开设旅游点、经营性的民族餐厅等以及从事其他民族服装店、奶食品店、民族工艺店等副业所得到的收入；物运、客运等个体运输；务工等收入	主要收入来源
财产性收入	出售和出租财产所获得的收入。有的文献将经营性收入也归类为财产性收入	较少
转移性收入	社会救济收入	较多

将牧户的生计类型划分为纯牧业型和多样型两种。纯牧业型生计是指牧民收入来源是纯畜牧业收入，无其他附加收入或者其他收入的比重微不足道。因而，牧户的物质资本，即牲畜数量决定牧民收入水平。根据调研数据，在本研究对象中，纯牧业型牧户有36户，共90人。纯牧业型牧户的家庭生计主要依赖于自家牲畜和草场，畜牧产品除满足自身日常的消费外，也出售一部分充当收入，主要收入来源是活牲畜出售收入，其他肉类、皮、毛、绒、家庭自制奶制品、马奶等畜产品出售收入也一定程度上缓解了单一活牲畜出售收入的市场风险。所有收入的积累成为牧户生计策略的结果，以现金形式存入银行等金融机构。现金存入银行可以获取利息，或随时提取现金直接消费来满足所有家庭成员的需求。多样型生计是指家庭收入构成中除了畜牧业财产性收入，还有其他附加收入，如务工收入、商业经营性收入。因为牧户

其他收入的统计数据中不确定因素较多，本书分析过程中没有细分附加收入，也没有依此再细分生计策略。牧户家庭收入结构中只要有工资性收入或经营性收入中的一项，本书就将其归为多样型生计。在实地调研中，多样型牧户有 48 户，共 139 人。对于牧区牧户来讲，无论是纯牧业型牧户还是多样型牧户，其共同特点是两者都离不开畜牧业财产性收入，畜牧业收入与经营畜牧业生产的生计活动对牧民的生计结果都有明显的影响。

二、不同生计策略的对比

本研究调研地区为内蒙古自治区呼伦贝尔市自治区级贫困牧业旗县新巴尔虎左旗和鄂温克族自治旗，锡林郭勒盟国家级贫困牧业旗县苏尼特右旗。根据 3 个旗县总共 84 户建档立卡贫困户的调研数据，对他们的生计资本构建指标体系和量化。根据牧户生计类型区分，纯牧业型牧户有 36 户、90 人；多样型牧户有 48 户、139 人。其中，新左旗的样本数量为 26 户、76 人，包括 9 户纯牧业型生计牧户和 17 户多样型生计牧户；鄂温克旗样本总数为 26 户、72 人，包括 4 户纯牧业型生计牧户和 22 户多样型生计牧户；苏右旗样本总数为 32 户、81 人，包括 23 户纯牧业型生计牧户和 9 户多样型生计牧户。

由表 5-2 可以看出，选择纯牧业型生计策略的牧户与多样型生计策略的牧户在人力资本劳动能力方面，儿童、工作的儿童、成人的助手、老年人、残疾人的比重差异不大，差异程度在 3 个百分点左右。成年人和长期患病者的比重差异明显。纯牧业型生计牧户的成年人有 54 人，占总人口的 60.00%，多样型生计牧户的成年人有 71 人，占总人口的 51.08%；长期患病者人口在纯牧业型生计牧户中有 5 人，占总数的 5.56%，在多样型生计牧户中有 19 人，占总数的 13.67%。通过以上分析可以得知，纯牧业型生计策略更依赖健康的成年劳动力，长期患病者更不适合纯牧业型生计策略。

而在成年劳动力受教育程度方面，将纯牧业型生计牧户和多样型生计牧户进行对比，发现两者的家庭成年劳动力受教育程度集中在小学和初中学历。纯牧业型生计牧户中成年劳动力为小学学历的有 46 人，占总数的 51.11%，多样型生计牧户中成年劳动力为小学学历的有 52 人，占总数的 37.41%；纯牧业型生计牧户中成年劳动力为初中学历的有 27 人，占总数的 30.00%，多样型生计策略牧户中成年劳动力为初中学历的有 56 人，占总数的 40.29%。但多样型生计牧户的家庭成年劳动力受教育程度在高中及以上的多于纯牧业型生计牧户，多样型生计牧户受高等教育的比重高于纯牧业型生计牧户。可以这样理解，成年劳动力受教育程度越高，越偏向选择多样型生计策略。

表 5-2　纯牧业型和多样型生计牧户人力资本对比

指标体系		纯牧业型		多样型	
		数量（人）	比重（%）	数量（人）	比重（%）
劳动能力	儿童	11	12.22	19	13.67
	工作的儿童	0	0.00	5	3.60
	成人的助手	5	5.56	9	6.47
	成年人	54	60.00	71	51.08
	老年人	3	3.33	4	2.88
	残疾人	12	13.33	12	8.63
	长期患病者	5	5.56	19	13.67
成年劳动力的受教育程度	文盲或学前年龄	6	6.67	7	5.04
	小学学历	46	51.11	52	37.41
	初中学历	27	30.00	56	40.29
	高中或中专学历	4	4.44	10	7.19
	大学及以上学历	7	7.78	14	10.07
是否有成年男性劳动力	有	25	69.44	29	60.42
	无	11	30.56	19	39.58

数据来源：2017 年实地调研数据。

表 5-3 显示，纯牧业型生计牧户草场面积相对较大，均值为 3346.96 亩，而多样型生计牧户均值为 2218.69 亩。虽然均值包含少数草场面积过大的极值，但现实证明这一因素的影响不大，尤其是对贫困家庭来讲，如果有较大的草场，他们会想方设法通过草场获取更多的收入，从而不会陷入贫困陷阱。因此，贫困牧户的草场面积分布比较均匀，现实也是如此。也就是说，均值

的表达方法不会影响研究结果。另外，纯牧业型牧户的草场质量也更好。拥有中等质量草场的纯牧业型生计牧户有 25 户，占总数的 69.44%。而相同的指标在多样型生计牧户中只有 17 户，占总数的 35.42%。这一结果非常符合牧区现状。容易获取自然资源的区域，即草场条件较好或者草场面积较大的牧区，畜牧业经营偏向于单一化经营，承受的生态风险、经济风险较大，脆弱性较明显。例如，呼伦贝尔市新巴尔虎左旗和锡林郭勒盟苏尼特右旗，草场面积相对较大的牧户趋向纯牧业型生产经营，而草场面积较小的鄂温克旗牧户趋向多样化经营。

表 5-3 纯牧业型和多样型生计牧户自然资本对比

(a)

指标体系		纯牧业型	多样型
家庭草场面积（亩）	最大值	8272	7060
	均值	3346.96	2218.69
	最小值	0	0

(b)

指标体系		纯牧业型		多样型	
		数量（户）	比重（%）	数量（户）	比重（%）
草场质量	特别差或无草场	4	11.11	11	22.91
	较差	7	19.44	20	41.67
	中等	25	69.44	17	35.42
	较好	0	0	0	0
	非常好	0	0	0	0

数据来源：2017 年实地调研数据。

表 5-4 显示，在住房面积方面，纯牧业型生计牧户最大值为 90 平方米，但是均值只有 39.92 平方米，相对而言，多样型生计牧户最大值为 76 平方米，但平均值达到 43.54 平方米。说明多样型生计牧户住宅面积分布较均匀，相对来讲每户住宅面积平均大一些。而在牲畜数量的指标上，纯牧业型生计牧户的各项指标都超过多样型生计牧户，说明牲畜资源对生计策略的影响更

大。因为纯牧业型生计牧户几乎没有副业收入来源，完全依靠畜牧业经营性收入，因而牲畜资源成为生计策略的决定性因素。相对来讲，多样型生计牧户能获取收入的选择更多，但劳动力分配、劳动素质、沟通能力等各方面因素也制约着收入的增加。

表 5-4 纯牧业型和多样型生计牧户物质资本对比

<table>
<tr><th colspan="3">指标体系</th><th>纯牧业型</th><th>多样型</th></tr>
<tr><td rowspan="9" colspan="2">住房面积</td><td>无房（户）</td><td>4</td><td>6</td></tr>
<tr><td>50 平方米以下（户）</td><td>17</td><td>35</td></tr>
<tr><td>50~100 平方米（户）</td><td>15</td><td>7</td></tr>
<tr><td>100~150 平方米（户）</td><td>0</td><td>0</td></tr>
<tr><td>150 平方米以上（户）</td><td>0</td><td>0</td></tr>
<tr><td>最大值（平方米）</td><td>90</td><td>76</td></tr>
<tr><td>均值（平方米）</td><td>39.92</td><td>43.54</td></tr>
<tr><td>最小值（平方米）</td><td>0</td><td>0</td></tr>
<tr><td rowspan="12">牲畜数量（头、只、匹）</td><td rowspan="3">牛</td><td>最大值</td><td>10</td><td>19</td></tr>
<tr><td>均值</td><td>1.19</td><td>1.31</td></tr>
<tr><td>最小值</td><td>0</td><td>0</td></tr>
<tr><td rowspan="3">羊</td><td>最大值</td><td>253</td><td>130</td></tr>
<tr><td>均值</td><td>57.42</td><td>12.79</td></tr>
<tr><td>最小值</td><td>0</td><td>0</td></tr>
<tr><td rowspan="3">马</td><td>最大值</td><td>11</td><td>15</td></tr>
<tr><td>均值</td><td>1.22</td><td>0.75</td></tr>
<tr><td>最小值</td><td>0</td><td>0</td></tr>
<tr><td rowspan="3">总值</td><td>最大值</td><td>256</td><td>130</td></tr>
<tr><td>均值</td><td>59.83</td><td>14.85</td></tr>
<tr><td>最小值</td><td>0</td><td>0</td></tr>
</table>

数据来源：2017 年实地调研数据。

表 5-5 显示，在自身现金收入方面，多样型生计牧户均值为 11518.30

元，比纯牧业型生计牧户的10739.31元略高一些，说明多样型生计牧户相对容易获取现金收入。但是，在信贷获取方面，纯牧业型生计牧户获取信贷的比例为63.89%，多样型生计牧户只有33.33%，说明纯牧业型生计牧户获取贷款更容易些。而在无偿现金援助获取方面，多样型生计牧户更容易一些。总之，从现金收入、贷款、无偿现金援助的总额来看，纯牧业型生计牧户与多样型生计牧户之间没有明显的差距。

表5-5　纯牧业型和多样型生计牧户金融资本对比

(a)

指标体系		纯牧业型	多样型
自身现金收入（元）	最大值	20333	48239
	均值	10739.31	11518.30
	最小值	4500	837.5

(b)

指标体系		纯牧业型		多样型	
		数量（户）	比重（%）	数量（户）	比重（%）
信贷获取情况	有	23	63.89	16	33.33
	无	13	36.11	32	66.67
无偿现金援助获取情况	有	18	50.00	27	56.25
	无	18	50.00	21	43.75

数据来源：2017年实地调研数据。

表5-6显示，参加社区组织的多样型生计牧户的比重为66.67%，而纯牧业型牧户只有50.00%，说明多样型生计牧户更愿意积极参加各种社区组织。在是否为低保户方面，两种类型的牧户几乎没有差别，两者都是“否”的比重大一些，纯牧业型生计牧户中不是低保户的占52.78%，多样型生计牧户中为52.08%。

表 5-6 纯牧业型和多样型生计牧户社会资本对比

指标体系		纯牧业型		多样型	
		数量（户）	比重（%）	数量（户）	比重（%）
是否参加社区组织	是	18	50.00	32	66.67
	否	18	50.00	16	33.33
是否为低保户	是	17	47.22	23	47.92
	否	19	52.78	25	52.08

数据来源：2017 年实地调研数据。

总之，从以上描述性分析的结果可知，在人力资本中劳动能力方面，有成年劳动力的牧户更愿意选择纯牧业型生计策略；残疾人需要单一的经营方式，不适合多样型经营；而长期患病者由于医疗条件等制约，在牧区经营畜牧业较困难，以租赁转移等方式把牲畜或者草场转包给他人，自己进城镇入住的较为普遍。在成年劳动力受教育程度方面，小学及以下学历的牧户多选择纯牧业型生计策略，学历越高越愿意选择多样型生计策略。因为劳动者的文化素质越高，越愿意放弃简单的畜牧业经营，探索更多的经营方式以提高收入或降低风险，贫困家庭也不例外。草场面积越大、牲畜数量越多，牧户越愿意选择纯牧业型生计策略发挥资源优势。而在住宅面积方面，选择多样型生计策略的牧户略大一点，自身现金收入也较多。

表 5-7 纯牧业型和多样型生计牧户个别生计资本均值对比

资本类型	指标体系		单位	纯牧业型	多样型
人力资本	劳动能力	儿童	人	0.31	0.40
		工作的儿童	人	0	0.11
		成人的助手	人	0.14	0.19
		成年人	人	1.5	1.48
		老年人	人	0.08	0.08
		残疾人	人	0.33	0.25
		长期患病者	人	0.14	0.40

续表

资本类型	指标体系		单位	纯牧业型	多样型
人力资本	成年劳动力的受教育程度	文盲或学前年龄	人	0.17	0.15
		小学学历	人	1.28	1.08
		初中学历	人	0.75	1.17
		高中或中专学历	人	0.11	0.21
		大学及以上学历	人	0.19	0.29
自然资本	家庭草场面积		亩	3346.96	2218.69
物质资本	住房面积		平方米	39.92	43.54
	牲畜数量		只	59.83	14.85
金融资本	自身现金收入		元	10739.31	11518.30

数据来源：2017 年实地调研数据。

第二节　贫困牧户生计资本与生计策略的关系

一、牧户生计资本与生计策略的关系

英国国际发展部（DFID）推出的可持续生计理论认为，生计资本决定生计策略，即条件影响行为，尤其是文化素质较低的牧户似乎无法超越条件的约束，更少以某种创新的方法来改变他们生存的条件。因此，牧户或贫困牧民现有的生计资本——人力资本、自然资本、物质资本、金融资本、社会资本的获取程度与均衡利用成为关键。

牧区的人力资本主要包括两个方面，一是家庭人口劳动能力，二是家庭劳动力受教育程度。① 劳动能力包括劳动者的健康状况和成年劳动力数量等。健康状况是劳动力充分发挥自身能力的前提，直接影响劳动效率。而劳动数量是众多健康劳动者的劳动力集合，影响劳动成果总量。如果说劳动能力是一种量的概念，那么家庭劳动力受教育程度就属于质的范畴。通过教育，牧

① 苏芳．可持续生计：理论、方法与应用［M］．北京：中国社会科学出版社，2015.

民可以获得对新观念、新想法、新事物的正确理解能力，并可以培养对生计方式的变通能力，从而可以选择更多样、灵活的生计策略。根据以上分析可知，牧户受教育程度越高，越容易选择多样型生计策略。

在牧区，草场面积、草场质量等自然资本和气候状况是制约畜牧业生产发展的主要条件。其中，几乎不可能从整体上控制气候条件。虽然用火箭增减雨等技术手段可以局部改变气象影响，但牧户本身不能使用这一技术，法律上也不允许。草场在两次实施承包（1986 年、1996 年）和承包确权（2017 年）以后，牧户所承包的面积基本固定，某一牧户个体草场面积的增加意味着另一牧户拥有的草场面积的减少，或集体草场面积的减少。其间接的意义是纯牧业型生计策略中，部分牧户的致富必然使另一部分牧户退出草场、选择多样型经营。草场质量取决于牧草高度、密度和营养成分。种草是改变牧草质量的最好方法，但是，迄今为止的种草实验证明，种草只对改变局部地区植被有效果，而草原整体植被无法得到全面改变。因此，作为最重要的自然资本，牧户草场受其面积、质量和气候条件的制约。尤其是在纯牧业型牧户生计策略中，大部分劳动力聚集在畜牧业生产经营中，从而草场面积与质量决定了生计策略的结果。按常理，草场质量越好、草场面积越大，牧户越愿意选择纯牧业型畜牧业经营，即畜牧业生产经营活动在牧户整个家庭生计活动中占的比重越大。

牲畜是牧户的主要物质资本。对于牧户来讲，牲畜是一种财产，数量越多越好。但是因为有生态条件的约束，如果牲畜数量过多会造成“过度放牧”现象，畜牧业生态脆弱性容易暴露，因而在有限的草场面积上，牲畜规模的适度化成为家庭生计活动中的主要内容，并且越接近或超过最佳放牧规模的牧户越有动力选择多样型生计策略。与牲畜一样，现有住房也是主要的物质资本。区别在于牲畜是主要收入来源，是畜牧业经营的基础，而住房面积、构成、舒适度等都是牧户可持续生计的前提。例如，在呼伦贝尔市新巴尔虎左旗调研时，在与牧户 A 的访谈中得知，他在冬季草场上有一栋房屋，冬季保暖等各方面条件比较好，但管理部门以影响草原景观为由将其拆除。而现住的蒙古包冬季保暖等方面较差，因而他不得不考虑将冬季草场出租，自己去夏季草场上的砖瓦房内过冬。这说明住房条件无形中影响了牧户的生计策略。在同一类型的案例中，锡林郭勒盟易地扶贫搬迁工程对建档立卡贫困户和需要同步搬迁的农牧户的安排则颇为得当，优先搬迁深山区、交通不便、生存环境恶劣、住房状况差的贫困户，通过改变住房条件为牧户选择多样型生计策略提供了机会。因为住房是每一个牧户投入较多资金才能获得的物质资本，所以为了畜牧业生产而建的房屋资本在家庭生计中的影响较大。政府援助等形式获得的物质（房屋）资本也有利于牧户选择多样型生计策略。

除此之外，生计生产工具和生活用品设施等也是牧区牧户的重要物质资本。生计生产工具主要指畜牧业生产过程中使用的机械化设备，如畜牧业生产用的四轮拖拉机、打草机、机井、汽车、摩托车等。这些设备都对畜牧业生产有促进作用，因而生产性工具的投资越大、投资金额占家庭总支出的比重越大，畜牧业生产经营生计活动在整个家庭生计活动中的比例也越大。例如，目前，摩托车是牧区较为普遍的牧户间用于日常交际、进城购置生活用品以及放牧赶羊等的交通工具，它既是一种生产工具，也是一种不可缺少的生活用品。

金融资本是所有生计策略结果的货币表现，形式上包括自身现金收入、借贷、无偿现金援助、政府补贴、农村牧区居民生活最低保障金等，但最终起决定性作用的资金来源是自身现金收入和贷款。其中，自身现金收入在生计资本中流动性最强，是随着市场价格波动起伏最大的生计资本。牧户年收入水平决定牧户的扩大再生产，甚至决定其他生计资本的范围与能力，从而影响牧户家庭生计资本的积累，进而影响牧户生计策略的选择。另一种起决定性作用的金融资本是贷款。在牧户偿还能力范围内的贷款是促进畜牧业经济发展的一种方式。在实地调研中也发现，近年来，在牧区精准扶贫、精准脱贫工作中，金融扶贫贷款作为主要的帮扶措施被广泛使用，很大程度上解决了牧户资金短缺难题，从而为进一步扩大生计资本、牧户选择多样型生计策略提供便利。

社会资本是社会关系或社会保障的具体表现。从贫困者本身考虑，社会关系就是贫困人员及时获得帮助和支援并解决困难的人际关系网。或者可以认为是牧户不公平的申诉可以直接影响决策者，从而获取更多帮助的能力。而社会保障是享受社会保障性措施的情况。例如，牧户是否参加各类型社区组织、合作社、基本医疗保险、最低生活保障等。一般情况下，牧户社交网络越广泛、社会交往的人员身份越复杂，获取的信息与情报就越多，越有助于牧户判断外界环境、把握实际情况，也就为牧户选择多样型生计策略提供了较大的可能性。

二、牧户生计资本与生计策略关系实证分析

上述分析从理论上阐述了牧户 5 种生计资本与生计策略的直接关系。但是，生计资本对生计策略到底有哪些影响或者有多大影响，需要进一步通过实证分析来证明。

（一）模型的设立

本研究根据苏芳（2015）、蒙吉军等（2013）的研究，运用二元 Logistic 回归模型。本模型能够确定解释变量 X_n 在预测的分类因变量 Y 发生概率的作用与强度。如果用 p_i 表示牧户采用多样型生计策略的概率，设定回归模型如下：

$$\ln \frac{p_i}{1-p_i} = \alpha + \sum_{k=1}^{k} \beta_k X_{ki}$$

本研究所采取的因变量 Y 为牧户生计策略。当牧户采用多样型生计策略时，$Y=1$；采用纯牧业型生计策略时，$Y=0$。其中，$P=\{Y=1|\cdots\}$ 是给定自变量值时牧户选择多样型生计策略的概率。而 $X_1 \sim X_{12}$ 为一系列变量，是由劳动能力、成年劳动力的受教育程度、是否有成年男性劳动力、家庭草场面积、草场质量、住房面积、牲畜数量、自身现金收入、获取信贷情况、获得无偿现金援助情况、是否参与社区组织、是否为低保户 12 个指标构成。

（二）模型结果分析

本研究运用 STATA 10.0，对上述二元 Logistic 回归模型进行回归，回归结果如表 5-8 所示：

表 5-8　模型回归结果

指标	变量	系数
劳动能力	X_1	-0. 6296 (-1. 25)
成年劳动力的受教育程度	X_2	2. 7370*** (3. 58)
是否有成年男性劳动力	X_3	-0. 1711 (-0. 17)
家庭草场面积	X_4	-3. 6714** (-2. 53)
草场质量	X_5	-2. 5718 (-1. 24)
住房面积	X_6	0. 0390 (1. 27)
牲畜数量	X_7	-0. 0230** (-2. 43)
自身现金收入	X_8	2. 3815 (1. 62)
获取信贷情况	X_9	-0. 7949 (-1. 20)
获得无偿现金援助情况	X_{10}	2. 0519** (2. 14)
是否参加社区组织	X_{11}	0. 4698 (0. 66)
是否为低保户	X_{12}	-1. 1063 (-1. 32)
常数项	con	-0. 3683 (-0. 31)

注：*、**、*** 分别代表 10%、5%、1%的显著性。括号内数值为标准差。

回归结果表明，家庭人口受教育程度越高、住房面积越大、越能够获取信贷、现金收入越多、越能够获得无偿现金援助和参加社区组织，牧户就越倾向于选择多样型生计策略。家庭人口劳动能力越强、家里拥有成年男性劳动力、草场面积越大、草场质量越好、牲畜数量越多、越能够获取信贷、是低保户，牧户就越倾向于选择纯牧业型生计策略。

首先，这一结果与前述描述性分析结果吻合，说明理论逻辑推理与实证分析结果一致，可信度较高。其次，这也符合牧区实际情况。例如，受教育程度更高的人会寻求畜牧业以外的工作或者出去务工，现金收入多的人比较喜欢投资畜牧业以外的其他事业等，从而比较偏向于选择多样型生计策略。而拥有大面积草场、大量牲畜的牧户则多发展畜牧业，偏向于选择纯牧业型生计策略。

但是，受数据可获得性和有效性影响，12 个指标中只有成年劳动力的受教育程度、牲畜数量、获得无偿现金援助情况和是否为低保户 4 个指标对牧户生计策略的选择有显著影响。第一，牧户家庭人口受教育程度与牧户选择多样型生计策略在 1%的显著水平下有显著的正相关关系，说明随着家庭人口受教育程度的提高，牧户选择多样型生计策略的概率会显著提升。第二，牧户家庭草场面积与牧户选择多样型生计策略在 5%的显著水平下有显著的负相关关系，即牧户家庭草场面积变大时，选择纯牧业型生计策略的概率会显著提升。第三，牧户获得无偿现金援助的情况与牧户选择多样型生计策略在 5%的显著水平下有显著的正相关关系，即当牧户能够获得无偿现金援助时，牧户选择多样型生计策略的概率会显著提升。第四，牧户是否属于低保户与牧户选择多样型生计策略在 5%的显著水平下有显著的负相关关系，即当牧户为低保户时，选择纯牧业型生计策略的概率会显著提升。

本研究调研对象选择了内蒙古最典型的呼伦贝尔大草原和锡林郭勒草原，重点分析了以畜牧业生产为主的蒙古族、鄂温克族等少数民族聚居牧业旗县。而人与自然的和谐并存，说明居住区的生态价值远远超过经济价值，因而可持续发展成为必经之路。

第六章　影响牧户可持续生计的要素

从前面几章的分析来看，生计资本积累是决定贫困牧户生计状况和发展最重要的指标，但目前牧区贫困地区人力、自然、物质、社会和金融 5 种生计资本较少，制约了生计能力的提高。贫困牧户可持续生计受多方面因素影响。因此，为了促进贫困牧户可持续生计的获得及发展，保障扶贫政策环境有效落实与可持续性是关键。下面对牧户可持续生计的影响因素，包括自然生态环境、市场化程度、社会因素进行探讨。

第一节　自然生态环境的约束

一、自然灾害频繁

内蒙古牧区地理位置特殊，不但处于东亚季风气候区的边缘地带，而且恰好位于春冬两季西伯利亚与蒙古高原寒冷气流的南下通道上，海拔在 1000 米左右，属于温带干旱半干旱气候。其独特的地理位置决定了其自然环境特征。内蒙古牧区大部分自然环境条件恶劣，不但生态系统极其脆弱，而且自然灾害频发，草场生产能力弱且呈现逐年下降趋势。牧区年平均降雨量在50~300 毫米，80%以上的地区年降雨量不足 250 毫米，而且降雨量的年际变率高达几倍到十几倍；蒸发量多于降雨量，东部蒸发量为降雨量的 5~6 倍，西部竟达到几十倍。雨季在 7—8 月，因此，春夏干旱是制约天然草场生产力的主要因素。内蒙古天然草场的特点是稀疏且低产，其主要原因在于干旱。牧区每年刮 7 级以上大风的天数达 50~100 天，而且多发生在植被覆盖度最低的春季，成为天然草场最大的自然破坏力。内蒙古牧区面临着寒冷而又漫长的冬季，夏季温良却很短暂，牧草生长期只有100天左右。一年里有30天以上平均气温低至-30℃~-10℃，最低气温达-40℃~-30℃。牲畜夏季储存的能量主要用于度过这漫长的严冬和青黄不接的春季。干旱、大风及寒冷天气占据全年2/3的时间，这使得牧户在牧区的生活面临极大困难，并且要付出较高的成本。另外，内蒙古牧区的自然生态环境脆弱还表现在全区山地、丘陵广布，荒漠沙区、风蚀和水土流失面积大，占总土地面积的90%以上。农耕用的田地和畜牧业用的草地沙漠化严重，退化面积扩大，全区有70.8万平方千米的土地呈沙漠化，占全区土地总面积的60%，比全国平均水平高出42.4个百分点。并且，草场日益荒漠沙化、退化及碱化的面积占可利用面积的54%。况且，草场环境恶化的局面仍在加剧，以每年1200万亩的速度在扩大。同时，牧民的收入受到较大影响，投入产出比例逐渐扩大。不断恶化的自然生态环境使很多地方失去了生存条件，加之旱涝灾害、病虫灾害、暴风、大雪、冰雹和沙尘暴等自然灾害发生频繁，内蒙古牧区因自然灾害致贫、因各种灾害返贫的现象比较普遍。

干旱给牧区带来的危害非常大，首先就是部分机井干枯，直接造成人畜饮水困难。例如，2011年11月—2012年3月，内蒙古发生干旱灾害，大部分地区降水偏少，极度缺水。乌兰察布市12个县（区、市、旗）受灾群众达41.5万人，有38.8万人面临饮水困难，约24.3万人生活需要救助，此外，还有87.3万头（只）大牲畜面临饮水难题。① 农牧业因其特殊性，受气候变化影响最大，具有极强的气候敏感性和脆弱性。牧区长时间严重干旱，导致牧户生计无法维持，只能选择出售牲畜来维持家庭消费，一些收入较高的牧户也不得不减少牲畜饲养量才能应对旱情。这就使得牧户在干旱过后不能重新获得生产资料，即牲畜，不能够继续从事畜牧业生产，所以，遭受旱灾的牧户们在出售牲畜后，需要借款来维持生计。② 牧区存在各种各样的风险，牧户长期生活在这样的环境

① 内蒙古乌兰察布市遭受旱灾 近38.8万人饮水困难［EB/OL］. 人民网，［2012-02-29］. http://politics.people.com.cn/GB/70731/17256466.html.

② 王晓毅. 干旱下的牧户生计——兴安盟白音哈嘎屯调查［J］. 华中师范大学学报（人文社会科学版），2009（7）.

中，已经学会用各种适应性策略来应对不同的风险。在不同自然灾害对牧区生产力造成的严重负面影响中，牧户对干旱对牧区造成的影响感受最为深刻。为了适应气候变化，牧户会自行采取多种应对措施。① 内蒙古牧区常年面临干旱风险，严重影响了牧户的生产、生活，因此对干旱的风险管理也是牧户的日常生计活动。准确理解牧户应对干旱风险的生计策略，并对其影响因素进行研究有着重要意义，对牧区发展政策措施的制定与实施、协助牧户处理干旱能力的支持服务和基础设施的发展有着重大作用。②

二、草原承载量的限制

在“草原畜牧业落后”论的影响下，内蒙古牧区的牲畜头数大量增加，草原畜牧业规模扩大。③ 1953—1957 年，全区牲畜增加 2424.4 万头，平均每年增加 484.9 万头，年平均增长率达到 23.9%。1957—1965 年，全区累计共增加牲畜和羊 5801.61 万头，年均增长率 76.63%。1966—1976 年，全区牲畜总量的年均增长率为 0.17%。依据牧业年度数据来看，1997 年全区牲畜总头数比 1978 年增长 70%，其中大牲畜和羊年增长率达 63.66%（其中牧区牲畜增长 94.06%）。④ 截至 2013 年，在牧业年度统计中，全区大牲畜和羊总数一度达 10291.26 万头（只），首次越过 1 亿大关，年末头数为 6058.81 万头（只），共增加了 5597.37 万头（只）。总而言之，政策导向导致牧区牲畜总量快速增加。其原因如下：

第一，财税体制。免征牧业税之前，牧区所在地的政府公务人员工资、行政事业费用大多来自牧业税收入，且地方政府收取牧业税的多余部分，可以和上级财政进行分配。⑤ 因此，地方政府鼓励牧民多养牲畜，从而增加税

① 靳乐山，魏同洋，胡振通．牧户对气候变化的感知与适应——以内蒙古四子王旗查干补力格苏木为例［J］．自然资源学报，2014（2）．

② 史俊宏．干旱风险冲击下牧户适应性生计策略［J］．中国农业资源与区划，2015（7）．

③ 中国社科院环境与发展研究中心．中国环境与发展评论［M］．北京：社会科学文献出版社，2007.

④ 作者根据《内蒙古畜牧业发展史》提供的数据整理。

⑤ 中国社科院环境与发展研究中心．中国环境与发展评论：第三卷［M］．北京：社会科学文献出版社，2007：176.

收。所以，在2006年免征牧业税前，政策性引导是牲畜头数快速增加的重要原因。2006年以后，内蒙古草原开始执行“轮牧、休牧、禁牧”政策，而地方政府在扶持畜牧业发展的工作中，开始增加“跑项目、拿补贴”的内容。

第二，草场产权。草场没有界限，使得草场使用权不能清晰界定。人人无须投资建设即可白用草场，使得草场畜牧业成为“无本”生意。在利益驱使下，机关、企事业单位、厂矿，甚至城市居民纷纷在草场上蓄养牲畜。① 而这一现象在内蒙古东部和西部的表现差异较大：在东部地区，除牧民承包草场外，还存在一部分集体用地，在集体用地的使用过程中有“寻租”行为出现，嘎查长等一些基层干部通过低价出租集体草场来牟取私人利益。此外，部分牧民忽略草场载畜量，过度放牧，酿成“公地悲剧”。而西部地区存在面积较大的荒漠草场，承包草场的边界更难分清，基本没有围栏，更是肆意放养牲畜。

总而言之，“公地悲剧”理论是批判草场承包制的主要理论。“公地悲剧”理论主张，通过将公共资源私有化来增加外部排他性，从而解决其管理难题。游牧可造成具有“三重性”的悲剧，即牲畜的无限增加一定会消耗掉有限的草地资源，破坏草地，从而造成毁灭性的后果，即便没有自然灾害、人民生活水平较高，游牧生活方式也会产生灾难性的后果。② 牧民掌握的最熟练的技能就是畜牧业经营，倘若生产方式和生活方式发生改变，很多牧民的劳动生产能力将会大幅降低。很多生态移民和进城牧民放弃原本职业，转变生产方式后面临严峻的就业问题，这一点就可证明。

迪马科·威廉姆斯提出，草原承包制度在社会方面产生的负面作用促使牧民产生社会分化及收入差距。③ 草原被承包后，一些经济实力较好的牧民迅速发展家庭牧场，而草场不够或者经济实力不足的牧民则陷入贫困。牧民的贫困不仅体现在牧民之间，在宏观层面上和农民相比，可以发现在计划经济时期，牧民收入比农民高，但是在市场经济时期却比农民低，牧民更深刻地

---

① 陈洁，等．中国草原生态治理调查［M］．上海：上海远东出版社，2009：20.

② 杜发春．三江源搬迁牧民的后续生计和就业类型——基于格尔木昆仑民族文化村的调查［J］．青海民族大学学报（社会科学版），2014（4）．

③ 韩俊，等．中国草原生态问题调查［M］．上海：上海远东出版社，2011：168.

感受到与农民之间的生产、生活差距。

另外，放牧禁令后，牧民的生产性投入需求受到阻碍，只能将更多的资金用于生活性支出，如购买奢侈品、玩乐等。从表面上看，牧户家庭生活水平提升了，但是其生产力倒退不可逆的事实却不能够隐藏。

总之，随着牧区人口的不断增加，牧户对基本生活生产资料的需求也大量增加，从而牲畜数量也不断增加。已经遭到严重破坏的草原，面积进一步减少，无法承载越来越多的牲畜，久而久之形成了一个恶性循环。即草场面积减少使得牧户收入下降，牧户收入下降促使牧户选择养殖更多的牲畜，这使草原的承载力遭受更大挑战，草原牧区破坏更加严重，牧户的收入继续减少，不断往复。

三、工业化与草原生态环境恶化

内蒙古牧户长期赖以生存的草原生态环境是他们的摇篮，但 2000 年以来，以国家政策为背景、地方政府追求政绩为推动力、市场需求为诱惑、资金流入和先进技术设备为手段的大规模开发行为，使矿产开发成为社会经济增长的主要方式，并持续了较长时间。草原地区的开发利用方式也随即围绕矿产开发进行权益均衡。以乌拉特后旗为例，2012 年的工业增加值是 2002 年的 52 倍，截至 2015 年，工业增加值增加到 42.58 亿元，年均增长速度为 8.8%，比第一产业的增长速度高出 3.8 个百分点。其结果是高产量、高产值的工业化资本冲击草原畜牧业生产，将它逐渐推向占比较小的弱势产业地位。2002 年，乌拉特后旗第一产业产值在全区生产总值中的比重为 16%，截至 2015 年该比重已降至 5.57%。当然，第一产业产值比重下降普遍被视为地区宏观经济发展的代表性指标，但是，这并不完全意味着传统产业必须被淘汰或工业资本一定要替代农牧业资本。尤其是当工业资本只投入矿产开发，没有投向畜牧业产业时，自然会产生草原开发与利用之间的深层矛盾。想要实现区域经济均衡发展，必须解决这些矛盾，因此本书在研究草原畜牧业经济发展的过程和规律时，将可持续发展理念贯穿始终。

矿产资源属于不可再生资源，矿产资源的开发是不可再生资源的开发，属于不可持续发展。尤其是，虽然这种矿产开发行为利用草原资源创造出了庞大的经济财富，但是牧区传统畜牧业经营方式几乎没有根本性变化，以简单劳动投入和活畜出售为主的盈利模式仍然是牧户获取收入的主要方式。这就说明，对草原地区来讲，资本流出远远大于资本流入，归根到底，若想实现进一步发展只能依靠传统畜牧业经济。因此，草原地区不同开发手段，即矿产开发与畜牧业经营需要在牧户可持续生计问题框架下进行进一步分析和合理配置。

工业对农牧业发展有着积极推动作用，即“反哺效应”。一个区域的经济发展过程中若缺乏这种效应，就会出现产业不均衡发展现象，甚至在资源发生冲突时，工业反而成为农牧业发展的“阻力”。譬如，在乌拉特后旗的草原畜牧业可持续发展过程中，其最大的发展“阻力”就是矿产开发。因为矿产开发大量使用水资源并占用草场，企业利润形成过程常常与当地畜牧业生产发生不可避免的冲突，导致牧业经营得不偿失。这一状态从理论上进一步总结就是“经济快速增长与可持续发展”“短期与长期”之间的博弈对立关系。具体表现如下：

草原畜牧业同矿产开发存在水资源竞争关系。乌拉特后旗本身水资源总量有限，只有 2.39 亿立方米，年平均降水量仅有 96～105.9 毫米，属于典型的干旱地区。同时，地区水资源分布不均衡，使稀缺性特点更加凸显。所以，牧业、工业、农业之间争夺水资源是不可避免的事实。①

首先，水资源总量不足，用水矛盾不可避免。虽然全区内陆河流域水资源达到 1.53 亿立方米，占水资源总量的 64%，但是以内陆河为水源的土地面积达到 2.4 万平方千米，占全旗面积的 98%，其中包括 3000 平方千米的阴山山脉地区和 1.2 万平方千米的草原。也就是说，98%的区域面积上，能利用的水资源不超过总量的 64%，并且这些山区和草原正是乌拉特后旗畜牧业经营的主要草场。在这干旱的草原上，约 1.7 万人口和 34.2 万头（只）牲畜（2015 年统计数据）仅靠不足总量 2/3 的内陆河水资源生存。所以，任何一

① 数据来源：乌拉特后旗农田水利建设规划报告（实地调查材料）。

种额外消耗水资源的外部情况（如矿产开发），都会给牧民的生产生活带来严重打击，导致其水资源匮乏。并且，现代主流经济学的发展规律往往优先考虑企业生产，通过经济增长积累社会发展资本，该种决策影响导致农牧业生产减少，更谈不上可持续发展。

其次，资源利用偏向矿产企业，出现“矿进牧退”现象。乌拉特后旗属于缺水地区，草原上牧民可利用的地表水资源量为 0.37 亿立方米，占总量的 24%左右。加上矿产企业在河流上游区切断地表、地下河流，下游的牧户严重缺水。而且，分散性牧户缺乏集体组织能力，统一行动的交易成本高，难以形成对开发企业的约束力，从而无法阻止开发企业占用河流水资源行为。此外，河流属于公共资源，只有竞争性，没有排他性。企业更愿意选择对受直接影响的少数牧户给予适当的补助，从而以更低的成本获取水资源使用权。例如，获各琦苏木萨茹拉嘎查的铜矿企业给当地牧民支付 7200 元/人的水源补助，作为禁牧开矿的补偿。① 每一条河流下游地区的牧户都间接受到影响，同样面临水资源短缺问题，但无法得到开矿企业的补偿。更使矿产开发所引起的负外部性效应无法衡量的是，牧户遇到人畜饮水困难时，会选择移出草原地区。② 2005—2010 年，乌拉特后旗将获各琦苏木满都拉嘎查、钼矿和风电项目区、获青线和赛临线两侧牧民集中转移，转移规模达 221 户、865 人，禁牧面积达到 100 万亩，休牧达 30 万亩左右。

总之，在有限的水资源上，矿产企业获得优先使用政策优势，地方经济增长先行。而牧民面对自己的利益损失却缺乏相应申诉能力，水资源短缺问题始终未能解决。相反，地方政府在解决矿产企业与牧户之间的水资源竞用矛盾时，采用减少矛盾一方的方式，大量牧户移出草原地区，将草原不可持续发展作为矿产业发展的机会成本。如图 6-1、图 6-2 所示，工业总产值与

① 除此之外，政府补给牧民 2.53 元/平方米的草地占用和破坏补助费，如果该嘎查的学生要上大学，矿产企业每年支付给 4000 元，同时，企业每年给苏木政府 10 万元，用于牧民看病等支出。资料来源：田野调查资料。

② 乌拉特后旗牧区按照减人减畜的原则，全面实施“退牧转移”战略，2002—2010 年，共移出牧民 2302 户、8245 人。最终目标定为“牧区只留 500 户，20 万头（只）牲畜”。资料来源：田野调查材料。

牧区移民人数间存在正相关关系。20 世纪 90 年代开始大规模矿产开发后更是如此，加快了牧区生态移民的转移速度（见表 6-1）。

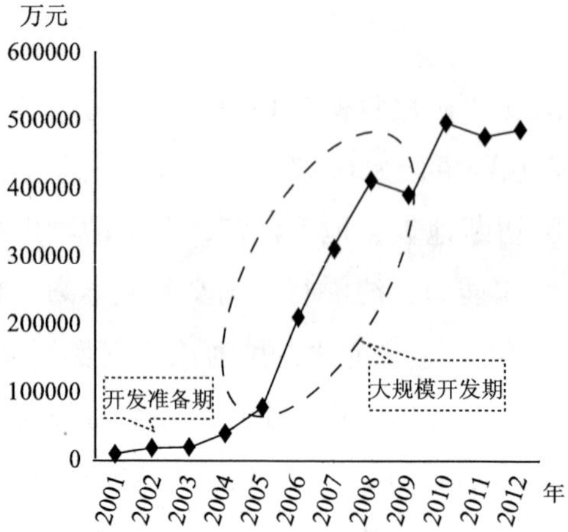

图 6-1　乌拉特后旗工业生产总值

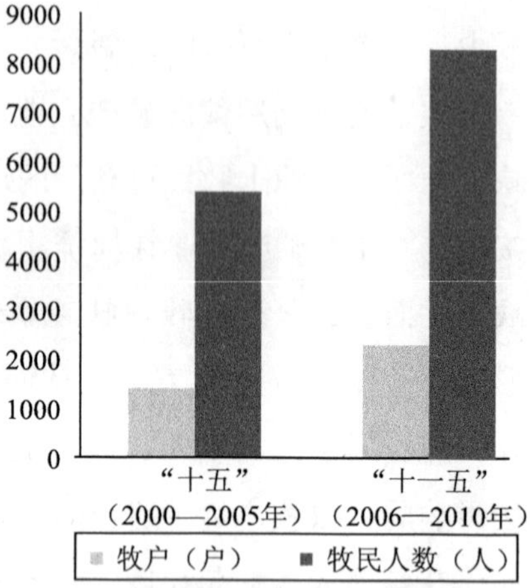

图 6-2　乌拉特后旗牧区移民状况

资料来源：实地调研数据。

此外，如图 6-3 所示，纯牧区中迁出人口多于迁入人口，农区则恰好相反。2008—2012 年，获各琦苏木、巴音前达门苏木这两个纯牧业苏木的人口迁入、迁出情况不显著，另外一个牧业苏木（镇）潮格温都尔镇每年的迁出人口远远大于迁入人口。而位于阴山山前的巴音宝力格镇、呼和温都尔镇每年的迁入人口都大于迁出人口，这也充分证明了“矿进牧退”现象的存在。

表 6-1　乌拉特后旗牧区生态移民状况

年份	牧区移民有关的主要事件
2001	投入抗灾保畜经费 5000 多万元，建设标准化棚圈、兴建集雨水窖、配套草库伦、投放饲草料、购置饲草料加工机具、实施供水节水工程，进一步改善了农牧区生产条件
2002	生态移民一期工程采取插花移民和集中移民的方式，迁移 230 户 670 人，退出耕地 427 亩、草场 102 万亩
1998—2003	生态移民工程共投资 1142. 8 万元，迁移 493 户 1860 人，退出耕地 427 亩、草牧场 228 万亩

续表

年份	牧区移民有关的主要事件
2004	农牧区水利基本建设投资5355万元，农田配套、水土治理、节水灌溉、农牧区防洪工程有效实施，巴音戈壁苏木、那仁宝力格苏木新址及部分嘎查村4400人、53000头（只）牲畜饮水困难问题得到解决
2001—2005	退牧还草和生态移民工程共退出草牧场757万亩，转移牧民1407户5375人
2006	退牧还草、生态移民工程继续推进，转移农牧民429户1448人，禁牧草场250万亩
2007	转移牧区人口379户1377人，禁牧草场160多万亩
2008	政府首次从地方财政拿出2487万元进行退牧转移补贴，退出草牧场126万亩，移出牧民368户1536人
2009	退牧转移工程深入推进，移出牧民312户1218人
2005—2010	集中转移获各琦苏木满都拉嘎查、钼矿和风电项目区、获青线和赛临线两侧牧民221户865人，实现禁牧100万亩、休牧30万亩、补播30万亩。转移牧民2302户8245人，基本实现了边境一线50千米禁牧
2011	禁牧150万亩，草场补播20万亩，转移牧民234户835人
2012	全面落实草原生态奖补和公益林生态效益补偿政策，发放补助资金1.4亿元，惠及牧民1.3万人
2013	发放草原生态补助奖励基金1.26亿元，惠及牧民1.3万人，3300万亩草牧场得到休养生息
2014	牧区实行“草畜平衡”，牲畜出栏率达到46.3%，引导农牧民转移就业3728人
2015	累计投入7.4亿元，实施草原补奖、退牧还草、京津风沙源二期、兴边富民和游牧民定居工程，3650万亩草牧场得到休养生息。引导农牧民转移就业3721人

资料来源：实地调研地方政府。

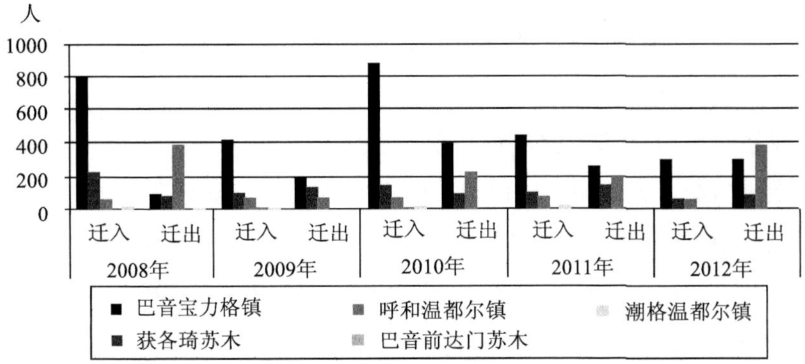

图6-3　乌拉特后旗各苏木（镇）人口移动变化

综上所述，虽然矿产开发也是一种草原资源的利用方式，能够创造较大的经济财富，但是在社会收入再分配机制方面，面临移出牧民的生活费用增多等政策实施成本增加的困境。对于地方政府来讲，如果支付的补贴金太少，牧民贫困问题根本无法解决；如果补贴金继续增多，则会引起“补贴依赖”的消极行为。尤其是，矿产开发行为在实现了企业本身的生产高效率和高利润的同时却无法实现社会各产业的公平发展，包括畜牧业和采矿业。更值得注意的是，矿产开发行为不能解决草原畜牧业经济的根本矛盾，也不能提升牧民的自我发展能力，致使政府补贴政策陷入困局。

草原畜牧业经营具有的环境适应性特点，牧民传统畜牧业所积累的智慧、技术等在市场价值中不能得到完全体现，政府推行并落实的一系列禁牧、休牧、退牧政策，诱导草原畜牧业向集约化方向发展。但是，草原上畜牧业向专业化转型，成本过高，不仅牧民无法负担，国家也不能弥补转变草原畜牧业经营方式所产生的全部成本，不能从根本上解决草原畜牧业中的草畜矛盾。所以，开发矿产所产生的经济财富只能在有限的程度上反馈到畜牧业上，农牧民获得的收益较少。

众所周知，草原畜牧业在发展过程中需要 3 个基本要素：牧民、牲畜、草地，三者在草原可持续发展过程中缺一不可。在讨论草原畜牧业和矿产开发时，前者始终是可持续发展的因素，而后者仅是短时期内的利益输送。秉持经济发展过程中的可持续发展理念，矿产开发应该服务畜牧业经济，而不是排斥它。

除此之外，随着社会经济的不断发展，牧区草原逐渐退化，牧区草原退化除自然灾害的原因以外也有人为原因。近年来，随着经济社会的发展，工业逐步发达，城市化的进程加快，很多破坏自然生态环境的污染空气、草地的工业走进内蒙古大草原。较快增长的产值使它们宣扬工业“文明”，结果却是先污染后治理的“文明”，在内蒙古大草原上引起了很大的问题。草原自然生态环境的脆弱程度在前面已经分析过，草原资源一旦被破坏，短时期内很难恢复。因此，此类开发违背了可持续发展的思路。工业化的外部不经济主要表现在工业经济的发展给自然生态环境带来了负面影响，既破坏了自然环境，也破坏了草原。工业经济的发展虽然能带动当地牧户增收，但是从长期来看，牧户的收入来源主要还是畜牧业。工业化的外部不经济如果没有得到任何补偿和治理的话，牧区草原面积将会大量缩减，牧民赖以生存的草原牧区将不会存在，“皮之不存，毛将焉附”。

第二节 市场化程度低的阻碍

市场化程度低是牧民买难卖难的主要原因。在牧区存在明显的高买低卖现象。内蒙古牧区和其他牧区相比，市场化程度更低，原因主要有以下两点。

一、市场发育与信息阻滞

牧户畜产品销售行为很被动，正常收入无法保证。2015 年，约 23% 的牧户选择了将羊羔出售给冷库，7%的牧户选择了或将活羊出售给中间商或出售给冷库的方式，余下 70%的牧户选择通过中间商出售活羊。这 3 种不同的销售方式，取得的收入也差距较大，活羊和加工后产品的售出价格之差达到 7.9 倍（见图 6-4）。因为生产者和消费者之间存在中间商，产品在流入市场前被层层加价，消费价格提高，也在一定程度上降低了羊肉销售量，从而增加了羊肉替代品的销售量，如牛肉、鸡肉、猪肉等。在收购价方面，中间商层层压价，牧户只能拿到最低价格。

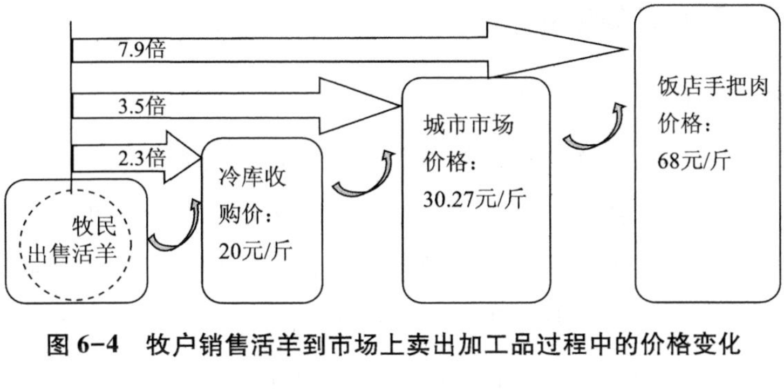

图 6-4 牧户销售活羊到市场上卖出加工品过程中的价格变化

通过牧户调查结果可以看出，牧民销售牲畜的主渠道是外来商贩上门收购。牧户所处环境较为闭塞，不了解市场动态，中间商贩通过低买高卖，在流通中赚取较多利润。结果，牲畜收购价格过低，很大程度上造成了牧户的收入减少。即便是牧户选择自己去当地市场现场售卖，也只能选择卖给商贩。因为缺乏统一的牲畜收购市场，加之运输费用昂贵，只好选择商贩上门收购的销售方式。截至目前，商贩上门收购方式还没有统一、有效的系统，也没有规范的市场管理，不管市场行情好与坏，收购价格都不受保护，商贩从中盈利，而牧户的收益却无法保障。面对商贩们的联手压价，牧户束手无策，严重损害了牧户利益。另外，牧区主要是发展畜牧养殖业，因此牧户生活所需的粮油、蔬菜、水果等食品以及日常所需的大部分生活用品等都要从商贩手中购买，追求利益最大化的商贩将这些商品以远高于正常市场价的价格卖给牧户，进一步加重了牧户的生活负担。牧户面对着牲畜的收购价格偏低、日常生活成本偏高的局面，生活压力沉重，收入的增加面临阻碍。

此外，内蒙古的贫困户大部分分散在偏远地区，交通不便且运输成本较高。地处中国北方边疆的内蒙古牧区，33 个牧业旗县布局分散，旗政府所在地与旗所辖苏木和嘎查相距比较远，牧区交通不发达、公共交通设施落后，牧户基本交通工具多是长途汽车。此外，燃油价格一直在上涨，更加重了牧民的交通负担。被调查的牧户从自己家到市场的路途都较远，最远的有 200 千米左右，近的也有 40 千米，交通条件极其不便。环境闭塞、信息不畅，使牧民获知的市场信息非常有限。

二、经营模式转变的张力

草场生态的持续恶化，使草原畜牧业牲畜结构也发生了变化。内蒙古牧区畜牧业经济是一个持续变换的过程，从游牧向“定居游牧—定居放牧—定居轮牧—舍饲”模式转变，从“充分利用纯天然草场”这种低成本经营方式逐步向高成本经营方式（即提高饲草料补充比率）转变。牧民的牲畜饲养结构不再是草原畜牧业体系内部所需的多种牲畜结构，而是由草原畜牧业“五大牲畜”结构演变为单一化的牲畜结构。如图 6-5 所示，在牧户饲养的牲畜中，以草料为主的马和骆驼的占比下降，牛也不再是牧户经营的主要牲畜品种，而羊的饲养数量和比例大幅上涨，以肉羊为代表的绵羊产业和以羊绒为代表的山羊产业得到大力发展。这一现象反映出牧民饲养牲畜品种正依据市场需求转变，而不再由自身需求决定。在类似完全竞争的畜产品市场上，大企业在市场中发挥主导性作用，舍饲养殖不具有竞争力，没有突出特点。

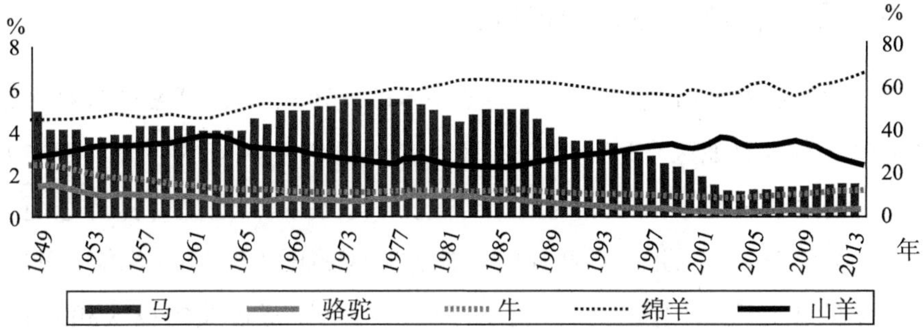

图 6–5　内蒙古“五大牲畜”饲养比例变化

数据来源：《内蒙古统计年鉴》。

注：绵羊、山羊、牛所占比例用左坐标轴表示，马、骆驼所占比例用右坐标轴表示。

牧户品种单一化的经营方式不利于分散市场风险。市场风险在由企业转移至牧户的经营过程中，直接导致牧户经营成本增多。以锡林浩特市为例，2014 年羊羔单价为 500~600 元，2015 年羊羔价格已降至 300~400 元，羊羔市价跌落使绵羊养殖户遭受惨重损失。同时，畜产品价格由大企业一手决定，牧民只能被动接受价格，即由“看不见的手”控制的市场机制中的供给和需求决定均衡价格。畜产品在进入市场的过程中必须经过企业的利润秤杆“过滤”，市场中的大部分利润都流入企业。当畜产品需求价格下降时，企业利润在畜产品价格构成中的比重增大，牧民的畜牧收入会下降。相反，当畜产品需求价格上涨时，企业利润增加速度快于牧民利润增速，增多的利润较大部土分流入企业。牧民为获取更多畜牧业经营收入，就要增加牲畜饲养量，牲畜市场供给量增多，牲畜价格下降，牧民畜牧业收入减少，牧民就要进一步增加牲畜饲养量。该现象背离了萨伊定理，即“供给决定自身需求”。而畜产品市场需求量恰好是由企业行为决定的，企业利润恒等式为“边际收益等于边际成本”，所以企业倾向于将市场开发成本转移给牧户，使牧民成为市场经济中的“弱势群体”。

第三节　社会相关因素的影响

一、草原畜牧业投入力度缺乏

在乌拉特后旗86%的草原上（见图6-6），已经发现或开发了各种丰富的矿产资源。对草原地区来讲，矿产开发也是一种创造价值的手段，矿产开发产生的经济价值也是草原地区创造的经济财富。但是，这些财富通过地方财政收入再分配形式投入地方性产业时，地方政府的可支配额并不多（见图6-7）。有限的政府投入倾向于农区生态建设，对草原畜牧业的投入相对较少。例如，乌拉特后旗在“十五”期间（2001—2005年）累计投资2.5亿元建设资金用于农村牧区发展，是“九五”期间的4.6倍。其中投入牧区的建设资金仅为7134万元，主要用于开发示范工程、草原围栏工程、退牧还草工程和“380”人畜饮水工程等；农区投入金额较多，达934万元，主要成果包括214眼机电井、160千米渠衬，所有耕地都实现井黄双灌；用于生态保护的资金投入达5983万元，主要用于天然林保护、沙漠治理、“三北”四期工程、自然保护区和退耕还林5个国家重点生态建设工程，其中还建了乌拉特梭梭林，成为蒙古野驴国家级自然保护区；还有2173万元用于生态移民工程、新建3个移民村等。“十一五”期间（2006—2010年）政府累计投入6.62亿元建设资金，其中中央、自治区涉农涉牧资金2.39亿元。不难看出，地方政府的投入多流向针对生态环境退化的短期对应措施（如牧民转移工程等），而对于草原畜牧业可持续发展的长期投入较少，这使得生态退化难题无法根治。例如，政府在2007年和2008年投入320万元用于家庭生态牧场建设，覆盖面达158户，主要用于实现房屋、棚圈、井、路、电、饲料加工等“六位一体”工程。截至2011年，投入资金达到750万元，选取25户牧民建设家庭生态牧场示范户，每户投入金额达30万元。生态牧场示范户主要通过项目形式将扶助资金用于新房和棚圈等基础设施建设，但是在草原畜牧业经营中最核心的事项——经营方式转变上，并没有获得更多投入。因为禁牧等牧户收入增加受限，基本上无法完成自我投资来改善生产经营。如果没有地方政府的进一步支持（如技术培训等），畜牧业生产本身无法实现现代化。换言之，部分基础设施的改善不能改善传统草原畜牧业发展中的问题，无法实现草原畜牧业的可持续发展，也不能改变自然环境的局限性。

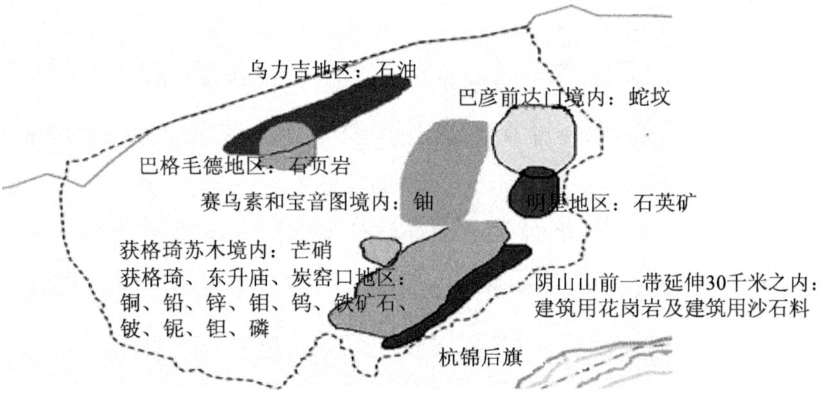

图 6-6　乌拉特后旗主要矿山资源分布图

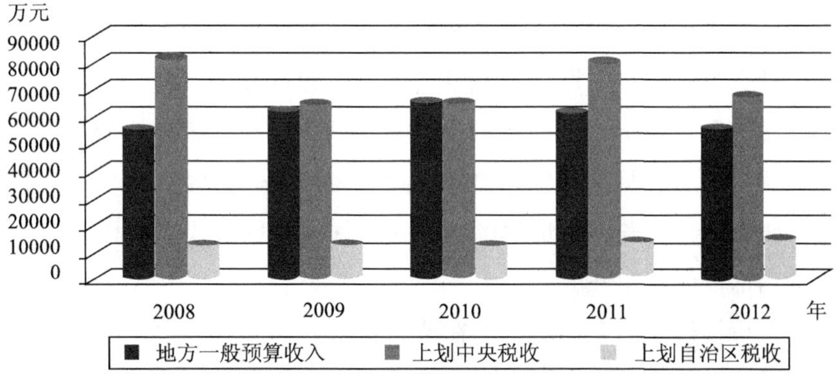

图 6-7　乌拉特后旗地方财政总收入结构及其变化

数据来源：实地调研数据。

二、政策执行不到位

内蒙古牧区等民族地区贫困演化的阶段性特征表明，在某些关键节点上贫困人口的收入状况存在显著改变，主要节点包括2002年之后西部大开发战略的实质性推进和2008年中国采取扩张性财政政策和货币政策应对全球性金融危机的不利影响。政策冲击只是影响贫困状况的间接因素，其中有重要影响的因素是经济增长的速度和经济发展方式的转变。因此，外部政策冲击对贫困的影响实质上是经济增长速度和经济发展方式的影响。①

20世纪90年代，内蒙古草原遭到前所未有的破坏，生态环境恶化，经济社会中“过度放牧论”流行。但是，牧民经营畜牧业本身就是获取经济利益的一种手段，是改善生活条件的一项经济活动，活畜也是牧民财产的一种形式。任何增加财产的经济行为都不违反经济规律，所以，当牲畜资源和草场资源产生冲突时，政策应该倾向于使牧民的活畜财产转为货币财产，而非采用“禁牧、休牧、退牧”等措施阻碍牧民财产增加。既然草场资源在有限的情况下仍能够饲养那么多的牲畜，为何国内市场会出现牛羊肉短缺的情况？既然畜牧业生产力较强，国家为何每年仍要拿出大量补助金来扶助牧民？牧民在有限的恶劣环境下仍能蓄养大量牲畜、创造财富，这不属于先进的生产力又属于什么？所以，在评价现代草原畜牧业的过程中，我们不能确定它的生产力是否落后。牲畜总量的增加除政策性原因外，从微观层面上看，与牧户充分利用有限的资源扩大生产力规模息息相关。但若因此将生态退化的全部责任归于牧户身上是不合情理的。因为导致“过度放牧”的因素并非在草原畜牧业内部，而是在外部：

第一，市场供需信息不对称。在草原畜牧业生产过程中，产品销售未能对接市场需求，只能通过商贩上门来完成活畜出售等经济行为。利益集团对利润的层层抽取，导致牧民最终只能获得远低于市场的价格，而低价格又延长牧民观望行情时间，不愿轻易出手牲畜，进而导致草原上牲畜总量增多。

---

① 单德朋．民族地区贫困的测度与减贫因素的实证研究［M］．北京：经济科学出版社，2014：107-109.

第二，外来人口激增。人口增多导致家庭生活需求增大，特别是在草原荒漠地区，在没有有效替代措施的情况下，人们只能扩大畜牧业生产规模来解决生计，从而导致牲畜总量增多。所以，过度放牧是需求增大的结果，并非牧民经营产生的后果。

如图 6-8、图 6-9 所示，外来人口大量进入，内蒙古阿拉善地区人口总量的非自然性增加，给草原生态带来了沉重压力。

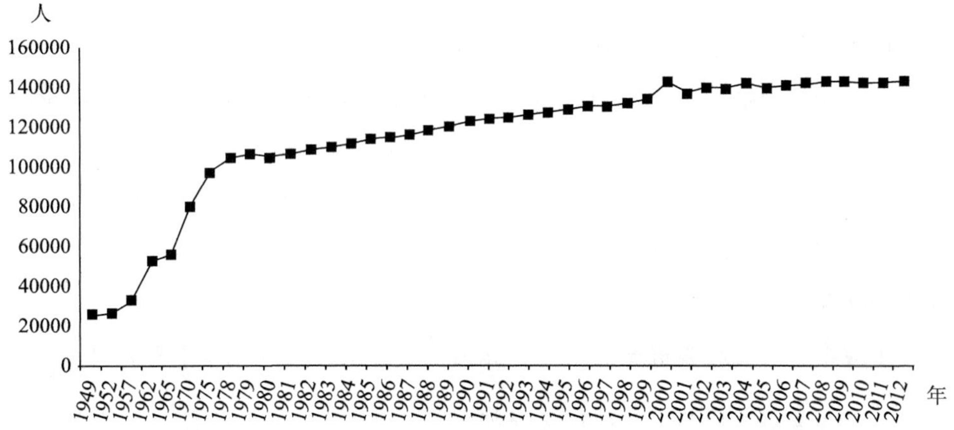

图 6-8　内蒙古自治区阿拉善左旗总人口变动

数据来源：实地调研。

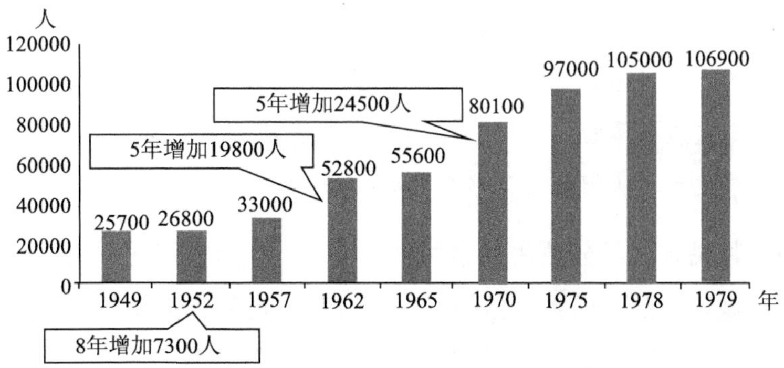

图 6-9　内蒙古自治区阿拉善左旗总人口急剧增加

数据来源：实地调研。

政策性贫困的含义是，在政策执行过程中，因为某些漏洞或者行为不到位引起区域不均衡现状。该结果并非是政策存在缺陷引起的，而是政策执行的连续性成本较高，以及牧民脱贫机制不完善导致。以禁牧补助政策为例，不具备任何劳动技能的牧民从牧区牧业经营中退出来，进城就业或养老都需要比较高额的补贴。畜牧业经营规模受限制、收入来源缩减时，牧民误以为生态补贴就是禁牧、休牧、退牧措施的经济补偿。秉着追求利益最大化的原则，牧民不断向政府要求增加补贴金额。然而，生态保护政策继续执行下去的难点不仅仅是补贴金额的增减问题，也是补偿时间的延续性问题。

（一）禁牧政策实施后出现了一些贫困牧民

一些牧民仅饲养少量牲畜，畜牧业经营仅占其收入的较小比例，更多的是依赖国家生态补贴金增收。因为禁牧导致的小规模畜牧业基本上都是“羊吃羊”模式，即卖羊、羊毛、羊绒、羊皮等的收入基本与剩余羊群的饲养成本持平，不能形成有效的收入来源。下面几个案例是禁牧以后进城牧民的实际生活情况。

①应生态移民政策进城后返乡，养殖少量牲畜，生活基本上靠补贴金。

> 巴音前达门苏木哈拉图嘎查牧民 S（64 岁），生态移民后因不能适应而返乡，拥有 5000 亩草场和 30~40 只牲畜。家有三口人。当年，在其承包的草场上，钼矿企业钻了 50 多个矿井。作为补偿，企业一口井补贴了 1500 元，他共获得 8 万元的一次性补偿金。这些钱基本上用于儿子婚礼花销。现在，孙子上小学，每学期近 2000 元的生活费由老人自己承担（孙子出生不久，儿子离婚离家出走不知去向）。另外，老人每年大概有 2 万多元（4.60 元/亩）的生态补贴金。

类似于牧民 S 的部分牧民除畜牧业经营以外几乎没有任何劳动技能，因为无法适应城镇生活而返乡。但是，现有的畜牧业大多经营规模较小，只能满足自家消费需求，不能形成有效的收入来源，也不能使牧户摆脱贫困的处境。

②因生态移民政策进城，完全放弃畜牧业经营，靠补助金维持城镇生活。

> 潮格温都尔赛乌苏镇牧民 B（60 多岁），禁牧后迁移到赛乌苏镇，禁牧前曾蓄养过 400 多只（头）羊和 30 多峰骆驼，家庭畜牧业

规模较大。但是禁牧之后，他搬迁到苏木所在地，将蓄养牲畜转包给他人，失去了畜牧业经营收入。进城后的主要经济收入为国家生态补贴金，没有经营性收入。新鲜的肉和奶食品这些本应该由畜牧业经营提供的传统食品，现在都要靠购买，加上水、电、煤气等日常生活开支，一年下来生活费高达 2 万余元。

这样，进城的牧民只能艰难地维持城镇生活，如果进城后未能就业，生活就会更困难。

③禁牧后保持少量牲畜的养殖，进城生活，收入来源主要依靠补助金。

牧民 S（63 岁）是潮格温都尔赛乌苏镇的牧民，禁牧后迁移至赛乌苏镇巴彦前达门苏木巴音高勒嘎查，承包的 10400 亩草场，禁牧后仅允许饲养 136 只牲畜，超过该数量的话，小牲畜罚款 30 元/只，大牲畜罚款 150 元/头。牲畜饲养规模受到限制，畜牧业经营性收入下降。牲畜头数过少导致牧民对畜牧业经营失去信心，最终选择了进城养老。投入 11000 元（注：该价格是 2005 年旗政府搬迁之前的价格，因为政府机关的整体搬迁，作者判断该镇房屋价格下降到原来价格的 1/10 左右）在赛乌苏镇买了一套房子居住（没有房补）。

牧民进城居住意味着远离了畜牧业经营的日常劳动，主要收入来源当然不再是畜牧业经营收入，社会保障金、养老金、土地补贴［150 元/（人·月）］、禁牧补贴（1.20 元/亩）等转移支付收入成为进城牧民的主要收入来源。

因此，部分退牧进城的牧民成为贫困牧民，他们与畜牧业劳动相脱离，同时失去了发挥畜牧业劳动技能的机会。一方面，牧民再次回乡经营畜牧业的可能性很小。首先，大部分牧民年龄已过 60 岁，体力和脑力都在下降，即使能回乡，也无法完成畜牧业经营中的日常劳动，如牲畜的饮水问题就是对老年人体力的挑战。其次，牧民们在进城前几乎将房子和牲畜全部卖出。禁牧政策全面执行初期，羊的价格非常便宜，基本上几十元钱就能够买到一只羊。之后，山羊的价格一路飙升，每只甚至超过 1000 元。几十倍到几百倍的价格波动基本上毁掉了牧民再次回乡购买牲畜经营畜牧业的愿望。最后，在牧区，新建房子对牧民来说成本过高，即便牧民返乡经营畜牧业，在短期内仍难以摆脱贫困。另一方面，要想继续在城镇生活，昂贵的生活成本将增加牧民的生活负担，收入的大部分都会投入食物支出。总而言之，禁牧政策全面实施后，被转移出去的草原生态移民实际生活状况并未有很好的改善，不少牧民失去了赖以为生的畜牧业生计，反而加重了生活负担，对未来生活充满担忧，因而他们最本能的反应就是要求提高补助金或者进一步延长生态补贴支付时间。

（二）牧民对生态补贴的认识不足

禁牧政策的全面执行，意味着畜牧业经营的规模要缩小，畜牧业投入劳动力会出现剩余。劳动对象的减少必然会使牧民调整原有投入畜牧业的劳动时间。而部分年轻人则选择了将“多余”时间用来增加玩乐行为，根本没有将其投入技术培训之类的生产技术领域。部分人认为生态补贴就是国家送的钱，甚至认为它是一种“工资”，每个月固定的时间去银行取款就行。

案例：牧民访谈记录

牧民 B：“年轻人都进城，不积极追求更好的生活。”

牧民 A：“现在的年轻人给钱就要，不考虑如何改善生产生活方式，每天无所事事、喝酒赌博等。未来不知道会变成什么样。”

牧民 BR：“年轻人每天想过轻松的生活，不努力工作，只想喝酒、玩游戏。”

牧民 S：“年轻人不尊敬老人，喝酒，飙摩托车。”

牧民 AL：“年轻人不放牧，懒惰是其贫穷的主要原因。”

牧民 O：“草场一亩地每年发 4.75 元的补贴，如果补贴金太多会让年轻人学坏，滋生懒惰，越来越不干活，离婚率上升。”①

上述案例给我们的启示是：现代草原畜牧业是在传统游牧经济的基础上发展起来的，也是草原丰富的牧草资源得到合理利用的延伸。草原畜牧业拥

① 资料来源：实地调研访谈内容。

有的生产机制、发展机制和创收机制皆遵循游牧经济的基本规律，提供“绿色、纯天然”产品。这是其区别于市场化大生产的特点。而这个特点恰是草原畜牧业和舍饲规模化生产存在差异的主要原因。所以，政府在制定现代草原畜牧业经济政策时，一定要紧密结合“三大基本要素”，坚持三要素互相和谐发展的原则，延续并发挥传统游牧经济中的各种优势，而不是简单地用另一种生产方式来取代它。

执行政策的目的在于解决牧民生活困难的问题，而不是加剧牧民生活贫困程度，更不能在存在社会矛盾时，将牧民置于政府的对立面，深化矛盾。因此，促进牧区经济发展是减轻政府负担、提升牧民收入的重要内容之一，激励草原畜牧业三大要素是政策目标，应该从内部机制出发推动畜牧业发展，而不是通过拨付巨额补助金来养护牧民。所以，在制定和执行草原畜牧业经济政策时，要注意以下两点：一是要了解草原畜牧业的发展规律，要把遵循游牧经济规律作为制定草原畜牧业政策的参考依据；二是要鼓励草原畜牧业内部各组成要素的均衡发展，支持其按规律自我发展。

三、教育和医疗成本相对较高

牧区的社会机会不足。阿马蒂亚·森理论中所指的社会机会，是在社会教育、医疗保健或其他方面所施行的安排。因为大部分学校都集中在旗县级以上的城镇里，牧区孩子们为了受教育而付出的成本远远高于其他地区的孩子。如图 6-10 所示，大部分有学生的家庭的教育费用（专门为学生上学而支付的相关费用）高于日常生活支出。同时，医疗设施、医院都集中在大城市，牧民看病、治病费用高于城镇居民。其他公共服务系统也集中在城镇，牧民难以与城镇居民享受同等的社会福利。

在内蒙古牧区，牧民承担的公共服务费用支出，如教育支出、医疗服务费支出等占家庭生活性支出的比重较高。通过分析呼伦贝尔市鄂温克族自治旗下莫能塔拉嘎查、伊敏嘎查、维特根嘎查和宝音塔拉嘎查的牧民生活支出情况可知，牧民子女教育费用是牧民最大的生活性支出。特别是小学生在城镇上学所产生的相关费用，包括父母亲人陪读、日常食物支出、房屋租赁费用、往来交通费用等，是牧民家庭最大的支出。形成这些费用的最主要原因是，统合改革后，学校后续配套措施不足，城镇学校的学生宿舍拥挤不堪，学生生活管理服务不完善等问题严重。为解决这些问题，公共资源负担一部分，即当地财政承担小学生义务教育费用，还有部分费用（见表 6-2）由牧户个人承担，从而造成牧民生活性支出增多（见表 6-3）。同样，内蒙古牧区牧户面临着沉重的医疗负担，需要承担较高的自费比例。

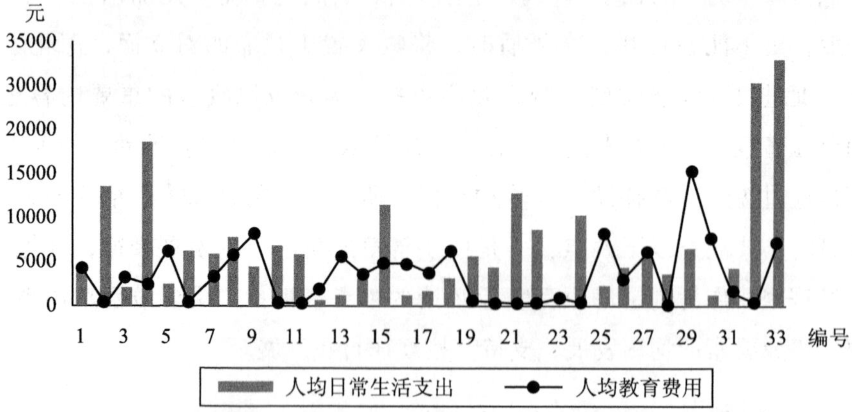

图 6-10 新巴尔虎右旗牧户供应学生家庭的教育相关费用状况

数据来源：实地调研。

表 6-2 牧户生活性支出结构

莫能塔拉嘎查	主要支出	儿女教育费用	医疗费	红白喜事	蔬菜	大米
	占总支出的比重	43%	20%	15%	8%	4%
伊敏嘎查	主要支出	儿女教育费用	医疗费	日常品支出	蔬菜	红白喜事
	占总支出的比重	23%	19%	16%	12%	8%
维特根嘎查	主要支出	儿女教育费用	医疗费	红白喜事	日常品支出	蔬菜
	占总支出的比重	27%	16%	14%	11%	8%
宝音塔拉嘎查	主要支出	儿女教育费用	医疗费	红白喜事	蔬菜	大米
	占总支出的比重	33%	16%	13.7%	13.6%	6%

资料来源：根据实地调研数据整理计算得出。

表 6-3　牧户生活性支出分析

生活性支出占总支出的比重	牧户数（户）	牧户数比重（%）	比重为 50% 的牧户数（户）	比重为 50% 的牧户数比例（%）
90%～100%	5	15	23	70
80%～89%	6	18		
70%～79%	6	18		
60%～69%	3	9		
50%～59%	3	9		
40%～49%	4	12	10	30
30%～39%	1	3		
20%～29%	4	12		
1%～10%	1	3		

资料来源：根据实地调研数据整理计算得出。

第七章　贫困牧户精准脱贫与生计可持续

贫困牧户生计的可持续与改善直接关系到现行的精准扶贫、精准脱贫政策的实施。精准扶贫是指帮扶主体扶贫方式的准确性和找出致贫原因的正确性，而精准脱贫则是指脱贫主体挖掘潜在技能、补齐短板，收入水平至少超过贫困线的状态，或进一步为贫困牧户找到收入稳定的工作等。这两个方面是我国“十三五”期间脱贫攻坚的基本方略。因而，贫困牧户的生计可持续与改善要依靠精准扶贫、精准脱贫，精准扶贫是扶贫业绩，精准脱贫是扶贫结果。

第一节　贫困牧户精准脱贫典型分析

近几年，内蒙古扶贫开发投入较大，实施“三到村三到户”精准扶贫、“十个全覆盖”、金融扶贫、“五个一批”等帮扶项目，取得了国家重点贫困旗县农牧民收入持续增长、贫困人口大幅减少、贫困发生率不断下降等宏观层面的突出业绩。但是，内蒙古牧区生态脆弱、少数民族聚居、地处边境、相对贫困集中、致贫因素复杂等特性有别于全国其他贫困地区，因此要求精准扶贫必须有精准脱贫的结果的难度更大。

一、精准识别贫困对象的必要性及方法

扶贫对象作为帮扶主体，政府机构或机关对其的准确识别是精准扶贫的首要工作。困难在于个体贫困具有复杂性、脆弱性和持久性，任何贫困都不只是一种原因形成的，而是多种因素共同作用的结果。方迎风将这一现象定义为多维度贫困。① 建档立卡的贫困户按照国家现行农村牧区贫困标准每人每

① 方迎风．中国贫困的多维测度［J］．当代经济科学，2012（4）．

年收入超过2300元（2010年价格水平）的贫困标准线是帮扶主体的业绩，也是脱贫主体的结果，限于2020年的目标也是一种存量概念。而如果基于可持续生计的观点定义脱贫问题，贫困应该以流量概念来看待，因而需要实施更广泛意义上的扶贫措施。例如，完善道路、自来水、卫生设备等基础设施，使贫困户不再因社会公共服务供给不平衡而致贫或返贫。同时，社会福利及社会保障措施对贫困户后续生活保障的作用极大，尤其是对因健康欠佳而致贫的贫困户来讲，高额的医疗费用由社会保障来分担也是社会福利的一大特点，哪怕是失去劳动能力的贫困人口也能无忧无虑地享受社会温暖。

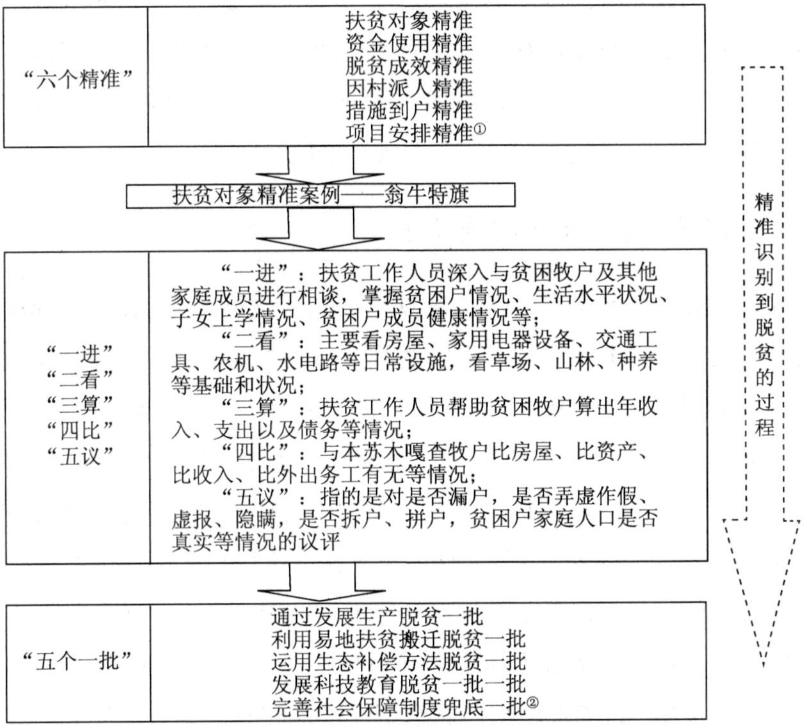

图7-1　精准帮扶思维路线和精准识别扶贫对象案例

① 国务院扶贫开发领导小组办公室主任刘永富在2015年12月15日"十三五"脱贫攻坚工作新闻发布会上提出。

② 国务院扶贫开发领导小组办公室主任刘永富在2015年12月15日"十三五"脱贫攻坚工作新闻发布会上提出。

除精准确定贫困人口是否有传统的收入维度之外，对科技教育、医疗卫生、基础设施等多个维度的识别也很重要。① 因为我国贫困人口仍然集中分布在农村牧区，在诸多的致贫原因中，相同的工作工种不相同的劳动报酬和公共服务的不均性带来的收入差距是最主要的原因。例如，相同的土木工劳动在城市的报酬高于牧区，相同的距离城市的交通成本只有几元钱，而农村牧区则需几十元。关于多维度分析方法，杨龙等②的研究提出过多维贫困测量分析在学术研究中的缺乏，而邓维杰③提出了自下而上的参与式贫困群体识别方法。但是，贫困人口居住的分散性和社会关系的复杂性决定公众参与方式的不确定性，很难保证贫困识别过程的公开、公正和透明。经过实地调研发现，内蒙古各牧业旗县在精准扶贫实践中基本上都使用自上而下的行政指导性方法。具体贫困人口识别过程是对贫困对象进行分组归类，摸清扶贫对象、致贫原因、脱贫路径，实施精准帮扶，实现精准脱贫。

二、精准建档立卡与数据管理

目前，扶贫工作的所有数据都是以建档立卡数据为基础，因此精准扶贫工作的基础是建档立卡工作，或者说建档立卡是贫困户获取社会帮助的证明和脱贫的依据。④ 它的作用是将所有能够提供帮助的社会资源聚集在需要帮助的贫困户周围，积极补齐贫困户生计策略上的短板，提高扶贫效率。即根据贫困户建档立卡收集到的信息，对不同类别的贫困对象和扶贫项目、资金进行专业化管理，从而有利于有针对性地设立扶贫规划和项目，配置扶贫资金。

根据实地调研数据，鄂温克族自治旗是贫困建档立卡方面较为成功的贫困地区之一。实际上，帮扶主体要准确地把握脱贫主体的状况，需要满足以下两个条件。首先，政府职能部门联合行动形成完整的系统。例如，卫生局、

① 王小林．中国多维贫困测量：估计和政策含义［J］．中国农村经济，2009（12）．

② 杨龙，汪三贵．贫困地区农户的多维贫困测量与分解——基于2010年中国农村贫困监测的农户数据［J］．人口学刊，2015（2）．

③ 邓维杰．精准扶贫的难点、对策与路径选择［J］．农村经济，2014（6）．

④ 杨龙，汪三贵，李萌．建档立卡贫困户收入特征及反贫困对策研究［J］．农业部管理干部学院学报，2014（15）．

教育培训机构、农牧业局、人力资源和社会保障局、劳动就业服务局、企业、金融机构以及其他社会团体组织要联合行动，及时发现贫困户的难处和帮扶的困难之处，进行协调帮扶。其次，建立贫困档案的动态管理系统。例如，鄂温克旗建立了精准扶贫大数据管理平台（见表 7-1），对全旗脱贫攻坚工作实现精准化管理。已经脱贫的牧户不能再享受扶贫资源，其目的在于保证扶贫规划、项目、资金等扶贫资源的针对性。

表 7-1　鄂温克族自治旗的基本情况

<table>
<tr><th>指标</th><th colspan="5">具体内容</th><th>特点</th></tr>
<tr><td>面积</td><td colspan="5">19111 平方千米</td><td>较小</td></tr>
<tr><td>民族</td><td colspan="5">鄂温克族、蒙古族、汉族、达斡尔族等 25 个</td><td>民族性</td></tr>
<tr><td>总人口</td><td colspan="5">14.5 万人，少数民族人口约 6 万人，占总人口的 41%</td><td>民族性</td></tr>
<tr><td>贫困发生率</td><td colspan="5">8.4%</td><td>较高</td></tr>
<tr><td rowspan="5">贫困状况</td><td>年份</td><td colspan="2">贫困数量</td><td colspan="2">年内减贫</td><td rowspan="5">—</td></tr>
<tr><td>2014</td><td>1866 户</td><td>4427 人</td><td>206 户</td><td>513 人</td></tr>
<tr><td>2015</td><td>1735 户</td><td>4003 人</td><td>147 户</td><td>364 人</td></tr>
<tr><td>2016</td><td>567 户</td><td>1220 人</td><td>58 户</td><td>111 人</td></tr>
<tr><td>2017</td><td>836 户</td><td>1877 人</td><td>—</td><td>—</td></tr>
</table>

数据来源：鄂温克族自治旗扶贫办脱贫攻坚大数据指挥平台中心。

根据鄂温克族自治旗扶贫办脱贫攻坚大数据指挥平台的管理情况得知，该旗按照“因地制宜、因户施策、一户一策、一户多策”的原则，为每个贫困户量身打造个性化的帮扶措施。表 7-2 表明，鄂温克旗的扶贫措施主要集中在社会保障扶贫、思想教育扶贫、产业扶贫 3 个方面。这一结果与牧户因病致贫者较多、文化素质较低、生产能力不高等现实相符合。因而，贫困户建档立卡的数据管理在精准扶贫中是不可缺少的，是准确反映事实的主要途径。

表 7-2 鄂温克族自治旗精准扶贫帮扶措施分析

帮扶措施	户数（户）	比重（%）	脱贫对象的特点
社会保障扶贫	995	22.48	高龄、因病致贫
思想教育扶贫	995	22.48	缺乏训练、文化素质较低
基础建设扶贫	641	14.48	生存环境条件较差
教育扶贫	212	4.79	缺少培训
金融扶贫	495	11.18	缺少资金
产业扶贫	932	21.05	生产能力较低
创业就业扶贫	157	3.55	生产方式落后

数据来源：鄂温克族自治旗扶贫办脱贫攻坚大数据指挥平台中心。

三、精准帮扶的措施与意义

精准帮扶是实施扶贫措施的主体最直接地找到适当的方式来实现帮扶目标的过程。精准扶贫工作的三大核心内容是精准识别扶贫对象、精准找到致贫原因、精准帮扶。精准扶贫在一般状态下是在精准识别扶贫对象的基础上进行。目前，精准扶贫中的识别精准度问题在扶贫研究中引起较多的关注。① 但是，贫困对象识别的精准并不等于扶贫帮助的精准，尤其是在自上而下的扶贫工作中，扶贫措施不得当导致扶贫结果不理想的情况时有发生。例如，70 多岁的单身老人适合社会保障扶贫，但事实上却对其实施金融扶贫为其提供贷款等。

目前，精准帮扶措施的整体框架是：对有劳动能力但有其他原因导致无法脱贫的贫困人口，可以通过发展生产、增加就业帮助脱贫，这是挖掘贫困人口潜在技能和能力最直接的方法。而对居住条件较差的地区则实施易地扶贫搬迁帮助脱贫。实际上，整个内蒙古就是京津冀城市群的北方生态屏障，尤其是牧区草原地区，是国家重点生态功能区，因而牧区可以通过生态补偿脱贫。对占比不大但仍然存在的因学致贫贫困户，应该通过发展义务教育和提供奖学金、助学金资助等政策来脱贫。最后，对于以上扶贫措施都不能解

① 邓维杰．精准扶贫的难点、对策与路径选择［J］．农村经济，2014（6）．

决的部分或完全丧失劳动能力的贫困人口，只能通过政策保障兜底方式帮扶，发挥社会福利措施的作用。

表 7-3 是用 SWOT 分析法对精准帮扶成功案例的分析。该方法从优势、劣势、机会、威胁 4 个方面对牧户生计资本和生计策略进行分析比较，全面地反映出精准帮扶措施的前因后果。因为该方法属于管理学范畴，存在所用指标主观性较强等缺陷，因而在下面的分析中，只采用该研究方法的基本思维、核心观点和基本内容，完全围绕民族经济学、经济学逻辑基础展开。为了避免主观性弊端，对应指标内容都是根据牧户实地调研访谈内容进行整理。例如，产业扶贫措施的最大优势是充分发挥扶贫对象的自身能力或者潜在的技能技巧，劣势是牧民对脱贫后失去扶贫政策支持的担忧，牧民把现在享受扶贫政策看成一种机会，把产业扶贫措施效果与产业无法抵挡市场风险的不确定性定为威胁。从而可以推理得出，贫困人口要真正脱贫，关键是提高他们自身的能力。也就是说，基于可持续生计理论解释精准扶贫措施，在阶段性扶贫政策结束后，现在的贫困人口是否能找到使其不再贫困的工作、技巧、技术或者生计策略非常关键。

表 7-3　帮扶成功案例 SWOT 分析——鄂温克旗伊敏苏木红花尔基嘎查牧民民族服装制作产业扶贫

牧户生计状况			优势（strengths）	劣势（weaknesses）	机会（opportunities）	威胁（threats）	点评
	帮扶前	帮扶后					
生计方法	制作民族服装	制作民族服装	民族特色	消费群特定	牧民需求增加、旅游业发展	同行之间的竞争	多样型经营，增加收入的较好途径
生计状态	贫困	脱贫	生活改善	可持续性待论证	产业扶贫	市场脆弱性	脱贫的关键是可持续富裕生计问题
生计困境	因病致贫、孩子上学	基本解决	困境解决	需要长期扶持政策	享受扶贫政策	常年生病，医疗费较多	扶贫政策的核心是长期社会保障机制的建立

续表

牧户生计状况			优势(strengths)	劣势(weaknesses)	机会(opportunities)	威胁(threats)	点评
	帮扶前	帮扶后					
扶贫政策	一般性扶持政策	产业扶贫政策	发挥个人的优势	脱贫后失去政策优惠	享受政策优惠	长期保持扶贫效果需要多方努力	发展贫困人口自我发展能力才是长效扶贫的根本
使用厂房	租赁	两年免租金	降低生产成本	免租时间较短	可以扩大规模	两年后交更多的租金	物质资本，是生计的基础
厂房面积	几十平方米	200多平方米	宽敞的活动空间	诱发更多投资	可以增加设备	管理压力较大	物质资本，是生计的基础
机器设备	没有	10台	生产力提高	雇佣劳动力增多	民族服装需求增加	竞争激烈	物质资本，是生计的基础
年产量	70~80件	200件	规模化	需要提高管理素质	对应大单业务	市场需求的稳定性	金融资本，是生计策略的结果
年收入	2万元	7万~8万元	收入增加	保持长期稳定增长待观察	政策支持	生产成本增加	金融资本，是生计策略的结果

四、精准帮扶实例分析

根据上述分析可知，精准扶贫的最终目标是要努力培育贫困群体的内生自我发展动力。那么，在生态脆弱性和市场脆弱性双重压力夹击状态下，怎样发展和扶持他们的自我发展能力则成为难题。将所有贫困人口都搬迁进城安排工作实在是不太可能，国家也没有那么多后续支持资金投入，因而将扶贫着力点放在培育和发展本地区特色产业更有现实意义。突出特色或特殊性的优点在于可以发挥牧民传统知识技术，更有效地利用生态环境，扩大牧区产业、产品在市场上与其他产业、产品之间的差异，尽量减少被替代的可能，降低市场风险。当然，生态脆弱性、市场脆弱性不可能一时全无，并且牧户可持续生计的出口是市场，在市场上站住脚成为对产业扶贫结果的一种现实考验。

以下实例分析选择了国家重点扶持贫困旗锡林郭勒盟苏尼特右旗。其地理位置位于内蒙古自治区中部、锡林郭勒盟西部。该旗在少数民族集中聚居、边境地区、牧业旗等特点方面符合少数民族地区贫困问题研究主题，草场生态环境属于典型草原特点，可以代表内蒙古中西部大部分地区。苏尼特右旗精准扶贫、精准脱贫的具体化措施包括“精、细、全”① 的推进方式和“五路一线”② 的发展思路。据统计，2016 年年底已有 555 户、1330 人脱贫，但仍有 1250 户、3101 人需要脱贫，贫困发生率下降到 6.7%。

表 7-4 显示，苏尼特右旗帮扶措施的特点是以产业帮扶为主要内容，其中包括传统畜牧业、旅游业、电商扶贫等。众所周知，传统畜牧业本身存在必须升级的紧迫性问题，这样自然会产生产业升级和民生升级需求的重合。精准脱贫不仅仅是短时间内的收入脱贫，贫困牧户在基于能够利用的资源基础上作出生计决策的同时，会受畜牧业产业升级过程中遇到的所有曲折的影响。例如，畜产品价格波动中，大型畜产品加工企业之间很容易进行价格博弈，将成本损失转嫁给散户经营的牧户。出于生计的需要，牧户只能接受更低的销售价格，其结果是生计成本增加，无法投入扩大生产，容易返贫和进入贫困状态。

表 7-4　苏尼特右旗帮扶实例分析（2016 年）

帮扶类型	帮扶措施	帮扶效果	特征
发展现代畜牧业	“减羊增牛”策略，涉牧资金项目打捆使用	引进良种肉牛 1800 余头，整合畜牧业生产发展、牧区基础设施建设资金 4518 万元	产业扶贫，扶持传统产业

① “精、细、全”：指“精准施策、细致落实、全面推进”“工作定位精、举措落实细、政策保障全”。

② “五路”：通过发展现代畜牧业，引导和鼓励适合发展良种肉牛产业的贫困户走“减羊增牛”发展之路；采取企业、合作社带动贫困户模式，促进生产经营能力不足的贫困户走“托管分红”发展之路；用好生态补偿和易地搬迁政策，帮助贫困户走“共享生态成果”发展之路；推进旅游、电商、光伏、民族工艺、餐饮等产业发展，引导贫困户走“多业增收”发展之路；完善医疗、社会保障机制政策，多渠道保障贫困户走“社会兜底”发展之路。“一线”：加大高等教育、职业教育、转移就业培训投入，筑牢阻断贫困“代际传递”的防线。

续表

帮扶类型	帮扶措施	帮扶效果	特征
旅游扶贫	“旅游+”战略、“周末·苏尼特”牧户体验模式、“牧人之家”等	提升旅游服务接待能力和水平，带动贫困农牧民发展旅游业	产业扶贫，投入较低，扶持特色产业
资产收益扶贫	桑宝拉格苏木额尔登塔拉嘎查“合作社+贫困户”的入股合作模式	流转土地赚租金，资产入股分股金	产业扶贫，适合劳动能力较差的贫困户
光伏扶贫	瑞川峰光伏企业对接	带动贫困牧民从中受益	产业扶贫，牧户收益来自企业占地补助
电商扶贫	积极推进“互联网+畜牧业”	开辟畜产品销售渠道，出售优质绿色畜产品	产业扶贫，特色产品销售
易地扶贫搬迁	朱日和镇自然村整合	易地移民搬迁 143 户、300 人	改善生活环境
教育扶贫	实施“苏尼特右旗教育扶贫实施方案”“雨露计划”，转移培训工程	贫困大学生每人每年 1 万元资助政策全覆盖	能够实现贫困人口公平受教育
健康扶贫	《苏尼特右旗卫生计生精准扶贫工作实施方案》《关于进一步加大医疗卫生精准扶贫工作的补充通知》	全旗医疗补助建档立卡贫困户 649 人次，补助金额达 163.2 万元	减轻医疗负担和为健康劳动力提供保障
社会保障兜底	落实低保、五保、高龄津贴等政策	发放低保资金 18.2 万元，为 81 名建档立卡贫困人口发放救助资金 27.3 万元	对失去劳动能力的贫困人员的救济措施，需要较长时间的扶持
金融扶贫	简化放贷程序，加快放贷进度	发放贷款 5015 万元，扶持贫困户 290 户	联动产业扶贫的措施
社会扶贫	中西部扶贫发展基金“小事大善”贫困户苏尼特羊三年包销精准扶贫合作项目协议；中国航空集团公司投入帮扶资金 500 万元	价值 9222 万元的医疗卫生设备和教育信息化“三通两平台”设备已投入使用。每年将以 1000 元/只的价格收购贫困户羊 5 万只。帮扶资金 411.7 万元，惠及贫困户 685 户、1827 人	帮扶资源的多样化是扶贫工作的重点

资料来源：苏尼特右旗扶贫办。

表 7-5 显示，鄂温克旗在帮扶过程中，产业扶贫呈现出两个特点。

第一，在传统畜牧业产业扶持方面，实施合作社带动模式。鄂温克旗草地属于草甸草原，是内蒙古生态条件最好的草场。由于 20 世纪 70 年代开发的伊敏煤矿占用草场面积较大，牧户居住较集中，草场面积较小，因而牧户规模化经营较难，适合合作社发展模式。贫困户可以以资产入股方式参加合作社获得资产性收入，如将所有的房屋、牧业设备等提供给合作社共用。贫困户也可以以投工投劳方式参加合作社，获得工资性收入。尤其是对没有牲畜的贫困户来讲，只要有劳动能力、劳动意愿，完全可以以提供劳动力的方式获得收入。贫困户还可以以牲畜托养方式入社，获得投入性收入。对于慢性病患者或者高龄贫困者来讲，牲畜托养是较好的方法。

第二，在特色产业发展方面，推行多种经营模式。一方面是养殖业的多样性。内蒙古传统养殖业一般都是以牛、羊等牲畜为主，但大型牲畜收益周期较长，并需要有一定的经营积累才能实现营业收入。相对来讲，生态鸡、大鹅等的养殖收益周期较短，适合贫困户短期内脱贫的需要，并能为贫困户在短时间内积累发展资金。当拥有较丰富的资金基础时，贫困户可持续生计策略的选择会更多一些。如果我们把可持续生计的目标分为维持生活、继续发展、更大发展 3 个方面，只有生计资本较多的贫困户才有能力选择更高一层的生计目标。基础资金越少选择目标越受限，甚至只选择维持生活的目标。因此，短时间内增加贫困户的收入是精准扶贫的关键一环。并且，收入可以来自产业，也可以来自补助、援助等，因而像前面所述的那样进行扶贫资金管理和贫困群体思想素质的提高至关重要。另一方面是特色产业的多样性。除了养殖业，林产品、草原生态产品、蒙中药材等多种产业经营方式有利于增加贫困户经营的选择，能够使贫困户经营能力和经营趣味相一致。例如，有些贫困户不喜欢养牛，其劳动能力等条件也不适合扩大养殖规模，也没有能力改变现有经营状况，帮扶主体就可以鼓励和帮助这些贫困户改变经营模式，使他们得以脱贫。更重要的是，他们可以获得可持续生计的方法，并利用已有生计资本，发挥各要素的协调作用，在回避和应对市场脆弱性和生态脆弱性方面积累自身经验，而不是一切风险都要国家来承担。这才是精准扶贫工作必须达到的目标，帮扶主体的业绩也不能只看某一个时点上的存量。

表 7-5　鄂温克旗帮扶实例分析（2016 年）

帮扶类型	帮扶措施	帮扶效果	特征
扶持畜牧业产业	打造高产奶牛规模养殖、肉牛扩繁育肥、呼伦贝尔羊短尾品系提纯繁育、呼伦贝尔羊杂交育肥 4 项产业。以“合作社+贫困户”模式吸纳贫困户	畜牧业产业扶贫主体 26 家，其中典型合作社 15 家、草牧企业 3 家、“一村一品”嘎查 8 家。巴音布拉尔、英伦、银石、厄鲁特牧人专业合作社等精准扶贫示范合作社已发挥作用	扶持传统产业
发展特色产业	依托呼伦贝尔有保生态农牧业开发股份有限公司、呼伦贝尔环球瞭望生物科技公司、旗蒙医医院等机构，利用“龙头企业+贫困户”“科研机构+蒙医医院+种植基地+贫困户”“党支部+龙头企业+生产基地+贫困户+营销团队”“养殖大户+贫困户”等模式	蔬菜种植贫困户 29 户，黑木耳种植 54 户，草原白蘑基料 20 户，生态鸡养殖 25 户，大鹅养殖 36 户，蒙中药材种植 25 户，太阳花等手工艺品加工已开展多期培训和企业洽谈会，民族食品生产销售开设 8 个扶贫销售专柜和新建的一座民族食品生产加工厂吸纳贫困户 101 户，旅游开发 41 户，林业产业培育 55 户。共创造 1032 万元的经济效益，成为贫困户的直接收入	发挥合作社的作用，特色产业重点培育
易地扶贫搬迁	组织水土资源匮乏，生态恶化，土地沙化严重，交通不便、通信不畅，人畜饮水困难的散户和无房户搬迁	重点在 5 个苏木乡镇、12 个嘎查实施，计划搬迁 96 户、195 人；易地扶贫搬迁房屋建设工作已全部竣工	改善环境

续表

帮扶类型	帮扶措施	帮扶效果	特征
教育扶贫	采用系统摸底方式确定在旗政府所在地巴彦托海镇内上学就读的建档立卡贫困户子女 76 人、非建档立卡贫困户子女 47 人，结合贫困家庭学生分布在不同学段的实际情况，年初制定了《鄂温克旗 2017 年教育脱贫攻坚实施方案》，有针对性地确定了帮扶措施，确保贫困家庭学生扶持全覆盖；设立鄂温克旗爱心资助协会，积极筹划启动“政府投入+企业捐资”模式，解决贫困学生实际困难	贫困户学前教育幼儿减免保教费。在牧区义务教育阶段蒙语授课学生得到的补助是：小学生 1350 元/年、初中生 1620 元/年，对少数民族寄宿生的补助为小学生 600 元/年、初中生 800 元/年。对普通高中生，免学费和免费提供教科书（按每生每年 2000 元的标准），实施国家助学金资助（30%的在校生，额度是每生每年 2000 元）；另外，对旗内家庭经济困难学生进行资助，旗财政每年支出 20 万元，标准是每生每年 1500 元、1000 元或 500 元。中等职业学校学生，每生每年减免 2000 元，为高一、高二年级的中职在校生提供国家助学金资助，每生每年 2000 元。为贫困家庭大学生每人每年提供 1 万元资助。设立贫困生救助基金	国家补贴 + 自治区补贴+旗县地方补贴，贫困学生上学基本上无忧无愁
社会保障扶贫	将贫困户中符合社会救助政策的贫困人口全部纳入牧区低保、特困人员救助供养社会救助范围，对已经纳入范围但脱贫仍存在困难的贫困户，给予提标升级	通过医疗救助、重特大病医疗救助、重特大病慈善医疗救助、门诊救助、临时救助等措施将符合条件的贫困户纳入救助范围，按政策比例给予扶持	减轻医疗费负担
创业就业扶贫	在旗民族创业园，优先安置有能力、有意愿的贫困户到创业园落户创业，向具备条件的贫困户免费提供创业场地和免息创业贷款。加大对贫困牧民的就业技能培训力度，以技能培训促就业，以就业促脱贫	举办各类劳动技能培训班 6 期，其中包括中式面点、奶制品制作、太阳花制作、电焊、化妆师培训班，累计培训 300 多人次。帮助贫困户和用工单位实现有效对接，同时利用旗政务网、就业服务网站、政务服务中心 LED 大屏幕等宣传平台，发布就业岗位需求	扶持自我发展能力

续表

帮扶类型	帮扶措施	帮扶效果	特征
健康扶贫	制定《鄂温克旗健康扶贫工作实施方案》，实行县域内牧区贫困人口先诊疗后付费制度。提高城乡居民基本医疗保险大病保险报销比例，对患大病和慢性病的贫困患者实施分类救治等措施，建立家庭医生签约服务制度。为贫困人口进行免费体检	为全旗2743名贫困人口购买补充医疗保险、重大疾病保险和意外伤害商业医疗保险，累计投入33万元	健康劳动力的保障
社会救助	为突破单一扶贫模式，成立鄂温克族自治旗扶贫开发协会	开展全区域、全方位、立体化、多层面的扶贫开发和服务工作	扶持资源多元化

资料来源：鄂温克旗扶贫办。

第二节　完善精准扶贫环境建设

使贫困牧户的人力资本、自然资本、物质资本、社会资本、金融资本5种资本有效结合，保障他们的可持续生计就是精准扶贫的过程。目前，完善精准扶贫环境建设是我国社会发展的明确目标。在此前提下，所有社会资源都应集中到全社会发展的“短板”之处，消除因贫困而产生的社会成员之间的机会不公平。

一、城镇化与易地搬迁的融合

在国家实施新型城镇化战略的背景下，城镇化也正成为内蒙古牧区经济社会发展的新路径。但是，如果城镇只作为牧区人口移动的接收地，则不会真正解决贫困问题。贫困的空间转移只能增加城市贫困人口，甚至使进城贫困人口的生活状况变得更差。因此，城镇化在精准扶贫中应发挥两个方面的作用。

第一，吸收牧区年轻劳动力，减轻牧区人口压力。虽然有“头脑转移”的争论，但年轻人给牧区带去现代科学技术、创新思维的传导作用不可忽视。

例如，从较高的知识层面考虑自身脱贫问题，更容易找到解决方法和出路，而不是依赖政策或者简单的重复劳动。因为正如著名社会学家费孝通所分析的那样，推动地缘区域经济增长的工业现代化和少数民族集中居住的民族地区的经济和社会文化发展的关联性并不是很强，甚至有一些少数民族的经济发展是偏离于地缘区域经济发展的进程。现代工业和文明都集中在城市区，非城市区自然会被边缘化，而核心与边缘的连接正好可以通过更多人员往来实现，它的主体就是年轻人。

第二，在易地搬迁工程中解决一部分贫困人口的搬迁入住问题。易地搬迁，从一个牧区搬到另一个牧区的意义不大，承包以后的草场也不会容纳更多的迁入者，从牧区搬迁到城镇才有现实意义。总之，在城镇到城镇化的过程中，城市高度集中的社会公共服务体系不断扩散，更多的人可以享受更高一级的社会福利服务。结合精准扶贫工程，居住地不适宜可持续生存的贫困户或者失去劳动能力、享受社会福利援助的贫困户搬迁到城镇，参与城镇化进程是脱贫的一种进化。

对于城镇化与精准扶贫的融合，可以用锡林郭勒盟镶黄旗的实际案例来说明。首先，对搬迁牧民实施比较宽松的保障政策。例如，在精准扶贫、精准脱贫工作实施中，在保障牧民“四不变”（草场使用权不变、牧民身份不变、国家补贴标准不变、转移进城优惠政策不变）的基础上，解决搬迁人口就业创业、享受基本公共服务等问题。2017 年，以现房采购的方式购置楼房，确保 270 名牧民（易地搬迁 180 人、同步搬迁 90 人）搬迁。其次，提高搬迁人员的适应能力。对于离开农村牧区进城务工的农牧户来讲，尽快适应新的城镇生产生活环境是当务之急，因此，要及时提供基本的生活保障和必要的生产生活技能培训，包括就业技能、生存技巧、生活常识的培训等。最后，不断完善社会保障体系建设。这一点是城镇化的诱惑点，是精准扶贫的亮点，也是因不同目的而执行的这两种策略的结合点。为了解决城镇与牧区之间的社会福利保障差距，应该完善以下两点：第一，增加牧区新型合作医疗大病报销比例，扩大慢性病门诊报销的疾病种类和报销额度。减轻贫困户的医疗负担是现行社会保障体系中牧户可以直接享受的待遇。第二，增加牧民养老保险的缴存比例，让牧民在养老保险金中领取更多的养老金额度，增加了老年牧民的收入，减轻了牧民的后顾之忧，引导他们搬迁到城镇。另外，对不从事牧业生产、已将草场进行合理流转且长期进城居住的牧户，如果放弃牧区危房改造、棚圈改建等基础设施建设项目，可对其在城镇购买住房时给予相应的补贴或优惠，或在实施易地搬迁项目时加大补贴额度等。

总之，现行精准扶贫政策中的易地搬迁措施是城镇化进程的一部分，贫困牧户从不宜居住的恶劣环境转移到现代化的城市环境，脱离了导致贫困的环境因素，使年轻人获得了更多增收机会，老年人获得了医疗、养老等社会保障服务，从而完成了因环境恶劣致贫、因病致贫的贫困群体的脱贫。城镇也在获得一部分年轻劳动力的同时，吸收一部分社会成员享受现代文明的便利和社会福利保障，推进了实现全社会现代化和提高福利的目标。

二、创新与扶贫机制的联动

在我国社会主义进入新时代的背景下，通过精准扶贫来使贫困牧户精准脱贫，提高牧户可持续生计水平是一项有时代标志性意义的里程碑。从经过几十年的扶贫工作仍未脱贫的现实中，不难看出现在扶贫工作的艰难性和复杂性。面对现实，无论是扶贫还是脱贫都需要与以往不同的创新，即理论创新或机制创新。根据刘解龙的分析，机制创新主要包括内部创新和外部创新两个方面。① 内部创新的内容主要集中在贫困群众自身脱贫能力和可持续发展内生动力的提高方面，如 5 种可持续资源的合作共享、在经济结构改革中获得主营产业的支持、获得技术技能的培养、提高生产能力、通过多样化的分配管理机制分散风险等。而外部创新主要是指创造或改善脱贫环境条件，如给予贫困户更多的金融资金支持、提供更多的技术培训合作机会、创造更多的市场需求以及相应的项目政策支持等。

在扶贫机制的创新方面，呼伦贝尔市新巴尔虎左旗的措施具有一定的特点。该旗地处边境少数民族地区，是以天然草原放牧经营为主的纯畜牧业旗，

---

① 刘解龙．经济新常态中的精准扶贫理论与机制创新［J］．湖南社会科学，2015（4）．

这与其他牧区贫困旗县拥有相同的特点。由于产业结构单一、产业链短、龙头企业带动能力差等客观因素的影响，新左旗畜牧业发展比较缓慢，现代化程度低，现代化大企业与广大牧户经营关联性较差，成为自治区级贫困旗县。该旗的扶贫脱贫具体创新机制有：①实施“健康保障小药箱进牧户工程”。这对偏远牧区的牧民来讲，在小病及时治疗、大病预防方面的作用很大，也在一定程度上解决了看病难、看病贵的难题，节省了贫困户医疗费，成为健康扶贫的重要环节。②引进“芦苇草方格固沙”锁边技术，破解沙地治理易反复的难题。据统计，全旗57%的草场面临严重的沙漠化危机，影响畜牧业经济的发展。这些草场是牧民祖祖辈辈经营的主要场所，牧民也不愿意搬迁到其他地区。在众多因素的影响下，治理沙漠是一举多得的措施。一方面，可以改善牧户生存环境，提高脱贫能力；另一方面，可以缓解少数民族地区的社会矛盾，激励畜牧业可持续经营。③自主研发了“牧民电子档案+遥感地图”的大数据管理平台，实现牧区社会事业一体化远程管理模式。通过这一平台，解决牧区地广人稀、服务半径大的难题，使每一个牧户随时可以得到精准的服务。

总之，小病及时得到治理机制、环境改善机制、精准服务机制在帮助贫困牧户增加信心和积极性等方面具有创新意义。对贫困户，尤其是分散居住、远离社会服务系统的牧民来讲，因地制宜的扶贫措施能够发挥更为有效的作用。

三、优化产业结构与脱贫出路

产业结构的转型升级是一个地区经济发展的重要标志，也是经济新常态下精准扶贫的重要内容。对于贫困地区来说，群众依靠和依赖的产业大多是农牧业，大面积的可持续性的产业结构升级是不可能的。尤其是深度贫困地区，依托传统的农牧业产业发展所形成的结构升级并不明显，而较多的产业结构优化是在地区产业的扶持中完成的。

内蒙古牧区的主要产业——畜牧业的产业结构优化与调整应该从以下几个方面进行。第一，产业结构升级过程中离不开生态经济。对于牧区来讲，优化产业结构与保护草原生态环境的目的是一致的，都是在保障经济再生产的自然物质资本基础上，满足人们对良好的自然风景、舒适的生活生态环境的日益增长的需求。这也符合习近平同志在十九大报告中指出的我国社会主要矛盾已经转化为“人民日益增长的美好生活需要和不平衡、不充分的发展之间的矛盾”的社会发展现状。第二，内蒙古牧区产业升级必须以可持续发展为前提。当然，要使牧区产业有序发展就一定要增强产业、企业和产品的竞争力，这是产业升级的一般性原则。而对内蒙古牧区来讲，产业升级除了保持稳定的经济增长，必须以不破坏生态环境为底线。因而，积累国民财富在内蒙古牧区产业升级过程中既包含积累经济财富的含义，又包含减少生态财富消耗、抵制线性发展的产业结构调整的含义。第三，绿色产品开发和加工业应成为牧区第二产业发展的突破口。实际上，贫困牧户最大的问题出现在畜产品销售环节。由于中间环节过多，较高的畜产品市场价格不能反映在牧民出售价格中，出现“好产品、低价格、低收入”现象。因而，在畜产品从简单加工到深加工的过程中，“手工业—轻工业—规模化工业”是牧区产业发展的途径，也是牧区产业结构调整和第二产业发展的创新措施。第四，牧区第三产业的发展是精准扶贫的首要条件。只有交通、信息、科技、教育、文化、金融等多方面全面协调发展，才能够维持扶贫效果的可持续性，才能使牧户收入稳定增加，从而提高应对经济脆弱性的能力。总之，牧区产业升级是生态经济、可持续发展、有机产品开发、旅游业等第三产业发展等众多创新结果的集合。牧区的特殊性决定了解决贫困问题的复杂性，产业升级或者不断模糊的三次产业界限也需要因地制宜地创造出更有活力的扶贫措施。这些措施都需要在扶贫创新行为中产生。

在新巴尔虎左旗的案例中，其产业结构调整策略选择了龙头企业带动和龙头项目支撑的发展模式。新疆天山集团与禾牧阳光集团计划投资 17.9 亿元，联手打造全呼伦贝尔市最大的能容纳 50 万头安格斯肉牛养殖、屠宰、加工、销售的综合产业园，带动百亿级的综合产值，实现畜牧业在标准化生产方面的升级，改变牧户养殖结构、提高收入。而为了配合集中养殖的需求，牧草产业也联动发展。例如，蒙草抗旱集团与新巴尔虎左旗签订了全区第一个以饲草为依托的 PPP 口岸建设项目，率先开启了“政府+企业+金融”境外饲草资源利用的新模式。

总之，在内蒙古牧区优化产业结构的过程中可以看出，所有的产业升级行为都围绕生态、草原和畜牧业及其可持续等主题展开，尤其是在生态文明被写入宪法的现在，工矿开发也严格保护生态环境已成为社会共识。因此，以市场调节为导向、以生态保护与完善为理念的畜牧业产业化发展成为牧区扶贫脱贫的主要出路。而关联性较强的光伏发电等新能源产业和旅游业等生态型发展产业都是牧区产业升级的促进要素，能够实现第二、第三产业的拉动作用和第一产业内部结构的升级。

四、牧区创业机制与自身脱贫

创业是发挥贫困牧民自身潜在能力的最佳选择。但是，牧民创业要满足 3 个条件，就是有劳动能力和意愿、有经营经验或智慧、有充足的资金。所以，创业扶贫倾向于年轻劳动者，尤其是外出打工的有经验者。因而，在其他条件都满足的情况下，牧区贫困群众在创业中面对的最棘手的问题就是资金问题。

前述内容显示，精准扶贫最根本、最难的问题就是资金管理问题。因为准确选择扶贫对象、获得资助者使用资金的过程都存在不确定性因素，创业者的利润最大化与帮扶者的效率最大化在一定时期内同时出现实在很难，创业者为了自己的利益而与资助者进行利益博弈的可能性必然存在。

因此，牧区创业机制首先要考虑从牧民最熟悉的畜牧业等产业和畜产品加工、销售等行业开始，在其比较成熟的环境中积累初始资本、奠定今后发展的基础。其次，创业机制要充分考虑年轻人联合行动和合作社形式，一方面发挥资金集中投入的规模效应，另一方面建立遇到挫折时的风险分散机制，从而使牧区创业扶贫机制真正成为鼓励牧户生计可持续的措施。

第三节　贫困牧户主动性和能力建设

牧户生计的可持续与精准扶贫、精准脱贫的目标与结果是统一的。精准扶贫的最根本原则是使真正需要帮助的人获得帮助，及时脱离贫困状态，改善生活，共享社会经济发展成果。虽然在自上而下的扶贫措施中，提供各种资源、政策、资金的援助是不可缺少的，但是从自下而上的脱贫角度看，贫困牧民自己必须有脱贫的意识和思想，不偷懒，不能过度依赖政策补贴。因而，动员贫困牧民，激励脱贫行为和脱贫成果，逐渐增加其获得收入和收入分配的能力，最终决定有效的可持续生计策略是精准扶贫工作的又一个重要任务。

一、贫困牧户自我发展意识动员

调动贫困户自我发展意识是避免贫困牧民只顾短期利益的措施。只有贫困牧民自己有较强的脱贫意识，才能使其意识、思想、能力结合在一起成为自我发展能力。反过来讲，只有对有自我发展能力的贫困人口，扶贫政策才能有效施行。从帮扶主体——政府的角度分析，首先要实施政策上的鼓励。鼓励和奖励贫困户在脱贫过程中的一切努力，帮助贫困户树立自我发展意识，让贫困人口感受到自立自强的快乐。其次，增强贫困人口的集体意识，发挥社会资本的作用。根据实地调研的情况来看，大多数贫困户都是脱离其他群众的，在经济上或者社会上与他人来往很少，因而很少得到其他人的帮助，处于想脱贫也无法脱贫的失落状态。因而，在调动贫困人口的自我发展意识，并使其提升为自我发展能力时，应该让贫困人口参与扶贫开发活动，在集体活动中获取脱贫的信心，这比金钱鼓励更有效。这也是用群体力量共同对抗贫困的一种有效配置社会资源的方法，会进一步提高精准扶贫工作的效率。再次，创造贫困牧民获得收入的机会，使他们树立勤劳致富的意识。根据经济学原理，人们对激励会作出反应，而人们最为关心并能够反映出内心想法的激励就是收入。帮扶主体应该采取组织贫困人群参加大型招聘会、到企业试工等引导措施，帮助他们外出打工或者到发达地区企业务工，获得更多收入。只有随着收入的增加生活质量提高了，人们才有继续努力的积极性，脱贫意识才会变得更强烈。因此，鼓励贫困人群自我发展，并建立其自我发展能力，从而形成可持续脱贫体系是精准扶贫的重要内容之一。

二、贫困牧户自我发展能力建设

鼓励贫困牧民发展自我脱贫意识、增加脱贫信心是一种政策激励措施，而帮助贫困户提高自我发展能力是可持续生计行为的扶持对策。因此，贫困牧民自我发展能力建设要求更细致的行动方案。现行的措施中技术培训成为主要方式，政府一般采取多种形式对贫困牧民进行专业技术培训，引导牧民掌握更多的实用技术，进而改变生产技术单一、经营方式单一的局面，实现经营多元化或者多样化，尽可能降低市场价格波动风险。同时，通过“雨露计划”工程，进一步增强对牧区的人力资源开发。因为受教育程度较低，同时传统草原畜牧业经营的简单重复劳动投入根本不需要高文化素质，牧民学习文化知识的欲求降低，放弃或失去了系统性受教育机会。但是传统的经验积累型知识传播方式已经无法适应高速发展的市场经济现状。因此，为牧民、贫困牧民提供更多接受知识的平台十分必要。尤其是对因贫困而失去受教育机会的年轻人来讲，得不到公平的学习机会是社会不平衡发展的结果，社会必须补齐这一短板，为他们提供更优惠的学习条件，因为年轻人才是人力资源开发的主力对象。

另外，鼓励牧民外出打工是增加收入的一种方式，收入的多元化有利于牧户选择更积极的生计策略，而且外出打工的贫困人口回乡创业是贫困户自我发展能力建设的资金、技术、知识、经验基础。外出打工的收入变成能力建设的资金投入，学到的技术和经验成为人力资本，先进地区的状况也刺激贫困人口追求更高一级的生活质量。因而，在贫困农牧区发展中，搭建域外人才与家乡的情感纽带，让他们带着技术、资金回乡创业，担任牧区经纪人、专业合作社带头人和各类小型企业管理人员，带动贫困牧区脱贫是牧区自我发展能力建设中亟待推进的工作。

三、贫困牧户自我发展能力组织支持

组织支持理论强调，在个体产生义务感或情感承诺的时候，应该把组织的利益放在最优先的地位。实际上，包括合作社在内的各种社会组织是牧区经济发展的动力，没有组织的支持，牧户单枪匹马进入市场竞争几乎不可能。组织支持包括政策支持，其中又包括基础设施建设、转移支付支援等多方面内容。在前章内容中已对政府扶持脱贫方面作出详细分析，在此不再赘述，以下分析从两个方面进行陈述。

首先，贫困牧户应对帮扶组织产生义务感和情感承诺。结合精准脱贫的原则和目标分析，对贫困户来讲，自己有脱贫意识、努力寻找脱贫方法、不断增强自我发展能力、决定更积极的可持续生计策略就是一种义务感和情感承诺。精准扶贫、精准脱贫战略明确规定 2020 年实现全面脱贫目标，这必然会激起部分贫困户的利益博弈思维，甚至有些贫困户会趁此机会，想得到更多的补贴和好处。因此，亟须扶贫成果的帮扶主体和不想脱贫的贫困户之间会产生矛盾，帮扶者单方面的义务付出无疑会面临更多困难、效率低下。也就是说，脱贫主体也必须有脱贫的义务和承诺才行，绝对不能认为贫困光荣、免费拿到国家补贴是理所应当的。脱贫主体也应该勇敢地承认自己给脱贫工作“拖后腿”，杜绝过度享受国家补贴的情况。

其次，合作社等自下而上组建的自组织是贫困户很容易对其产生义务感的组织。因为一旦加入合作社，成员之间就存在较好的相互监督体系，几乎每一个成员的所作所为都能够被监督，从而促进整体组织的合理发展。

总之，在贫困牧民自我发展能力的组织支持方面，自上而下的扶贫工作需要更加精准灵活，自下而上的措施中合作社等牧民相互监督管理的组织能有效地促进贫困户产生脱贫义务感和情感承诺，从而增强自我发展能力。

第八章　研究结论与建议

第一节　研究结论

本书利用英国国际发展部（DFID）提出的可持续生计分析框架，通过对典型贫困牧区的深入调研，借鉴国内外关于反贫困研究的成果和相关理论工具，阐明了内蒙古牧区的贫困与反贫困历程以及现行精准扶贫、精准脱贫政策的基本状况。在摸清现状的基础上，对内蒙古贫困牧户可持续生计进行了研究。利用调研数据，分析了贫困产生的原因，并在精准扶贫、精准脱贫政策强有力的背景下，探讨了贫困牧户脱贫方法和生计可持续途径。最终，结合精准扶贫、精准脱贫典型分析，提出将贫困牧户获取和利用生计资本的全过程融入精准脱贫生计策略中，得出“精准扶贫、脱贫是贫困户实现可持续生计的重要途径，而贫困牧户生计可持续又是精准脱贫的有效成果”的结论。具体结论如下：

一、内蒙古贫困牧户的生计资本脆弱，结构不合理

贫困牧户拥有的 5 种生计资本结构不合理，显现出脆弱性。实证分析结果显示，内蒙古贫困牧户的社会资本均值为 0.5845，存量最高，意味着贫困牧户参加社区活动和享受生活最低保障政策的情况多；金融资本均值为 0.5023，存量较高，表明贫困牧户有较高的现金收入、较多的获取信贷和无偿现金援助的机会，说明现行精准扶贫政策中金融扶贫项目实施得比较到位；物质资本均值为 0.4992，表明有比较好的住房和比较多的牲畜，近年扶贫工作中易地搬迁工作的效果较好。但是，自然资本均值为 0.2678，人力资本均

值为 0.2638，存量相对较低，说明贫困牧户家庭草场面积较小、草场质量较差、家庭劳动能力较弱、劳动力受教育程度比较低、家庭成年男性劳动力数量较少等情况。贫困牧户应该注重尽可能均衡拓展 5 种资本，这样有助于应对外部环境的变化和冲击。

二、贫困牧户人力资本存量明显较低，人力资本短缺

对贫困牧户 5 种生计资本进行的二元 Logistic 回归显示，人力资本重要指标之一，家庭人口受教育程度越高、住房面积越大、越能够获取信贷、现金收入越多、越能够获得无偿现金援助、越积极参加社区组织的牧户倾向于选择多样型生计策略，较容易脱贫且能保障脱贫的可持续性。家庭人口劳动能力越强、家里有成年男性劳动力、草场面积越大、草场质量越好、牲畜数量越多、越能够获取信贷、属于低保户的牧户则倾向于选择纯牧业型生计策略，他们思想陈旧，容易依赖各级政府发放的低保金，脱贫难度大。提高人力资本的存量是今后改善贫困牧户生计水平的重点方向。

三、自然资本利用不合理

内蒙古牧区近几年基本处于干旱、疫病和蝗虫的侵害之中，沙漠化程度不断加剧，自然生态条件非常恶劣。例如，典型草原牧区之一的锡林郭勒盟，可利用草场面积为 17.22 万平方千米，牧业人口密度为 0.82 人/平方千米。人均拥有的草场面积绝对量大，但牧草资源不足，传统的靠天养牲畜生计方式、落后的基础公共服务与脆弱的生态环境形成合力，约束着牧户在现有技术条件下谋求发展。贫困牧户脱贫难、发展难，除与大多数农村一样受基础设施和技术技能影响外，事实上受传统生计的约束最为突出。

四、贫困牧户的可持续生计策略是精准脱贫的关键

牧户生计策略选择与家庭人口受教育程度、牧户牲畜数量、获得无偿现金援助的情况和是否为低保户密切相关。牧户家庭人口受教育程度与牧户选择多样型生计策略在 1%的显著水平下有显著的正相关关系，即随着家庭人口

受教育程度的增加，牧户选择多样型生计策略的概率会显著提升；牧户家庭草场面积与牧户选择多样型生计策略在5%的显著水平下有显著的负相关关系，即牧户家庭草场面积扩大时，选择纯牧业型生计策略的概率会显著提升；牧户获得无偿现金援助的情况与牧户选择多样型生计策略在5%的显著水平下有显著的正相关关系，即牧户获得无偿现金援助时，牧户选择多样型生计策略的概率会显著提升；牧户是否属于低保户与牧户选择多样型生计策略在5%的显著水平下有显著的负相关关系，即牧户为低保户时，选择纯牧业型生计策略的概率会显著提升。贫困牧户选择多样型生计策略有利于脱贫，并且可持续脱贫的可能性较大。

五、精准扶贫是贫困牧户获得可持续生计资本的一个有效途径

内蒙古牧户致贫原因可以归纳为基础设施落后、自然资源开发限制、人力资本薄弱、扶贫机制不完善等。贫困现状突出表现为经济脆弱、少数民族人口多、生态保护压力大、边境地区广等特点。因此，政府部门应该设计更加灵活的政策措施，吸引外部投资，发挥牧业地区的潜力，结合牧业地区资源禀赋实际情况形成专项扶贫、特色产业扶贫和社会扶贫互为补充的精准化大扶贫格局。通过分析内蒙古贫困牧户生计状况发现，牧区贫困地方在经济发展水平、基础设施建设、文化教育程度、医疗卫生机构和社会保障制度等方面的发展水平存在一定的差异，因此，在脱贫攻坚进程中，必须瞄准当地贫困牧户的真正需求，坚持因户（因人）制宜分类指导，创新扶贫开发机制，提高扶贫开发精准度和精准率。

六、当前的草牧管理不利于贫困牧户生计的可持续发展

建档立卡的贫困牧户，特别是无牲畜户的草场不合理流转使用问题日益突出，租赁草牧场的不规范行为加剧了草原牧场的退化，制约了区域性整体规划和经济效益的合理分配。同时，牧区分户经营、草牧场割据的后果，突出体现在生产力水平低下、生产资料浪费以及草场和牲畜结构失衡等方面。

七、贫困牧户自我发展是可持续生计的根本

精准脱贫是贫困牧户可持续生计的结果。扶贫要扶志，也要扶智，要培养贫困牧户的主动意识，激发内生自我发展动力脱贫。目前依然存在一些贫困户过度依赖外力，将扶贫认为是一项福利，政府、企业或个人给钱、给物是理所当然，其贫困状况虽然在短时期内得到改善，但是此类脱贫方式没有可持续性，很容易反弹。因此，针对因劳动技能不足而致贫的贫困牧户，要为其提供技能培训或平台，鼓励与引导，加强宣传，使其摆脱“等、靠、要”等消极保守的思想，培养自立、自强的奋斗精神，增强脱贫自信，树立脱贫典型。通过教育扶贫，提高劳动力素质，培养自我发展能力。为了进一步完善牧业地区牧户民主参与机制、激发牧户参与热情，让贫困牧户参与到扶贫工作中的各个环节非常重要。在精准扶贫、精准脱贫的扶贫开发中，一定要处理好政府、社会和贫困户三者之间的关系，提高牧业地区牧户发展生产、建设家园的主动性和积极性，利用智力扶贫提高牧户劳动素质技能，激发全体群众的主动创造能力，激发他们的主体参与意识，发挥他们的主体参与作用。

第二节　对策建议

扶贫工作最大的难处在于，贫困牧户的生计资本不断地发生变化，导致他们的生活和生计方式也在发生变化。五大生计资本中任何一种资本的较大变动都会使牧户的生计策略趋向复杂化。而现行的精准扶贫就是在这样的动态变化中寻求所有资源协调联动、最大化内生动力的措施。因此，精准扶贫背景下牧户可持续生计水平的提高，不仅仅是脱贫问题，更是从帮扶角度推进外部条件和内生动力的有机结合，从脱贫角度有效利用 5 种生计资本提升生计水平。总之，要全面提升 5 种生计资本的数量、质量，直至结构的最优化。

一、提升人力资本质量

根据舒尔茨和贝克尔的理论，人力资本可以被理解为劳动者的健康素质、各种管理技能以及劳动与生产知识的总和，包括量的管理和质的管理两个方面。量的管理是指用劳动力投入数量的增减来完成某一种经济行为的调整措施。从牧户实际情况来看，每一个家庭基本上有 1~3 个劳动力，劳动力数量调整的余地不大，因而，提升生产力的措施更多集中在劳动力质量的提高上，即提高中年牧民的知识水平，如开设畜牧业生产培训课等。对年青一代的贫困牧民而言，实实在在地贯彻落实义务教育，鼓励他们接受高等教育。从实际出发全面提升牧民受教育水平，至少实现高中毕业者的数量占大多数。为了保证公平的受教育机会，对牧区贫困牧户的孩子采取进一步减免学费等措施。这些措施都是创造外部条件、提升人力资本质量不可缺少的手段。较好的教学培训条件不一定必然会培养出高质量的人力资本，但高质量的人力资本肯定受过高质量的教育。因而，牧户对高水平知识和技术的内生需求更为重要。总之，人力资本是牧户能否有效运用其他生计资本的基础，因为人的受教育程度直接影响其对其他资源的认识和使用决策。例如，受教育程度越高，对新技术的接受能力越强，越容易改变对自己不利的生产方式，探索更为有效的生产方法。人力资本质量的提升是贫困户摆脱贫困的重要基础，贫困牧户应抓住外部条件建设的利好机会，提升自身的人力资本质量，其重点在于学习技能和知识，提高自我脱贫的能力、提升自信和掌握进步思想。

二、提高自然资本利用效率

对于内蒙古牧区来说，自然资本就是草场，利用天然草场获取更多的生计资本是草原畜牧业的最大特点。有史以来，气候干旱、营养土壤层比较薄弱等特点决定内蒙古大部分草场不适于大规模开垦，只适合放牧型畜牧业经营。曾经以农耕方式开发草原的地区也逐渐改变开发模式。总之，水资源极度稀缺等原因使得草原地区不太适合大面积开垦，因此，牧户合理利用自然资源的普遍方法就是放牧经营。适度规模经营理念在合理利用草地、缓解草场压力、提高草场长期利用率方面作出了贡献。但是，这种生态优先型对策在应对生态脆弱性方面起到积极作用的同时却扩大了牧户的经济脆弱性。因而，在草场利用现状不变的状态下，提高草场利用率成为地方政府的首要任务。目前，比较有效的方法是组织合作社，几户或者几十户合并草场，用在较大面积的草场上轮牧等方式减轻草场负担，从而改善草场环境，提高草场利用效率。另外，可以多样化草场利用方式。草场作为自然资本，草场利用率的提高除依靠在畜牧业经营中更有效地利用草地资源以外，也可以依靠用途的多样化。例如，发展生态旅游，如"牧家乐"等，既丰富了草原的利用方式，也提高了牧户的收入。

三、加强牧区社会资本培育

社会资本的本意在于在人际交往和社会关系的沟通中找到解决问题的最佳方案。它在经济学中有两方面解释：一方面，从资源稀缺性的角度看，人的能力有限，必定会产生社会劳动力分工，使每个人在较为专业化的服务中获取满意的结果。所以人们在生计活动中必须与其他人产生必要的关系，否则会增加生计成本。另一方面，从社会福利的角度看，人们生计的目的是社会福利的最大化，即从所有经济活动中获得最大程度的幸福感。这一幸福感与低级的满足感又有根本的区别，它是指劳动者对自己劳动的珍惜和对劳动成果的满意度，通过社会对人的劳动的认可来实现。因此，健全牧区沟通联络机制，创办适合牧户的社会组织非常重要。鼓励牧户积极参加社会组织，社会组织对劳动成果的认可对贫困户的激励作用不亚于其他措施。目前，在现代生计资本体系中，牧户的社会资本相对薄弱，尤其是对贫困户来讲，经济基础越差，生计策略目标范围越狭窄，越无法充分利用社会资本，导致所有的劳动时间都被分配到简单低级的劳动内容中，脱离现状的机会越来越少。因此，为了提升牧户的社会资本，在牧户互帮互助意识的基础上，积极引导牧户参加各种合作社，有利于提高牧区家庭的组织化程度，增加他们抵御风险的能力。此外，由于内蒙古牧区的贫困牧户多居住在通信设备落后的边境地区或山区，获取外界信息的能力差，交通设施不发达，与外界的联系也不方便。因此，牧区的交通、通信建设也是社会资本积累的重要保证。

四、改善牧区金融服务质量

金融资本是牧户可持续生计策略的基础，尤其是生产性投入离不开社会各界金融服务的支持。目前，在内蒙古牧区牧户金融资本利用方面存在两种较为极端的状态：一种是完全得不到正规合法的金融贷款；另一种是借款过多，新一轮的贷款大部分用于偿还前一轮的贷款。前者是贫困牧户家庭经常遇到的局面，几乎没有一个贫困户能够通过银行的还款能力评估，如果没有政策性干预，贫困户获得贷款的可能性极小，借与还这样非常普通的市场经济行为却无法实现，产生“弱者更弱”的不公平现象。当然，这一现象违背了精准扶贫的目标。因此，帮扶主体即政府部门采取干预措施是贫困户获取金融支持资本的主要方法。从牧区现状来看，地方政府部门与信用社等金融机构密切合作，苏木或者合作社作为担保人，方便贫困牧户获得贷款，才是及时解决资金问题的途径。但是，由于政府在与信用社的合作中，可借贷的款项有限，较多的贷款还需要抵押资产等复杂的过程，贫困户很容易选择高利贷等私人信贷。因此，在解决资金问题的同时加强信贷市场管理是政府部门改善金融服务质量的重要环节之一。另外，为了避免还款压力，应该对贫困户购买机械设施等生产性大型设备的投入增加补贴，这也是牧户获取金融资本的有效途径。借款过多问题，也是地方政府最难把握的事情，因为牧户借款行为存在很大的随意性和不确定性，还有隐蔽性的特点。一旦发生借款过多问题，就会让牧户以及包括牧户周围的亲戚朋友在内的所有社会关系网陷入借贷困境，并且“贷款恶性循环链”越长，贫困户脱贫难度越大。即使是较富裕的家庭，现有资产的价值总额不抵贷款总额的情况也时有发生。因此，精准扶贫除帮助贫困户收入水平达到脱贫标准以外，还要防止隐性贷款的过度蔓延。首先，要扩大贫困牧户通过正规渠道借贷行为，扩大牧业地区金融服务机构的服务范围，简化借贷款审批程序，利用金融服务优惠政策等手段逐渐杜绝高利贷。其次，政府也应当进一步加大对牧户的转移支付和补贴力度，配合健康医疗保障、教育补助等措施，尽量减少牧户贷款超过实际经济能力的现象发生，从而鼓励牧户获取合理的金融资本，影响可持续生计策略。

五、健全牧区社会保障体系

社会保障是通过救灾、救济手段实现社会公平的政策措施，通过国民收入的再分配来实现牧业地区牧户的转移和自然与社会风险的规避，为他们的基本生产、生活提供物质保障。社会保障体系由医疗保障、教育培养、基础设施、低保、公共安全等多个系统组成，健全社会保障体系涉及所有系统，各系统之间有机结合才能发挥最佳功能，最终实现公平的福利社会的现实目的。结合精准扶贫，牧户及贫困牧户对社会保障的需求是获取各种生计资本，尽量减少生产生活上的负担，即因病致贫的牧户可以获得健康保障援助，因贫失学的牧户可以获得义务教育帮助，偏僻地区的牧户可以享受基础设施建设红利等。因此，政府部门要完善社会保障体系，全面扶持贫困牧民尽快脱贫。从整体来讲，需要增加保障项目，尤其是要从可持续生计角度出发，在培养可持续发展能力方面提供更多的保障或机会，如加大免费教育和培训力度等。同时要提高保障的水平，不能搞简单平分，要对重点方向加大扶持。例如，对缺少基础设施致贫的区域，建设一条道路的效果要远远大于平分金额的效果。另外，政府要扩大社会保障的覆盖面。因为贫困使一部分社会成员失去分享社会发展成果的机会，产生了社会两极分化的可能性。因此，在社会保障覆盖面扩大的过程中，要有效区分帮扶和救济人口，实行分类扶贫，做到应该得到帮助的所有贫困户都能得到扶贫政策实惠。而对自身懒惰、不想脱贫的贫困户应减少物质、金钱补助，增加思想教育和就业指导，一定要让贫困牧户通过自身的劳动增加收入，可持续脱贫要通过收入的初次分配来完成。

参考文献

中文著作：

［1］阿马蒂亚·森．贫困与饥荒［M］．北京：商务印书馆，2001.

［2］阿马蒂亚·森．以自由看待发展［M］．北京：中国人民大学出版社，2013.

［3］包广华，张瑞祥．锡林郭勒盟志·扶贫开发志［M］．呼伦贝尔：内蒙古文化出版社，2013.

［4］包玉山，额尔敦扎布．内蒙古牧区发展研究［M］．呼和浩特：内蒙古大学出版社，2011.

［5］陈全功，程蹊．少数民族山区长期贫困与发展型减贫政策研究［M］．北京：科学出版社，2014.

［6］陈洁，等．中国草原生态治理调查［M］．上海：上海远东出版社，2009.

［7］达林太，郑易生．牧区与市场——牧民经济学［M］．北京：社会科学文献出版社，2010.

［8］费孝通．江村经济［M］．上海：上海人民出版社，2006.

［9］国家统计局住户调查办公室．中国农村贫困检测报告（2017）［M］．北京：中国统计出版社，2017.

［10］韩俊，等．中国草原生态问题调查［M］．上海：上海远东出版社，2011.

［11］杭拴柱．内蒙古“十二五”发展战略研究［M］．北京：经济管理出版社，2010.

［12］郝维民．百年风云内蒙古［M］．呼和浩特：内蒙古教育出版社，2000.

［13］呼格吉勒图，海山．内蒙古牧区所面临的问题及对策——中国北方

地区的经济发展与环境保护［M］. 赤峰：内蒙古科学技术出版社，2009.

［14］黄承伟，王建民．少数民族与扶贫开发［M］. 北京：民族出版社，2012.

［15］黄承伟，张琦，等．连片特困地区区域发展与扶贫攻坚县、村级实施规划的编制方法［M］. 北京：经济日报出版社，2016.

［16］康晓光．中国贫困与反贫困理论［M］. 南宁：广西人民出版社，1995.

［17］李瑞华．贫困与反贫困的经济学研究——以内蒙古为例［M］. 北京：中央编译出版社，2014.

［18］李曦辉．民族经济蓝皮书：中国民族经济发展报告（2016）——“一带一路”之周边经济走廊［M］. 北京：社会科学文献出版社，2016.

［19］李小云，等．普通发展学［M］. 北京：社会科学文献出版社，2012.

［20］林耀华．民族学通论［M］. 北京：中央民族大学出版社，1997.

［21］刘银喜，任梅．中国牧区全面可持续发展研究［M］. 北京：中国经济出版社，2015.

［22］刘永佶．民族经济学［M］. 北京：中国经济出版社，2007.

［23］刘永佶．中国少数民族经济学［M］. 北京：中国经济出版社，2008.

［24］刘永佶．中国政治经济学 主体 主义 主题 主张［M］. 北京：中国经济出版社，2010.

［25］刘永佶．中国政治经济学方法论［M］. 北京：中国社会科学出版社，2015.

［26］马克思．资本论：第一卷［M］. 北京：人民出版社，2004.

［27］马林，王亮，张杨．中国草原牧区可持续发展论［M］. 北京：民族出版社，2015.

［28］孟淑红．典型草原畜牧业及“三牧”问题研究［M］. 呼和浩特：内蒙古教育出版社，2011.

［29］内蒙古自治区发展研究中心，内蒙古自治区经济信息中心．决胜“十三五”增长与创新发展［M］. 北京：人民出版社，2016.

［30］内蒙古自治区统计局．内蒙古统计年鉴［M］．北京：中国统计出版社，2012，2016，2017.

［31］内蒙古自治区畜牧业厅修志编史委员会．内蒙古畜牧业发展史［M］．呼和浩特：内蒙古人民出版社，2000.

［32］苏芳．可持续生计：理论、方法与应用［M］．北京：中国社会科学出版社，2015.

［33］单德朋．民族地区贫困的测度与减贫因素的实证研究［M］．北京：经济科学出版社，2014.

［34］施正一．理论思维与经济科学［M］．长春：吉林人民出版社，1989.

［35］施正一．简编广义民族学［M］．北京：中央民族大学出版社，1996.

［36］王来喜．内蒙古经济发展研究［M］．北京：民族出版社，2008.

［37］汪三贵，张伟宾，杨龙．少数民族贫困问题研究［M］．北京：中国农业出版社，2016.

［38］吴仕民．中国民族政策读本［M］．北京：中央民族大学出版社，1998.

［39］向德平，黄承伟，等．减贫与发展［M］．北京：社会科学文献出版社，2016.

［40］亚当·斯密．国民财富的性质和原因的研究［M］．北京：商务印书馆，1972.

［41］闫坤，刘铁芳．中国特色的反贫困理论与实践研究［M］．北京：中国社会科学出版社，2016.

［42］张冬梅，舒燕飞．区域经济分析方法［M］．北京：中国社会科学出版社，2011.

［43］张丽君．地缘经济时代［M］．北京：中央民族大学出版社，2006.

［44］张丽君，刘云喜．牧区生态移民安置的效益评估及其指标体系研究［M］．北京：中国经济出版社，2015.

［45］张丽君．中国民族地区新型城镇化机制与路经研究［M］．北京：中国经济出版社，2015.

［46］张丽君，吴本健，王润球，等．中国少数民族地区扶贫进展报告（2016）［M］．北京：中国经济出版社，2016.

［47］张丽君，等．中国少数民族地区扶贫进展报告（2017）［M］．北京：中国经济出版社，2017.

［48］张琪，王建民．整村推进扶贫模式与少数民族社区发展［M］．北京：民族出版社，2013.

［49］张志华．内蒙古自治区经济社会发展报告（2015）［M］．呼和浩特：远方出版社，2016.

［50］郑长德，等．中国少数民族地区经济发展报告（2014）［M］．北京：中国经济出版社，2014.

［51］郑长德．中国少数民族地区包容性绿色发展研究［M］．北京：中国经济出版社，2016.

［52］中共中央国务院．中国农村扶贫开发纲要（2011—2020）［M］．北京：人民出版社，2011.

［53］中国社科院环境与发展研究中心．中国环境与发展评论［M］．北京：社会科学文献出版社，2007.

中文论文：

［1］包晓霞．中国西北贫困地区农户的社会资本特征——基于400份农户的问卷调查的初步分析［J］．甘肃社会科学，2012（4）．

［2］毕加格．生态红线下的内蒙古牧区发展［J］．北方经济，2015（6）.

［3］蔡志海．汶川地震灾区贫困村农户生计资本分析［J］．中国农村经济，2010（12）．

［4］陈光金．中国农村贫困的程度、特征与影响因素分析［J］．中国农村经济，2008（9）．

［5］陈伟娜，闫慧敏，黄河清．气候变化压力下锡林郭勒草原牧民生计与可持续能力［J］．资源科学，2013（5）.

［6］打赢扶贫攻坚战，绘就脱贫新蓝图——内蒙古自治区扶贫开发工作综述［J］．实践（党的教育版），2016（4）.

［7］道日娜．农牧交错区域能胡生计资本与生计策略关系研究［J］．中

国人口·资源与环境，2014（5）.

［8］邓维杰.精准扶贫的难点、对策与路径选择［J］.农村经济，2014（6）.

［9］丁建军.中国11个集中连片特困区贫困程度比较研究——基于综合发展指数计算的视角［J］.地理科学，2014（12）.

［10］都日娜.内蒙古库伦旗蒙古族贫困问题研究［D］.西北民族大学，2010.

［11］杜发春.三江源搬迁牧民的后续生计和就业类型——基于格尔木昆仑民族文化村的调查［J］.青海民族大学学报（社会科学版），2014（4）.

［12］方迎风.中国贫困的多维测度［J］.当代经济科学，2012（4）.

［13］高晓博.内蒙古农村牧区贫困问题及治理［D］.重庆大学，2013.

［14］顾永红，等.可持续生计视角下连片特困地区妇女贫困研究［J］.江汉论坛，2014（6）.

［15］郭劲光.我国贫困人口的脆弱度与贫困动态［J］.统计研究，2011（9）.

［16］郭圣乾，张纪伟.农户生计资本脆弱性分析［J］.经济经纬，2013（3）.

［17］海山.内蒙古牧区贫困化问题及扶贫开发对策研究［J］.畜牧经济，2007（10）.

［18］呼格吉勒图.内蒙古牧区区域发展条件与发展对策［J］.干旱区资源与环境，2004（9）.

［19］胡联，王艳，汪三贵，等.精准扶贫的成效分析——基于安徽省12县（区）调研数据的分析［J］.中国延安干部学院学报，2017（1）.

［20］黄承伟，刘欣.“十二五”时期我国反贫困理论研究述评［J］.云南民族大学学报（哲学社会科学版），2016（2）.

［21］黄承伟，覃志敏.论精准扶贫与国家扶贫治理体系建构［J］.中国延安干部学院学报，2015（1）.

［22］黄承伟，覃志敏.我国农村贫困治理体系演进与精准扶贫［J］.开发研究，2015（2）.

［23］黄承伟，叶韬，赖力.扶贫模式创新——精准扶贫：理论研究与贵

州实践 [J]. 贵州社会科学，2016 (10).

[24] 黄承伟. 习近平扶贫思想体系及其丰富内涵 [J]. 中南民族大学学报 (人文社会科学版)，2016 (6).

[25] 黄承伟. 中国扶贫开发道路研究：评述与展望 [J]. 中国农业大学学报 (社会科学版)，2016 (5).

[26] 黄伟. 风险冲击、脆弱性与农户贫困关系研究 [D]. 华中农业大学，2008.

[27] 靳乐山，魏同洋，胡振通. 牧户对气候变化的感知与适应——以内蒙古四子王旗查干补力格苏木为例 [J]. 自然资源学报，2014 (2).

[28] 黎洁，李树茁. 退耕还林工程对西部农户收入的影响：对西安周至县南部山区乡镇农户的实证分析 [J]. 中国土地科学，2010 (2).

[29] 李博，左停. 精准扶贫视角下农村产业化扶贫政策执行逻辑的探讨——以Y村大棚蔬菜产业扶贫为例 [J]. 西南大学学报 (社会科学版)，2016 (4).

[30] 李博，左停. 遭遇搬迁：精准扶贫视角下扶贫移民搬迁政策执行逻辑的探讨——以陕南王村为例 [J]. 中国农业大学学报 (社会科学版)，2016 (2).

[31] 李聪，李树茁，费尔德曼，等. 劳动力迁移对西部贫困山区农户生计资本的影响 [J]. 人口与经济，2010 (6).

[32] 李鹤，张平宇，程叶青. 脆弱性的概念及其评价方法 [J]. 地理科学进展，2008 (2).

[33] 李晶. 内蒙古贫困问题研究评述 [J]. 民族论坛，2013 (12).

[34] 李琳一，李小云. 浅析发展学视角下的农户生计资产 [J]. 农村经济，2007 (10).

[35] 李小云，董强，饶小龙，等. 农户脆弱性分析方法及其本土化应用 [J]. 中国农村经济，2007 (4).

[36] 李小云，唐丽霞，许汉泽. 论我国的扶贫治理：基于扶贫资源瞄准和传递的分析 [J]. 吉林大学社会科学学报，2015 (4).

[37] 李小云. 我国农村扶贫开发战略实施的治理问题 [J]. 贵州社会科学，2013 (7).

[38] 李雪萍．反脆弱性发展：突破发展陷阱的路径——基于西藏城镇社区发展的实证调查与理论分析 [J]．华中师范大学学报，2013（3）．

[39] 李媛媛，盖志毅，马军．内蒙古牧区政策的变迁与农牧业发展研究 [J]．农业现代化研究，2010（1）．

[40] 李媛媛．新阶段内蒙古生态脆弱地区扶贫移民研究 [D]．内蒙古农业大学，2014.

[41] 刘海池．蒙古族聚居区反贫困攻略中的生态移民 [J]．民族论坛，2011（7）．

[42] 刘解龙，陈湘海．精准扶贫的几个基本问题分析 [J]．长沙理工大学学报（社会科学版），2015（6）．

[43] 刘解龙，陈湘海．适时打造精准扶贫的生计版 [J]．湖南社会科学，2017（1）．

[44] 刘解龙．经济新常态中的精准扶贫理论与机制创新 [J]．湖南社会科学，2015（4）．

[45] 刘解龙．论绿色发展时代的精准扶贫精准脱贫 [J]．贵州省党校学报，2016（5）．

[46] 刘进，甘淑，吕杰，等．基于 GIS 和 ANN 的农户生计脆弱性的空间模拟分析 [J]．山地学报，2012（5）．

[47] 刘彦随，周扬，刘继来．中国农村贫困化地域分异特征及其精准扶贫策略 [J]．中国科学院院刊，2016（3）．

[48] Martha G R，杨国安．可持续发展研究方法国际进展——脆弱性分析方法与可持续生计方法比较 [J]．地理科学进展，2003（1）．

[49] 蒙吉军，艾木入拉，刘洋，等．农牧户可持续生计资产与生计策略的关系研究——以鄂尔多斯市乌审旗为例 [J]．北京大学学报（自然科学版），2013（2）．

[50] 潘国臣，李雪．基于可持续生计框架（SLA）的脱贫风险分析与保险扶贫 [J]．保险研究，2016（10）．

[51] 杞银凤．会泽县退耕还林效益分析与评价 [J]．林业经济问题，2008（5）．

[52] 钱贵霞，郝永红，吴迪．内蒙古农村牧区贫困状况及成因分析——

基于国家重点贫困旗县数据［J］. 内蒙古大学学报（哲学社会科学版），2013（5）.

［53］乔海滨. 对内蒙古辖区重点贫困地区县域金融服务情况的调查——以东、中、西部7个旗县为例［J］. 内蒙古金融研究，2011（9）.

［54］单德朋，郑长德，王英. 金融可得性、信贷需求与精准扶贫的理论机制及研究进展［J］. 西南民族大学学报，2016（9）.

［55］单德朋，郑长德，王英. 贫困乡城转移、城市化模式选择对异质性减贫效应的影响［J］. 中国人口·资源与环境，2015（9）.

［56］沈茂英，杨萍. 生态扶贫内涵及其运行模式研究［J］. 农村经济，2016（7）.

［57］沈茂英. "连片特困区"扶贫问题研究综述与研究重点展望［J］. 四川林勘设计，2015（1）.

［58］沈茂英. 四川藏区精准扶贫面临的多维约束与化解策略［J］. 农村经济，2015（6）.

［59］沈茂英. 中国农村扶贫发展历程与扶贫战略的绿色转变研究［J］. 党政研究，2016（5）.

［60］史俊宏，赵立娟. 迁移与未迁移牧户生计状况比较分析——基于内蒙古牧区牧户的调研［J］. 农业经济问题，2012（9）.

［61］史俊宏. 干旱风险冲击下牧户适应性生计策略［J］. 中国农业资源与区划，2015（7）.

［62］史俊宏. 少数民族牧区生态移民可持续发展战略研究［J］. 生态经济，2015（10）.

［63］斯琴毕力格. 内蒙古牧民增收研究［D］. 中共中央党校，2005.

［64］苏芳，尚海洋. 生态补偿方式对农户生计策略的影响［J］. 干旱区资源与环境，2013（2）.

［65］孙建北. 财政扶贫资金的分布及使用效果——以赤峰市为例［J］. 内蒙古农业大学学报（自然科学版），2000（1）.

［66］孙林，王艳慧，柯文俊，等. 内蒙古自治区人口多维贫困特征测算

与分析［J］．人文地理，2016（1）．

［67］覃志敏，陆汉文．后重建时期汶川地震灾区贫困村农户生计状况研究［J］．农村经济，2014（3）．

［68］檀学文，李成贵．贫困的经济脆弱性与减贫战略述评［J］．中国农村观察，2010（5）．

［69］汤青．可持续生计研究现状及未来重点趋向［J］．地球科学进展，2015（7）．

［70］童星，林闽钢．我国农村贫困标准线研究［J］．中国社会科学，1994（3）．

［71］汪三贵，郭子豪．论中国的精准扶贫［J］．贵州社会科学，2015（5）．

［72］汪三贵，胡联．产业劳动密集度、产业发展与减贫效应研究［J］．财贸研究，2014（3）．

［73］汪三贵，刘未．"六个精准"是精准扶贫的本质要求——习近平精准扶贫系列论述探析［J］．毛泽东邓小平理论研究，2016（1）．

［74］汪三贵，刘未．以精准扶贫实现精准脱贫：中国农村反贫困的新思路［J］．华南师范大学学报，2016（5）．

［75］汪三贵，张雁，杨龙，等．连片特困地区扶贫项目到户问题研究——基于乌蒙山片区三省六县的调研［J］．中州学刊，2015（3）．

［76］汪三贵．反贫困与政府干预［J］．农业经济问题，1994（3）．

［77］汪三贵．在发展中战胜贫困——对中国30年大规模减贫经验的总结与评价［J］．管理世界，2008（11）．

［78］王关区，等．内蒙古牧区经济发展的成就、问题及其对策［J］．北方经济，2016（11）．

［79］王海涛．创新机制促进精准扶贫——龙凤镇全国综合扶贫改革试点探索［J］．政策，2014（6）．

［80］王娟，吴海涛，丁士军．山区农户生计转型及其影响因素研究——以滇西南为例［J］．中南财经政法大学学报，2014（5）．

[81] 王苏敏．精准扶贫视域下蒙古族村落贫困问题与脱贫模式探源——以内蒙古通辽市蒙古族村落为例［J］．黑龙江民族丛刊，2016（5）．

[82] 王小林．中国多维贫困测量：估计和政策含义［J］．中国农村经济，2009（12）．

[83] 王晓毅．干旱下的牧户生计——兴安盟白音哈嘎屯调查［J］．华中师范大学学报（人文社会科学版），2009（7）．

[84] 王瑜，汪三贵．农村贫困人口的聚类与减贫对策分析［J］．中国农业大学学报（社会科学版），2015（4）．

[85] 王宇，李博，左停．精准扶贫的理论导向与实践逻辑［J］．贵州社会科学，2016（5）．

[86] 韦惠兰，冯茹，范文安．生态补偿与林缘社区的可持续生计——以甘肃白水江国家级自然保护区为例［J］．农村经济，2008（4）．

[87] 魏庆华．内蒙古农村贫困形态特征及扶贫开发对策［J］．内蒙古农业大学学报（社会科学版），2011（1）．

[88] 吴群，张艾力．内蒙古牧区贫困牧民的心理因素分析［J］．黑龙江民族丛刊，2014（1）．

[89] 伍艳．贫困地区农户的民生脆弱：现状与效应——以四川省重点贫困县为例［J］．农村经济，2012（10）．

[90] 伍艳．微型金融发展对农户生计资产配置的影响研究——来自秦巴山片区的证据［J］．农村经济，2013（12）．

[91] 谢晨，刘建杰，韩岩，等．2008 年退耕还林农户社会经济效益监测报告［J］．林业经济，2009（9）．

[92] 谢旭轩，张世秋，朱山涛．退耕还林对农户可持续生计的影响［J］．北京大学学报（自然科学版），2010（3）．

[93] 新保敦子．中国贫困地区影响学生上学不利因素及对策研究——以甘肃省及宁夏回族自治区为例［J］．早稻田大学教育学部学术研究，2010（2）．

[94] 徐汉龙．浙西南农村相对贫困家庭可持续生计研究［D］．浙江农林

大学，2016.

[95] 徐月宾，刘凤芹，张秀．中国农村反贫困政策的反思——从社会求助向社会保护［J］．中国社会科学，2007（3）．

[96] 许汉石，乐章．生计资本、生计风险与农户的生计策略［J］．农业经济问题，2012（10）．

[97] 杨浩，陈光燕，庄天慧，等．气象灾害对中国特殊类型地区贫困的影响［J］．资源科学，2016（4）．

[98] 杨浩，汪三贵，池文强．少数民族地区精准脱贫进程评价及对策研究［J］．贵州民族研究，2016（7）．

[99] 杨浩，汪三贵．“大众俘获”视角下贫困地区脱贫帮扶精准度研究［J］．农村经济，2016（7）．

[100] 杨浩，庄天慧，汪三贵．少数民族贫困测量：理论和实践［J］．西南民族大学学报，2015（9）．

[101] 杨龙，李萌，汪三贵．我国贫困瞄准政策的表达与实践［J］．农村经济，2015（1）．

[102] 杨龙，汪三贵，李萌．建档立卡贫困户收入特征及反贫困对策研究［J］．农业部管理干部学院学报，2014（15）．

[103] 杨龙，汪三贵．贫困地区农户脆弱性及其影响因素分析［J］．中国人口·资源与环境，2015（10）．

[104] 杨龙，汪三贵．贫困地区农户的多维贫困测量与分解——基于2010年中国农村贫困监测的农户数据［J］．人口学刊，2015（2）．

[105] 叶金芝．可持续生计框架下山区居民生计资本研究［D］．安徽农业大学，2016.

[106] 尹燕亭，等．荒漠草原不同经济水平牧户草场植被和土壤养分特征比较［J］．中国农学通报，2013（8）．

[107] 于光军．供给侧结构性改革与内蒙古新经济体系建设［J］．内蒙古社会科学（汉语版），2016（4）．

[108] 于红梅，张艾力．贫困农牧区社会保障的现状分析与思考——基

于对内蒙古通辽市库伦旗的实地调查［J］. 云南民族大学学报（哲学社会科学版），2014（6）.

［109］翟彬. 基于可持续生计的甘肃农村扶贫资金投向及效益研究［D］. 兰州大学，2011.

［110］张艾力，崔英. 内蒙古农牧区贫困问题的畸形消费致因探析［J］. 湖北民族学院学报（哲学社会科学版），2014（1）.

［111］张艾力. 多维文化视角下蒙古族聚居区反贫困问题的政策选择——以通辽市为例［J］. 民族论坛，2011（8）.

［112］张艾力. 多维文化视角下蒙古族聚居区贫困问题探析［J］. 内蒙古社会科学（汉语版），2012（1）.

［113］张丙乾，李小云. 经营农户生计系统脆弱性分析——以三江平原为例［J］. 农业经济问题，2011（8）.

［114］张大维. 生计资本视角下连片特困区的现状与治理——以集中连片特困地区武陵山区为对象［J］. 华中师范大学学报，2011（4）.

［115］张方圆，赵雪雁，田亚彪，等. 社会资本对农户生态补偿参与意愿的影响——以甘肃省张掖市、甘南藏族自治州、临夏回族自治州为例［J］. 资源科学，2013（9）.

［116］张贵军，张蓬涛，周智. 环京津贫困地区退耕调查分析及农户生计出路研究［J］. 林业经济问题，2013（1）.

［117］张浩. 草原生态保护补助奖励机制的贫困影响评价——以内蒙古阿拉善盟左旗为例［J］. 学海，2015（6）.

［118］张丽君，侯霄冰. 基于反贫困视角的西藏社会保障制度研究［J］. 黑龙江民族丛刊，2016（2）.

［119］张丽君，侯霄冰. 西藏多维贫困特征及精准扶贫研究［J］. 黑龙江民族丛刊，2017（3）.

［120］张倩. 贫困陷阱与精英捕获：气候变化影响下内蒙古牧区的贫富分化［J］. 学海，2014（5）.

［121］张伟宾，汪三贵. 扶贫政策、收入分配与中国农村减贫［J］. 农

业经济问题，2013（2）.

［122］张莹，肖海峰．可持续发展背景下草原畜牧业扶持政策评价与需求分析——基于农户的视角［J］．家畜生态学报，2015（4）.

［123］张振敏．内蒙古牧区生态减贫研究［D］．中国农业科学院，2013.

［124］赵锋．可持续生计分析框架的理论比较与研究述评［J］．兰州财经大学学报，2015（5）.

［125］赵立娟．参与和未参与灌溉管理改革农户生计资本的对比分析——基于内蒙古灌区农户的调研［J］．中国农业大学学报，2014（1）.

［126］赵丽娟．参与式灌溉管理对农户生计资本影响的实证研究——基于内蒙古灌区农户的调研［J］．中国农业大学学报，2015（1）.

［127］赵雪雁，等．生计资本对甘南高原农牧民生计活动的影响［J］．中国人口·资源与环境，2011（4）.

［128］郑长德，单德朋．集中连片特困地区多维贫困测度与时空演进［J］．南开学报，2016（3）.

［129］郑长德，钟海燕．"十三五"时期推进民族地区实现全面小康的基本思路与政策建议［J］．西南民族大学学报，2015（1）.

［130］郑长德．"五个发展理念"与民族地区经济社会全面发展研究［J］．民族学刊，2017（1）.

［131］郑长德．基于包容性绿色发展视域的集中连片特困民族地区减贫政策研究［J］．中南民族大学学报，2016（1）.

［132］郑长德．贫困陷阱、发展援助与集中连片特困地区的减贫与发展［J］．西南民族大学学报，2017（1）.

［133］朱建军，胡继连，安康，等．农地转出户的生计策略选择研究——基于中国家庭追踪调查（CFPS）数据［J］．农业经济问题，2016（2）.

［134］左停，杨雨鑫，钟玲．精准扶贫：技术靶向、理论解析和现实挑战［J］．贵州社会科学，2015（8）.

中文电子文献：

[1]《关于创新机制扎实推进农村扶贫开发工作的意见》印发［EB/OL］. 中央政府门户网站，［2014-01-25］. http：//www. gov. cn/zhengce/2014-01/25/content_ 2640104. htm.

[2] 国务院．国家八七扶贫攻坚计划（1994—2000 年）［EB/OL］. 国务院扶贫开发领导小组办公室，［1994-4-15］. http：//www. cpad. gov. cn/art/2016/7/14art_ 343_ 141. html.

[3] 国务院．国务院关于印发中国农村扶贫开发纲要（2001—2010 年）的通知［EB/OL］.［2001-06-13］. http：//www. gov. cn/zhengce/content/2016-09/23/content_ 5111138. htm.

[4] 国务院关于印发“十三五”脱贫攻坚规划的通知［EB/OL］. 国务院扶贫开发领导小组办公室,［2016-12-03］. http：//www. cpad. gov. cn/art/2016/12/3/art_ 46_ 56101. html.

[5] 呼伦贝尔市统计局．呼伦贝尔市统计年鉴（2016）［M/OL］, 2016.

[6] 见证内蒙古扶贫开发工作的三个历史阶段［EB/OL］. 内蒙古新闻网,［2009 - 08 - 18］. http：//tjxczy. nmgnews. com. cn/system/2009/08/18/010268851. shtml.

[7] 内蒙古乌兰察布市遭受旱灾 近 38. 8 万人饮水困难［EB/OL］. 人民网,［2012-02-29］. http：//politics. people. com. cn/GB/70731/17256466. html.

[8] 锡林郭勒盟统计局．锡林郭勒盟统计年鉴（2016）［M/OL］, 2016.

[9] 锡林郭勒盟统计局．锡林郭勒盟统计年鉴（2017）［M/OL］, 2017.

英文文献：

[1] ADB. Fighting Poverty in Asia and the Pacific：The Poverty Reduction Strategy of the Asian Development Bank［M］. Philippines：Manila, 1999.

[2] ADB. Eminent Persons Group Report［R］. Asian Development Bank, 2007.

[3] Allisona E H, Horemans B. Putting the Principles of the Sustainable Livelihoods Approach into Fisheries Development Policy and Practice［J］. Marine

Policy, 2006, 30 (6): 757-766.

[4] Anderson S. Animal Genetic Resources and Sustainable Livelihoods [J]. Ecological Economics, 2003, 45 (3): 331-339.

[5] BanerjeeA V, Duflo E. Poor Economics: A Radical Rethinking of the Way to Fight Global Poverty [M]. New York: Public Affairs, 2011.

[6] Bouahom B, Douangsavanh L, Rigg J. Building Sustainable Livelihoods in Laos: Untangling Farm from Non-Farm, Progress from Distress [J]. Geoforum, 2004, 35 (5): 607-619.

[7] Brocklesby M A, Fisher E. Community Development in Sustainable Livelihoods Approaches: An Introduction [J]. Community Development Journal, 2003, 38 (3): 185-198.

[8] Celidoni, M. Vulnerability to Poverty: An Empirical Comparison of Alternative Measures [J]. Applied Economics, 2012, 45 (12): 1493-1505.

[9] Chambers R, Conway G. Sustainable Rural Livelihoods: Practical Concepts for the 21st Century [Z]. IDS Discussion Paper 296, 1992.

[10] DFID. Sustainable Livelihoods Guidance Sheets [M]. London: Department for International Development, 2000.

[11] Duclos J, Araar A, Giles J. Chronic Poverty and Transient Poverty: Measurement and Estimation with Evidence from China [J]. Journal of Development Economics, 2010 (91): 266-277.

[12] Ellis F. Rural Livelihood Diversity in Developing Countries: Evidence and Policy Implications [J]. ODI Natural Resource Perspectives, 1999 (40): 121-132.

[13] Gilman J. Sustainable Livelihoods [J]. International Science Journal, 2000 (4).

[14] Gilling J, Jones S, Dunca A. Sector Approaches, Sustainable Livelihoods and Rural Poverty Reduction [J]. Development Policy Review, 2001, 19 (3): 303-319.

[15] Glauben T, Herzfeld T, Rozelle S, Wang X B. Persistent Poverty in Rural China [J]. World Development, 2012, 40 (4): 784-795.

[16] Glavovica B C, Boonzaier S. Confronting Coastal Poverty: Building Sustainable Coastal Livelihoods in South Africa [J]. Ocean & Coastal Management, 2007, 50 (1-2): 1-23.

[17] Knustsson P. The Sustainable Livelihoods Approach: A Framework for Knowledge Integration Assessment [J]. Human Ecology Review, 2006, 13 (1): 90-99.

[18] Moss R H, Brenkert A L, Malone E L. Vulnerability to Climate Change: A Quantitative Approach [J]. Pacific Northwest National Laboratory, 2001 (3): 120-126.

[19] Murambadoro M. How the Sustainable Livelihoods Framework Can Contribute Towards Sustainable Social Development [J]. Science, 2009, 150 (3702): 1475-1476.

[20] Sharp, K. Measuring Destitution: Integrating Qualitative and Quantitative Approaches in the Analysis of Survey Data [Z]. IDS Working Paper 217, 2003.

[21] Scoones L. Sustainable Rural Livelihoods: A Framework for Analysis [Z]. IDS Working Paper, 1998: 72.

日文文献:

[1] 川崎高志．中国貧困地区の現状と扶貧政策の経過——寧夏回族自治区の現地調査から. SNII-Electronic Library Service Soka University: 66-74.

[2] 呉敬漣．中国経済改革への道．NTT 出版株式会社，2015.

[3] 小松出．中国扶貧政策の転換と小額信貸の動向：79-94.

[4] 張建．中国の貧困削減（扶貧）政 策に関する一考察．AIBS ジャーナル，No. 9：58-66.

[5] 張瓊華．中国貧困地域における貧困と教育に関する考察：4つの貧困県の比較から. International Christian University：115-125.

[6] 竹歳一紀，藤田香．貧困環境と持続可能な発展．晃洋書房，2011.

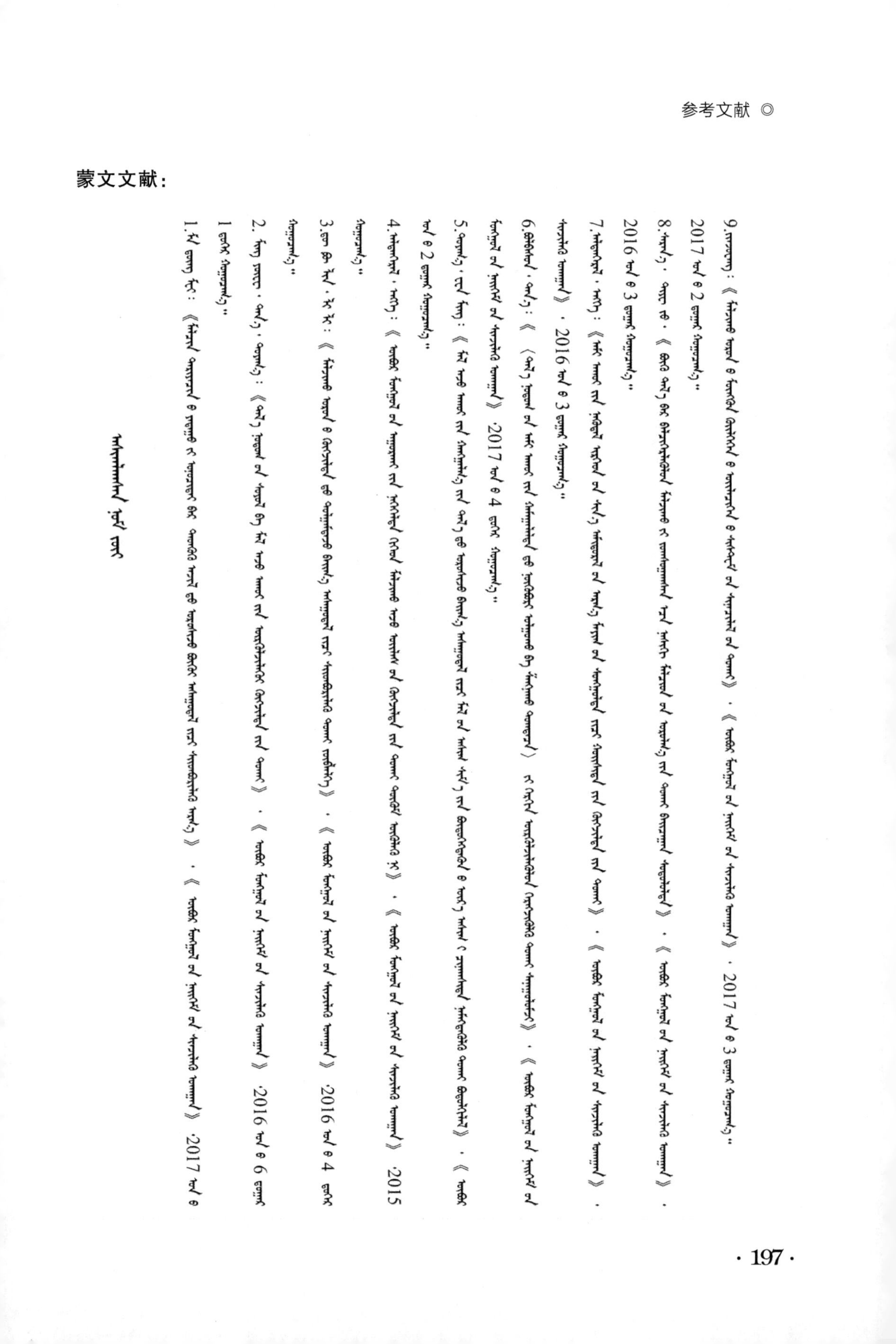

蒙文文献:

[illegible]

1. [illegible]:《[illegible]》·《[illegible]》·2017 [illegible] 1 [illegible]。

2. [illegible]:《[illegible]》·《[illegible]》·2016 [illegible] 6 [illegible]。

3. [illegible]:《[illegible]》·《[illegible]》·2016 [illegible] 4 [illegible]。

4. [illegible]:《[illegible]》·《[illegible]》·2015 [illegible] 2 [illegible]。

5. [illegible]:《[illegible]》·《[illegible]》·2017 [illegible] 4 [illegible]。

6. [illegible]:《〈[illegible]〉[illegible]》·《[illegible]》·2016 [illegible] 3 [illegible]。

7. [illegible]:《[illegible]》·《[illegible]》·2016 [illegible] 3 [illegible]。

8. [illegible]:《[illegible]》·《[illegible]》·2017 [illegible] 2 [illegible]。

9. [illegible]:《[illegible]》·《[illegible]》·2017 [illegible] 3 [illegible]。

[illegible] 》· 2017 ᠣᠨ ᠤ 2 ᠰᠠᠷ᠎ᠠ ᠳᠤ ᠨᠡᠢᠲᠡᠯᠡᠭᠳᠡᠪᠡ ᠃

20. [illegible] :《 [illegible] 》·《 ᠥᠪᠦᠷ ᠮᠣᠩᠭᠣᠯ ᠤᠨ [illegible] 》· 2016 ᠣᠨ ᠤ 4 ᠰᠠᠷ᠎ᠠ ᠳᠤ ᠨᠡᠢᠲᠡᠯᠡᠭᠳᠡᠪᠡ ᠃

19. [illegible] :《 [illegible] 》·《 ᠥᠪᠦᠷ ᠮᠣᠩᠭᠣᠯ ᠤᠨ ᠥᠳᠥᠷ ᠤᠨ ᠰᠣᠨᠢᠨ 》· 2015 ᠣᠨ ᠤ 2 ᠰᠠᠷ᠎ᠠ ᠳᠤ ᠨᠡᠢᠲᠡᠯᠡᠭᠳᠡᠪᠡ ᠃

18. [illegible] :《 [illegible] 》·《 ᠥᠪᠦᠷ ᠮᠣᠩᠭᠣᠯ ᠤᠨ ᠥᠳᠥᠷ ᠤᠨ ᠰᠣᠨᠢᠨ 》· 2015 ᠣᠨ ᠤ 2 ᠰᠠᠷ᠎ᠠ ᠳᠤ ᠨᠡᠢᠲᠡᠯᠡᠭᠳᠡᠪᠡ ᠃

17. [illegible] :《 [illegible] 》·《 ᠥᠪᠦᠷ ᠮᠣᠩᠭᠣᠯ ᠤᠨ ᠥᠳᠥᠷ ᠤᠨ ᠰᠣᠨᠢᠨ 》· 2015 ᠣᠨ ᠤ 2 ᠰᠠᠷ᠎ᠠ ᠳᠤ ᠨᠡᠢᠲᠡᠯᠡᠭᠳᠡᠪᠡ ᠃

16. [illegible] :《 [illegible] 》·《 ᠥᠪᠦᠷ ᠮᠣᠩᠭᠣᠯ ᠤᠨ ᠥᠳᠥᠷ ᠤᠨ ᠰᠣᠨᠢᠨ 》· 2016 ᠣᠨ ᠤ 5 ᠰᠠᠷ᠎ᠠ ᠳᠤ ᠨᠡᠢᠲᠡᠯᠡᠭᠳᠡᠪᠡ ᠃

15. [illegible] :《 [illegible] 》·《 ᠥᠪᠦᠷ ᠮᠣᠩᠭᠣᠯ ᠤᠨ ᠥᠳᠥᠷ ᠤᠨ ᠰᠣᠨᠢᠨ 》· 2017 ᠣᠨ ᠤ 4 ᠰᠠᠷ᠎ᠠ ᠳᠤ ᠨᠡᠢᠲᠡᠯᠡᠭᠳᠡᠪᠡ ᠃

14. ([illegible]) [illegible] :《 [illegible] 》·《 ᠥᠪᠦᠷ ᠮᠣᠩᠭᠣᠯ ᠤᠨ ᠥᠳᠥᠷ ᠤᠨ ᠰᠣᠨᠢᠨ 》· 2017 ᠣᠨ ᠤ 4 ᠰᠠᠷ᠎ᠠ ᠳᠤ ᠨᠡᠢᠲᠡᠯᠡᠭᠳᠡᠪᠡ ᠃

13. [illegible] :《 [illegible] 》·《 [illegible] 》· 2016 ᠣᠨ ᠤ 1 ᠰᠠᠷ᠎ᠠ ᠳᠤ ᠨᠡᠢᠲᠡᠯᠡᠭᠳᠡᠪᠡ ᠃

12. [illegible] :《 [illegible] 》·《 [illegible] 》· 2016 ᠣᠨ ᠤ 4 ᠰᠠᠷ᠎ᠠ ᠳᠤ ᠨᠡᠢᠲᠡᠯᠡᠭᠳᠡᠪᠡ ᠃

11. [illegible] :《 [illegible] 》·《 [illegible] 》· ᠃

10. [illegible] :《 [illegible] 》·《 ᠥᠪᠦᠷ ᠮᠣᠩᠭᠣᠯ ᠤᠨ ᠥᠳᠥᠷ ᠤᠨ ᠰᠣᠨᠢᠨ 》· 2017 ᠣᠨ ᠤ 3 ᠰᠠᠷ᠎ᠠ ᠳᠤ ᠨᠡᠢᠲᠡᠯᠡᠭᠳᠡᠪᠡ ᠃

附　录

附录一：牧区贫困牧户生计资本状况调查问卷

编号□□□

您好！感谢您在百忙之中抽出时间完成本问卷。

本问卷采用匿名的方式，您所填写的信息不会给您及您的家庭带来任何的麻烦，问卷所得到的信息仅仅用来作为学术研究的资料，我们将恪守学术研究道德规范，不以任何形式向任何人泄露您的信息。祝工作顺利，事业进步！

中央民族大学经济学院

被调查人姓名：　　　　　　　　　　　　　　联系电话：

调查时间：2017 年__月__日__时__分开始，__时__分结束

调查员：

一、家庭基本信息

1. 您的家庭所在地为________盟（市）________（旗）县__________苏木________嘎查。

2. 您的性别为：________。

A. 男　　B. 女

3. 您的年龄是：________。

4. 您的文化程度是：________。

A. 小学及以下　B. 初中　C. 中专　D. 高中　E. 大专及以上

5. 您是否为嘎查干部：________。

A. 是　B. 否

6. 您的家庭总人口为______，其中老人______、未成年子女______。

A. 2 人及以下　B. 3 人　C. 4 人　D. 5 人　E. 6 人及以上

7. 您的家庭人均年纯收入为：________。

A. 0~2300 元　B. 2301~3000 元　C. 3001~4700 元

D. 4701~6000 元　E. 6000 元以上

8. 您的家庭收入来源主要为：________。（可多选）

A. 农牧业经营收入　B. 工资性收入　C. 外出打工或经商收入

D. 最低生活保障补助　E. 其他（请说明）

9. 您的家庭人均年支出为：________。

A. 0~2300 元　B. 2301~3000 元　C. 3001~4700 元

D. 4701~6000 元　E. 6000 元以上

10. 您的家庭支出主要为：________。（可多选）

A. 吃穿等生活性支出　B. 子女教育支出

C. 医疗支出　D. 农牧业生产支出

E. 其他（请填写）

11. 您的家庭住房类型为________；住宅建筑材料为________；房间间数为________；价值________；面积________。

（1）住房类型：A. 平房　B. 楼房　C. 蒙古包　D. 棚车　E. 其他（请说明）

（2）住宅建筑材料：A. 土木　B. 砖瓦　C. 混凝土　D. 蒙古包　E. 其他

（3）房间间数：A. 3 间以下　B. 4~5 间　C. 6~7 间　D. 8~9 间　E. 10 间以上

（4）住房价值：A. 2 万元以内　B. 2 万~6 万元　C. 6 万~10 万元

D. 10万~15万元　E. 15万元以上

12. 您的家庭草场面积为________亩，质量________。

A. 非常好　B. 很差

13. 您的家庭主要养殖的牲畜存栏数为：牛____，绵羊____，山羊____，马____，骆驼____。

14. 您的家庭耕地面积为________亩，质量________。

A. 非常好　B. 很差

15. 您的家庭主要耕种的农作物为：________。

A. 玉米　B. 向日葵　C. 荞麦　D. 大豆　E. 其他

16. 您的家庭交通工具为________；价值为________元。

（1）交通工具：A. 小轿车　B. 摩托车　C. 农用卡车　D. 其他

（2）价值：A. 3000元以下　B. 3000~5000元　C. 5000~10000元　D. 10000~15000元　E. 15000~80000元　F. 80000元以上

17. 您所住地区的基础设施情况：交通______；通信______；水______；电______。

A. 很不好　B. 不太好　C. 较好　D. 好　E. 很好

二、请选择符合您家庭实际情况的选项或填写相应内容

18. 您的家庭是否为贫困户：________；是否为农村低保户：________；导致您的家庭贫困的主要原因为：________。

（1）A. 是　B. 否

（2）A. 是　B. 否

（3）A. 缺乏其他经济来源　B. 子女和老人数量多　C. 子女教育费用高　D. 家庭成员患有重病或残疾　E. 其他（请说明）

19. 您的家庭是否参加过相关的扶贫项目：________；如果有，参加过的扶贫项目为：________。

（1）A. 是　B. 否

（2）A. 退耕还林　B. 农业生产　C. 技能培训　D. 电力设施建设　E. 其他（请填写）

20. 您的家庭是否得到过相关的贫困救助：________；如果有，其来源为：________。（可多选）

（1）A. 是　　B. 否

（2）A. 亲朋好友　　B. 村民邻居　　C. 政府机构　　D. 慈善组织或社会捐赠　　E. 其他（请填写）

21. 您的家庭成员中是否有人接受过农业生产或外出打工的技能培训：________；如果接受过，其组织单位为：________。

（1）A. 是　　B. 否

（2）A. 当地县或镇　B. 外出打工地政府　C. 农民专业合作社　D. 其他（请填写）

22. 您对所住地区农村低保政策的了解程度为：________。

A. 非常了解　B. 比较了解　C. 不太了解　D. 不了解　E. 没听说过

23. 您对所住地区扶贫政策的了解程度为：________。

A. 非常了解　B. 比较了解　C. 不太了解　D. 不了解　E. 没听说过

24. 您对国家的扶贫标准是否知道：________；您认为当前的扶贫标准：________；

（1）A. 是　　B. 否

（2）A. 能够保障农村基本生活　　B. 无法保障农村基本生活　C. 不清楚

25. 您的家庭所在地在低保户或者贫困户的确定上是否公开征求群众意见：________；确定过程是否公平：________；如果不公平，其原因在于：________。

（1）A. 是　　B. 否

（2）A. 不公平　　B. 公平

（3）A. 有人靠与干部的私人关系享受低保、扶贫待遇

B. 相关部门对工作不细致

C. 相关部门没按照程序确定享受者

D. 提供假信息享受低保、扶贫待遇

E. 其他（请说明）

26. 您的家庭所在地是否存在有人同时享受低保和扶贫政策的情况：__________。

A. 有，较多　　B. 有，但较少　　C. 没有　　D. 不清楚

27. 您的家庭所在地是否存在摆脱贫困后又返贫的现象：________；如果有，其原因是：________。

（1）A. 有　　B. 没有　　C. 不清楚

（2）A. 因病返贫 B. 自然灾害　　C. 突发事件　　D. 子女上学　　E. 其他（请填写）

28. 您的家庭所在地是否有困难村民脱贫后又继续享受扶贫或低保待遇的现象：________。

A. 有　　B. 没有　　C. 不清楚

29. 您的家庭所在地的农村困难群体是否接受过个人、企业或者慈善组织的捐助：________。

A. 接受过较多的捐助　　B. 接受过但很少　　C. 没有接受过

D. 不清楚

30. 您的家庭所在地政府部门有没有为贫困户提供过技术指导，并帮助他们发展农牧业生产的政策：________。

A. 有　　B. 没有　　C. 不清楚

31. 您觉得政府扶贫和农村低保政策对您家庭所在地的困难群体带来的帮助：________。

A. 非常大　　B. 比较大　　C. 不明显　　D. 不清楚

32. 您觉得国家现有的积极扶贫相关政策和农村低保政策：________。

A. 非常实在　　B. 比较实在　　C. 不够实在　　D. 不清楚

33. 您对国家当前实施的精准扶贫、精准脱贫政策：________。

A. 充满信心　　B. 较有信心　　C. 没有信心　　D. 无所谓

34. 您认为脱贫需要哪些条件：________。（可多选）

A. 政府政策支持　　B. 政府资金支持　　C. 技能培训　　D. 就业机会

E. 个人努力　　F. 社会支持　　G. 社会保障的完善（医疗、养老等）

H. 其他（请填写）

三、请根据您的实际情况，对下列陈述作出判断，并选择相应的选项

35. 您对所在村的村干部非常信任。

A. 完全符合　B. 基本符合　C. 不确定　D. 不太符合　E. 完全不符合

36. 您的亲戚和朋友值得信任。

A. 完全符合　B. 基本符合　C. 不确定　D. 不太符合　E. 完全不符合

37. 您所住的村里大部分人都守信用。

A. 完全符合　B. 基本符合　C. 不确定　D. 不太符合　E. 完全不符合

38. 您所住的村里很少有人利用他人的弱点获取利益。

A. 完全符合　B. 基本符合　C. 不确定　D. 不太符合　E. 完全不符合

39. 您与村里人关系不错。

A. 完全符合　B. 基本符合　C. 不确定　D. 不太符合　E. 完全不符合

40. 您经常去其他村民家串门。

A. 完全符合　B. 基本符合　C. 不确定　D. 不太符合　E. 完全不符合

41. 您频繁与村里的一些人进行交流。

A. 完全符合　B. 基本符合　C. 不确定　D. 不太符合　E. 完全不符合

42. 您与村里的一些人有密切往来。

A. 完全符合　B. 基本符合　C. 不确定　D. 不太符合　E. 完全不符合

43. 您经常与村里居民对共同话题进行探讨。

A. 完全符合　B. 基本符合　C. 不确定　D. 不太符合　E. 完全不符合

44. 您在繁忙季节经常帮其他村民干活。

A. 完全符合　B. 基本符合　C. 不确定　D. 不太符合　E. 完全不符合

45. 您所住村里的其他村民在繁忙季节经常帮您干活。

A. 完全符合　B. 基本符合　C. 不确定　D. 不太符合　E. 完全不符合

46. 您积极对村干部的选举进行投票表决。

A. 完全符合　B. 基本符合　C. 不确定　D. 不太符合　E. 完全不符合

47. 您的家庭经常参加村里的各项事务。

A. 完全符合　B. 基本符合　C. 不确定　D. 不太符合　E. 完全不符合

48. 您所住的村能给您一种家的感觉。

A. 完全符合　B. 基本符合　C. 不确定　D. 不太符合　E. 完全不符合

49. 您觉得与其他村民关系好就能得到更多帮助。

A. 完全符合　B. 基本符合　C. 不确定　D. 不太符合　E. 完全不符合

50. 您的周围很少有人欠债不还。

A. 完全符合　B. 基本符合　C. 不确定　D. 不太符合　E. 完全不符合

51. 您与信贷员很熟并常见。

A. 完全符合　B. 基本符合　C. 不确定　D. 不太符合　E. 完全不符合

52. 您周围的人都非常关心自己的借款是否能偿还。

A. 完全符合　B. 基本符合　C. 不确定　D. 不太符合　E. 完全不符合

53. 您所住村的村委会有存款并存放在银行里。

A. 完全符合　B. 基本符合　C. 不确定　D. 不太符合　E. 完全不符合

54. 您认为您所住村里的村干部有能力帮助您。

A. 完全符合　B. 基本符合　C. 不确定　D. 不太符合　E. 完全不符合

55. 您周围的村民很少违法。

A. 完全符合　B. 基本符合　C. 不确定　D. 不太符合　E. 完全不符合

56. 您每年都有一定额度的钱去储存。

A. 完全符合　B. 基本符合　C. 不确定　D. 不太符合　E. 完全不符合

57. 您的家庭收入在村里处于中等以上。

A. 完全符合　B. 基本符合　C. 不确定　D. 不太符合　E. 完全不符合

58. 您在贷款的时候较方便得到别人的帮助。

A. 完全符合　B. 基本符合　C. 不确定　D. 不太符合　E. 完全不符合

59. 您的家庭收入来源有多个。

A. 完全符合　B. 基本符合　C. 不确定　D. 不太符合　E. 完全不符合

60. 您的家庭有一定的稳定收入。

A. 完全符合　B. 基本符合　C. 不确定　D. 不太符合　E. 完全不符合

61. 您觉得借钱后必须按时偿还。

A. 完全符合 B. 基本符合 C. 不确定 D. 不太符合 E. 完全不符合

62. 您所住村里的居民经常与您商讨事务。

A. 完全符合 B. 基本符合 C. 不确定 D. 不太符合 E. 完全不符合

63. 您所住村里的村民和邻居对您非常好。

A. 完全符合 B. 基本符合 C. 不确定 D. 不太符合 E. 完全不符合

64. 您的家庭很和睦，您愿意为家庭付出。

A. 完全符合 B. 基本符合 C. 不确定 D. 不太符合 E. 完全不符合

65. 您很少吸烟喝酒。

A. 完全符合 B. 基本符合 C. 不确定 D. 不太符合 E. 完全不符合

66. 您很少赌博。

A. 完全符合 B. 基本符合 C. 不确定 D. 不太符合 E. 完全不符合

67. 您觉得当地农村金融机构对拖欠贷款行为的惩罚很有效。

A. 完全符合 B. 基本符合 C. 不确定 D. 不太符合 E. 完全不符合

68. 您对当地农村金融机构服务很满意。

A. 完全符合 B. 基本符合 C. 不确定 D. 不太符合 E. 完全不符合

69. 您周围有贷款的牧户。

A. 完全符合 B. 基本符合 C. 不确定 D. 不太符合 E. 完全不符合

70. 您所住村里的村干部会帮助您获得贷款。

A. 完全符合 B. 基本符合 C. 不确定 D. 不太符合 E. 完全不符合

71. 您所住村的村干部会公正地评价您的家庭情况，来使您获得贷款。

A. 完全符合 B. 基本符合 C. 不确定 D. 不太符合 E. 完全不符合

72. 您所住村的村干部做事很公正。

A. 完全符合 B. 基本符合 C. 不确定 D. 不太符合 E. 完全不符合

73. 您所住村的村干部威信很好。

A. 完全符合 B. 基本符合 C. 不确定 D. 不太符合 E. 完全不符合

74. 您可以很方便地获得私人借款。

A. 完全符合 B. 基本符合 C. 不确定 D. 不太符合 E. 完全不符合

75. 您从银行获得贷款不难。

A. 完全符合 B. 基本符合 C. 不确定 D. 不太符合 E. 完全不符合

四、开放型问题

1. 在牧区低保实施过程中，您最想对政府说的是：

2. 在精准扶贫、精准脱贫方面，您最想对政府说的是：

附录二：贫困牧户状况调查问卷（蒙文）

14.[illegible] A [illegible] B [illegible]
[illegible] 『[illegible]』 [illegible] ::

C [illegible] D [illegible]
13.[illegible] : A [illegible] B [illegible] C [illegible] D [illegible]
12.[illegible] : ([illegible]) A [illegible] B [illegible] I ᠪᠤᠰᠤᠳ (ᠨᠡᠷ᠎ᠡ ᠵᠢᠭᠠᠭᠠᠷᠠᠢ ——)
[illegible] E [illegible] F [illegible] G [illegible] H [illegible]
[illegible] B [illegible] C [illegible] D [illegible]
11.[illegible] : ([illegible]) A [illegible]
C [illegible] D [illegible] E ᠪᠤᠰᠤᠳ)
10.[illegible] A [illegible] B [illegible] C [illegible] ([illegible] : A [illegible] B [illegible]
[illegible] E [illegible] F ᠪᠤᠰᠤᠳ (ᠨᠡᠷ᠎ᠡ ᠵᠢᠭᠠᠭᠠᠷᠠᠢ ——)
9.[illegible] : ([illegible]) A [illegible] B [illegible] C [illegible] D [illegible]
6000 ᠲᠥᠭᠦᠷᠢᠭ E 6001 ᠡᠴᠡ ᠳᠡᠭᠡᠭᠰᠢ
8.[illegible] : A 0 — 1196 ᠲᠥᠭᠦᠷᠢᠭ B 1197 — 2000 ᠲᠥᠭᠦᠷᠢᠭ C 2001 — 4700 ᠲᠥᠭᠦᠷᠢᠭ D 4701 —
[illegible] G ᠪᠤᠰᠤᠳ
[illegible] D [illegible] E [illegible] F [illegible]

21.2011 [illegible] 2300 [illegible] A [illegible] B [illegible]

[illegible] D [illegible]

20. [illegible] A [illegible] B [illegible] C

[illegible] D [illegible]

19. [illegible] A [illegible] B [illegible] C [illegible]

[illegible] 「 」 [illegible]

[illegible] C [illegible] D [illegible]

[illegible] B [illegible]

18. [illegible] A [illegible] B [illegible] C [illegible]

[illegible] G [illegible] ([illegible] ———)

[illegible] D [illegible] E [illegible] F [illegible]

[illegible] A [illegible] B [illegible] C [illegible]

17. [illegible] A [illegible] B [illegible]

16. [illegible] A [illegible] ——) B [illegible]

[illegible] E [illegible] F [illegible] G [illegible] ([illegible] ———)

[illegible] B [illegible] C [illegible] D [illegible]

15. [illegible] A [illegible] B [illegible] A

[illegible] A [illegible] B [illegible]

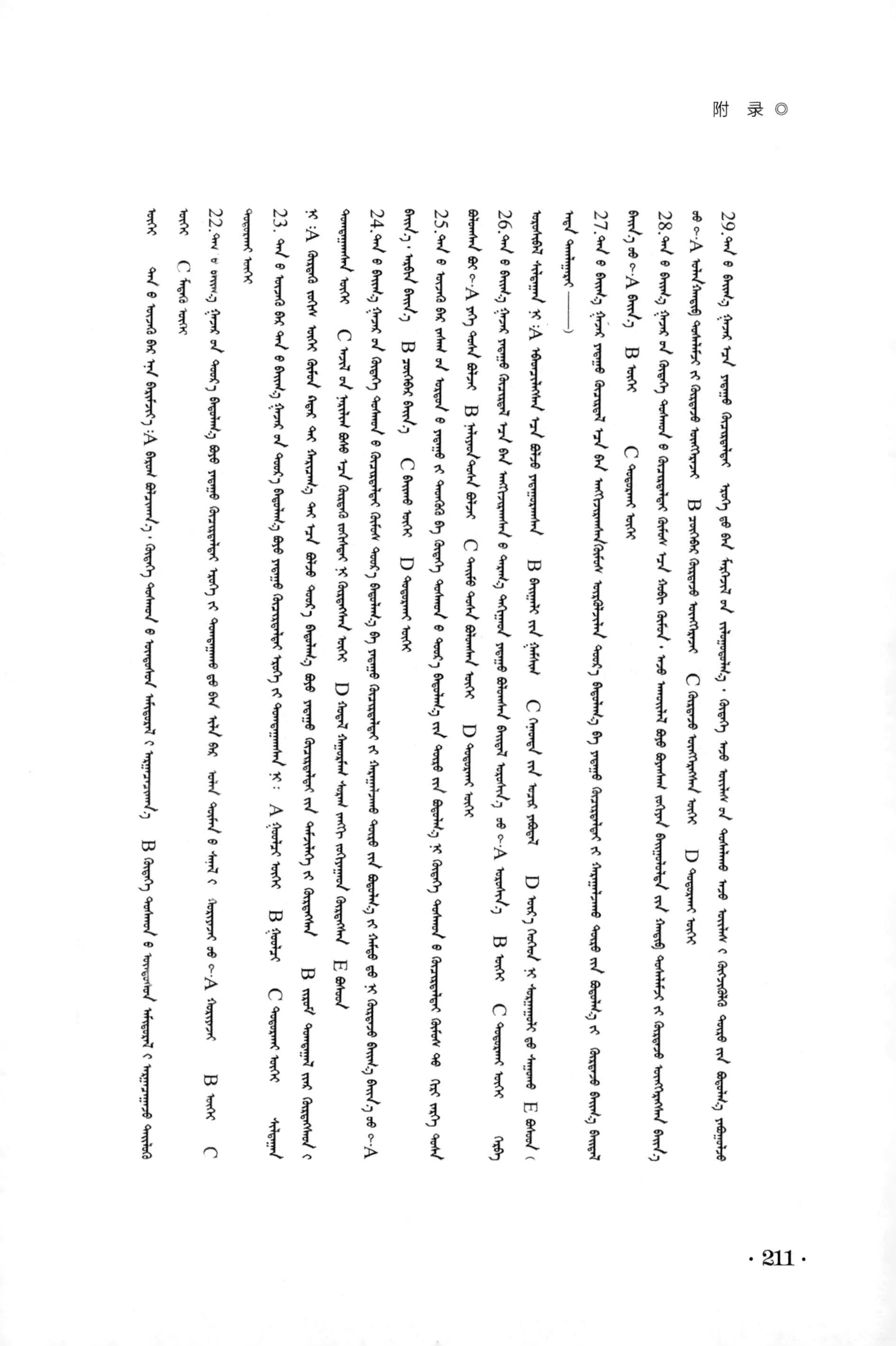

29. [illegible] A [illegible] B [illegible] C [illegible] D [illegible]

28. [illegible] A [illegible] B [illegible] C [illegible]

27. [illegible] ———)

[illegible] A [illegible] B [illegible] C [illegible] D [illegible] E [illegible] (

26. [illegible] A [illegible] B [illegible] C [illegible]

[illegible] A [illegible] B [illegible] C [illegible] D [illegible]

25. [illegible] B [illegible] C [illegible] D [illegible]

24. [illegible] A

[illegible] C [illegible] D [illegible] E [illegible]

[illegible] A [illegible] B [illegible]

23. [illegible] A [illegible] B [illegible] C [illegible]

22. [illegible] A [illegible] B [illegible] C

[illegible] C [illegible]

[illegible] A [illegible] B [illegible]

30.ᠲᠠᠨ ᠤ ᠬᠣᠲᠠᠭᠠᠳ ᠪᠠᠢᠬᠤ ᠮᠠᠯ ᠤᠨ ᠬᠢᠷᠢ ᠬᠡᠮᠵᠢᠶ᠎ᠡ ᠶᠢ ᠬᠡᠳᠦ ᠬᠡᠳᠦ ᠬᠣᠷᠢᠭᠠᠳ ᠤ (ᠨᠡᠭᠡᠳᠦᠭᠡᠷ ᠪᠦᠯᠦᠭ) ᠠᠴᠢᠭᠯᠠᠬᠤ ᠮᠠᠯ ᠤᠨ ᠲᠣᠭ᠎ᠠ ᠶᠢᠨ ᠬᠢᠵᠠᠭᠠᠷᠯᠠᠯᠲᠠ ᠶᠢᠨ ᠠᠭᠤᠯᠭ᠎ᠠ ᠤᠤ᠂ A ᠬᠢᠵᠠᠭᠠᠷᠯᠠᠭᠰᠠᠨ B ᠦᠭᠡᠢ C ᠮᠡᠳᠡᠬᠦ ᠦᠭᠡᠢ

31.ᠲᠠᠨ ᠤ ᠬᠣᠲᠠᠭᠠᠳ ᠪᠠᠢᠬᠤ ᠮᠠᠯ ᠤᠨ ᠬᠤᠷᠢᠶ᠎ᠠ ᠪᠠᠨ ᠬᠠᠮᠤᠭ ᠤᠨ ᠬᠠᠮᠢᠭᠠᠯᠠᠯᠲᠠ ᠪᠠᠢᠬᠤ ᠶᠢᠨ ᠰᠢᠯᠲᠠᠭᠠᠨ ᠨᠢ ᠶᠠᠭᠤ ᠪᠤᠢ᠂ A ᠮᠠᠯ ᠪᠠᠢᠬᠤ B ᠪᠡᠯᠴᠢᠭᠡᠷ ᠤᠨ ᠪᠣᠯᠤᠭᠰᠠᠨ ᠶᠢᠨ ᠬᠠᠮᠢᠭᠠᠯᠠᠯᠲᠠ (ᠬᠠᠭᠤᠷ ᠪᠣᠰᠢᠭ᠎ᠠ᠂ ᠪᠣᠳᠣᠯᠭ᠎ᠠ ᠬᠡᠯᠡᠬᠦ) ᠮᠠᠯ ᠤᠨ ᠬᠣᠷᠢᠶ᠎ᠠ ᠪᠠᠨ ᠮᠠᠯ ᠢᠶᠠᠨ ᠲᠡᠵᠢᠭᠡᠬᠦ C ᠪᠡᠯᠴᠢᠭᠡᠷ ᠬᠠᠮᠢᠭᠠᠯᠠᠬᠤ ᠶᠢᠨ ᠬᠡᠷᠡᠭᠴᠡᠭᠡᠲᠡᠢ D ᠪᠠᠢᠭᠠᠯᠢ ᠶᠢᠨ ᠬᠠᠮᠢᠭᠠᠯᠠᠯᠲᠠ E ᠤᠰᠤ ᠬᠦᠷᠦᠰᠦ ᠪᠠᠨ ᠬᠠᠮᠢᠭᠠᠯᠠᠬᠤ F ᠪᠡᠯᠴᠢᠭᠡᠷ ᠢ ᠬᠠᠮᠢᠭᠠᠯᠠᠬᠤ G ᠪᠡᠯᠴᠢᠭᠡᠷ ᠦᠨ ᠳᠠᠭᠠᠭᠤᠯᠤᠯᠲᠠ (ᠬᠠᠭᠤᠷ ᠰᠡᠷᠭᠦᠭᠡᠬᠦ) H ᠪᠤᠰᠤᠳ (ᠲᠣᠳᠣᠷᠬᠠᠢᠯᠠᠬᠤ) : ——

32.ᠲᠠ ᠪᠡᠨ ᠤ ᠨᠤᠲᠤᠭ ᠤᠨ ᠪᠠᠢᠭᠠᠯᠢ ᠶᠢᠨ ᠪᠠᠢᠳᠠᠯ ᠬᠠᠮᠠᠭᠠᠯᠠᠯᠲᠠ ᠪᠠᠢᠳᠠᠯ ᠤᠨ ᠬᠠᠮᠠᠭᠠᠯᠠᠯᠲᠠ ᠶᠢᠨ ᠮᠡᠳᠡᠯᠭᠡ ᠪᠠᠢᠬᠤ ᠤᠤ A ᠮᠡᠳᠡᠬᠦ ᠦᠭᠡᠢ B ᠪᠠᠭ᠎ᠠ ᠮᠡᠳᠡᠨ᠎ᠡ C ᠬᠡᠰᠡᠭ ᠮᠡᠳᠡᠨ᠎ᠡ᠂ ᠰᠠᠢᠨ ᠮᠡᠳᠡᠨ᠎ᠡ D ᠮᠠᠰᠢ ᠰᠠᠢᠨ ᠮᠡᠳᠡᠨ᠎ᠡ

B ᠬᠠᠮᠠᠭᠠᠯᠠᠯᠲᠠ ᠪᠠᠢᠬᠤ C ᠪᠠᠭ᠎ᠠ ᠪᠠᠢᠨ᠎ᠠ D ᠮᠠᠰᠢ ᠪᠠᠭ᠎ᠠ

37.ᠲᠠᠨ ᠤ ᠭᠡᠷ ᠦᠨ ᠭᠢᠰᠢᠭᠦᠳ ᠦᠨ ᠪᠡᠶ᠎ᠡ ᠶᠢᠨ ᠪᠠᠢᠳᠠᠯ : A ᠡᠷᠡᠭᠦᠯ ᠡᠳᠡᠭ ᠦᠨ ᠴᠢᠳᠠᠯ ᠦᠭᠡᠢ B ᠡᠷᠡᠭᠦᠯ ᠪᠣᠯᠪᠠᠴᠤ ᠬᠦᠨᠳᠦ ᠬᠥᠳᠡᠯᠮᠦᠷᠢ ᠬᠢᠵᠦ ᠴᠢᠳᠠᠬᠤ ᠦᠭᠡᠢ C ᠡᠮᠨᠡᠯᠭᠡ ᠶᠢᠨ ᠵᠠᠷᠳᠠᠯ ᠶᠡᠬᠡ D ᠪᠤᠰᠤᠳ ᠡᠮᠨᠡᠯᠭᠡ ᠶᠢᠨ ᠵᠠᠷᠳᠠᠯ ᠬᠡᠪ

38.ᠲᠠᠨ ᠤ ᠭᠡᠷ ᠦᠨ ᠬᠡᠷᠡᠭᠯᠡᠬᠦ ᠤᠰᠤ ᠶᠢᠨ ᠡᠬᠢ ᠪᠤᠯᠠᠭ : A ᠤᠰᠤ ᠬᠦᠷᠦᠭᠡ B ᠬᠤᠳᠳᠤᠭ ᠤᠨ ᠤᠰᠤ C ᠭᠣᠣᠯ ᠮᠥᠷᠡᠨ ᠤ ᠤᠰᠤ D ᠪᠤᠰᠤᠳ ᠤᠰᠤ ᠶᠢᠨ ᠡᠬᠢ ᠬᠡᠯᠡᠪᠡᠯ ᠬᠡᠷᠡᠭᠯᠡᠬᠦ ᠤᠰᠤ ᠶᠢᠨ ᠬᠡᠮᠵᠢᠶ᠎ᠡ ᠶᠢᠨ ᠰᠢᠯᠲᠠᠭᠠᠨ : A ᠬᠠᠭᠤᠷ ᠤᠨ 5 ᠪᠤᠳᠤᠮ ᠤᠨ ᠳᠣᠲᠤᠷ᠎ᠠ B ᠬᠠᠭᠤᠷ ᠤᠨ 5—8 ᠪᠤᠳᠤᠮ C ᠬᠠᠭᠤᠷ ᠤᠨ 8—12 ᠪᠤᠳᠤᠮ D ᠬᠠᠭᠤᠷ ᠤᠨ 12 ᠪᠤᠳᠤᠮ ᠡᠴᠡ ᠳᠡᠭᠡᠭᠰᠢ

39.ᠲᠠᠨ ᠤ ᠬᠣᠲᠠᠭᠠᠳ ᠪᠠᠢᠬᠤ ᠠᠮᠢᠳᠤᠷᠠᠯᠴᠠᠭᠤᠯᠬᠤ ᠰᠠᠶᠢᠬᠠᠨ ᠤ ᠬᠦᠳᠡᠭᠡ ᠪᠠᠢᠳᠠᠯ ᠶᠠᠮᠠᠷ ᠪᠣᠢ : A ᠮᠠᠰᠢ ᠰᠠᠶᠢᠬᠠᠨ B ᠪᠠᠭ᠎ᠠ ᠰᠠᠶᠢᠬᠠᠨ C ᠶᠡᠷᠦ ᠶᠢᠨ D ᠮᠠᠭᠤ

40.ᠲᠠᠨ ᠤ ᠰᠤᠷᠭᠠᠭᠤᠯᠢ ᠶᠢᠨ ᠬᠣᠯᠠ ᠶᠢᠨ ᠵᠠᠢ : A ᠣᠶᠢᠷ᠎ᠠ B ᠳᠤᠮᠳᠠ C ᠬᠣᠯᠠ D ᠮᠠᠰᠢ ᠬᠣᠯᠠ

附录三： 调研访谈内容

一、基本情况

1. 您家有几口人？是否与儿女同住？为什么？

2. 您和您同住的人都可以劳动吗？如果不能，什么原因？

3. 请问您家的主要收入来源是什么？（活畜出售、畜产品出售、租草场、打工、补贴等）

4. 您家有牲畜吗？多少头（只）？每年出售多少头（只）？

5. 您家草场有多少亩？现在的利用状况？（放牧、打草场、租赁、转移、入股等）

二、健康扶贫

6. 您家近 10 年有过或者现在就有常年病患者吗？医疗费一年发多少钱？

7. 您家有参加基本保险的人吗？几个人？什么人？（户主、配偶、儿女等）拿养老金的有几个人？

8. 您家有几个人参加了新型农村牧区合作医疗？近 5 年有没有利用过？

三、产业扶贫及金融扶贫

9. 您家现在亟须资金支出吗？用途是什么？想怎么解决？

10. 您家有没有获得过金融扶贫小额贷款？金额、利息、还款期分别是多少？还款方式是什么？对贷款有什么看法？

11. 您是搬迁户吗？搬迁后的最大困难是什么？怎么解决？具体的补助金和安置政策有哪些？若生活还是困难，您认为应该怎么解决？

四、综合

12. 您认为导致您家贫困的原因是什么？（疾病、环境因素、其他）

13. 您对驻村第一书记的印象如何？他/她能帮助您做点什么？之前是怎么解决的？

14. 您享受了哪些民族优惠政策？是否满意？理由是什么？

15. 您觉得您还需要哪些方面的帮助？（金钱、物资、医疗保险、社会服务）理由是什么？

16. 您对精准扶贫政策有什么评价？哪些方面需要进一步改善？